浙江省文化和旅游厅 编著

# 浙江全域旅游发展模式

—— 走进现代版富春山居图

浙江科学技术出版社

图书在版编目（CIP）数据

浙江全域旅游发展模式：走进现代版富春山居图 / 浙江省文化和旅游厅编著. — 杭州：浙江科学技术出版社，2020.10

ISBN 978-7-5341-9201-2

Ⅰ.①浙… Ⅱ.①浙… Ⅲ.①旅游业发展-发展模式-研究-浙江 Ⅳ.①F592.755

中国版本图书馆CIP数据核字（2020）第162530号

| 书　　名 | 浙江全域旅游发展模式——走进现代版富春山居图 |
|---|---|
| 编　　著 | 浙江省文化和旅游厅 |

| 出版发行 | 浙江科学技术出版社 |
|---|---|
| | 杭州市体育场路347号　邮政编码：310006 |
| | 办公室电话：0571-85170300-61305 |
| | 销售部电话：0571-85062597 |
| | 网　　址：www.zkpress.com |
| | E-mail：zkpress@zkpress.com |
| 排　　版 | 杭州兴邦电子印务有限公司 |
| 印　　刷 | 杭州杭新印务有限公司 |

| 开　　本 | 710×1000　1/16 | 印　张 | 17.25 |
|---|---|---|---|
| 字　　数 | 220 000 | | |
| 版　　次 | 2020年10月第1版 | 印　次 | 2020年10月第1次印刷 |
| 书　　号 | ISBN 978-7-5341-9201-2 | 定　价 | 69.00元 |

版权所有　翻印必究

（图书出现倒装、缺页等印装质量问题，本社销售部负责调换）

| 责任编辑　卢晓梅 | 责任校对　刘　燕 |
|---|---|
| 封面设计　金　晖 | 责任印务　叶文炀 |

## 编委会

主　　编　褚子育
副 主 编　杨建武
执行主编　张雄文　林卫兴
编写人员　金　鹏　陈　植　胡立新　巴　芳　吕佳颖
　　　　　陈臻祯　童　磊　李　利　黄　欢　李　瑶
　　　　　殷莉莉

# 深入践行习近平生态文明思想
# 加快建设"诗画浙江"大花园

浙江是习近平生态文明思想的重要萌发地,是"绿水青山就是金山银山"理念的发源地。进入中国特色社会主义新时代,浙江深入践行习近平生态文明思想,提出把全省作为一个大花园来打造,推动浙江生态文明建设不断迈上新台阶,奋力谱写"高水平全面建成小康社会、高水平推进社会主义现代化建设"新篇章。

## 一、大花园建设是全面践行习近平生态文明思想的浙江行动

2003年7月,时任浙江省委书记的习近平同志在谋划部署"八八战略"时,就提出要进一步发挥浙江的生态优势,建设生态省,打造"绿色浙江"。2005年8月,习近平同志在浙江安吉余村首次提出"绿水青山就是金山银山"的理念。2015年5月,习近平总书记回浙江视察时,充满深情地说,"这里秀美的山水,这里勤劳的人民,这里悠久的文化,给我留下了

难以忘怀的印象"。党的十八大以来，以习近平同志为核心的党中央把生态文明建设作为治国理政的重要内容，推动美丽中国建设取得历史性成就，形成了习近平生态文明思想。生态文明是工业文明发展到一定阶段的产物，是实现人与自然和谐发展的新要求。2017年6月，浙江省第十四次党代会提出，谋划实施"大花园"建设行动纲要，使山水与城乡融为一体、自然与文化相得益彰。浙江顺势应时作出建设大花园的决策部署，要让习近平生态文明思想在浙江大地生根开花。

大花园是浙江自然环境的底色、高质量发展的底色、人民幸福生活的底色。从生态看，浙江有山有水、有江有海、有河有湖、有岛有滩、有林有田、有花有草，本身就是大花园。绿水青山、蓝天白云是浙江自然环境的显著标志，也是建设大花园的生态基础。从生产看，绿色发展是全方位的变革，是构建现代化经济体系的必然要求。建设大花园，是实现绿色发展方式、推动高质量发展的重大举措，要让绿色成为高质量发展的普遍形态，让绿色经济成为浙江经济新的增长点，让绿色发展成为全省人民的自觉行动。从生活看，美丽的大花园是美好生活的基础、人民群众的期盼。建设大花园，是实现绿色生活方式、创造高品质生活的重要载体，目的是不断满足人民日益增长的美好生活需要。

大花园不仅属于浙江，也属于长三角乃至全中国。绿色是浙江的自然优势，全省森林覆盖率为61%，完全有条件成为长三角的"后花园"。从全国范围看，浙江自然风光与人文景观交相辉映，杭州是"人间天堂"，义乌是"购物天堂"，舟山是"东方明珠"，国家级风景名胜区、中国优秀旅游城市数量均居全国首位，4A、5A级景区数量居全国第二位，完全有条件成为全国最佳旅游目的地。

大花园事关全省域、事关每个人、事关子子孙孙。人民群众不仅是大花园的建设者，也是大花园的享受者。要全面开展"人人成园丁、处处成花园"行动，动员广大群众积极主动参与大花园建设，用自己勤劳的双手把家乡建设得更加美丽富饶，建成各有所长、百花齐放、各美其美、美美与共的大花园。

## 二、共建"诗画浙江"大花园，共创高品质美好生活

大花园是自然生态与人文环境的结合体、现代都市与田园乡村的融合体、历史文化与现代文明的交汇体。大花园的本质是人与自然和谐共生，空间形态是"国家公园＋美丽乡村＋美丽城市＋美丽河湖＋美丽田园＋美丽园区＋美丽海岛"，基本要求是生产空间集约高效、生活空间宜居适度、生态空间山清水秀，基本路径是串珠成链、共建共享"诗画浙江、美好家园"，让自然生态美景永驻浙江。

### （一）高质量建设"诗画浙江"

新时代打造"美丽浙江""诗画浙江"，不仅要形态美，还要生态美、文化美、生活美。

一是坚持保护为先。牢固树立"山水林田湖草是生命共同体"理念，坚持保护优先、自然恢复为主的方针，牢牢守住生态良好的底线。加快划定并严守陆域和海洋生态保护红线，确保生态功能不降低、面积不减少、性质不改变。严守永久基本农田保护红线，"但存方寸地，留与子孙耕"。严守城镇开发边界控制线，决不能盲目随意"摊大饼"。严守环境质量底线，确保生态环境质量不能变坏、只能更好。严守资源利用上线，决不能突破生态环境承载能力。

二是坚持攻坚为重。对标习近平总书记强调的七大标志性战役，坚决打赢蓝天保卫战，坚定不移推进"五水共治"，全面开展柴油货车和船舶污染治理，积极参与长江保护修复，严格保护水源地，加强农业面源污染和土壤污染治理，把污染防治攻坚战任务全面落到实处。

三是坚持美丽为基。浙江是"江南水乡",白居易赞叹钱塘江"日出江花红胜火,春来江水绿如蓝",我们要力争重现"一江清水向东流"。浙江还是"江南山村",李白《梦游天姥吟留别》,把天姥山、赤城山、天台山刻在了中国文化史上,我们要敬畏大山、保护大山,让"座座青山如画屏"。同时,全面实施新型城市化战略和乡村振兴战略,深化"千村示范、万村整治"等工程。

四是坚持文化为魂。文化是大花园的灵魂。大花园建设既要充分展示工业文明、农业文明,还要充分展示老百姓对美好生活的一切追求。全面保护和修复历史文化资源、遗存,传承好优秀文化传统。广泛弘扬社会主义核心价值观,不断提升公民的生态文明素养、精神文明素养。

### (二)高水平发展绿色产业

坚持把绿色产业作为大花园建设的核心,注重生态产业化、产业生态化,变美丽风景成美丽经济,化绿水青山为金山银山。

一是打造一批生态产业平台。高标准推进农业"两区"建设,使全省良田成为无公害、绿色、有机农产品的生产基地。提高亩均效益、降低亩均排放。加快打造一批青山碧海、蓝天清风、净土美食、崇文尚学的康养福地,打造之江文化产业带和瓯江流域文化创意产业带。

二是培育引进一批生态龙头企业。培育一批生态特色突出、经济效益好、带动力强的龙头企业,完善利益联结机制,形成大花园建设主要依靠市场力量的新格局。

三是建设一批生态产业项目。集中精力谋划和推进生态产业重大项目,将生态文明理念融入产业发展之中。

四是培育一批优质生态产品品牌。知名品牌能源源不断地给老百姓带来经济效益,积极创建"丽水山耕""衢州有礼"等生态产品品牌,为生态产品插上品牌翅膀。

### (三)高标准推进全域旅游

浙江名山大川、著名景点比比皆是。要发掘"珍珠"、打造"珍珠",串珠成链,变盆景为风景,加快创建全域旅游示范省,全面建成"诗画浙江"最佳旅游目的地。

一是以水为纽带,打造四条黄金旅游线路。浙东唐诗之路,以萧山—柯桥—越城—上虞—嵊州—新昌—天台—仙居(临海)为主体,历史遗存和人文典故众多,留下了1500多首唐诗。钱塘江唐诗之路,以富春江—新安江—兰江—婺江—衢江为主线,富春江风景如画,千岛湖碧波荡漾,八咏楼气压江城,也留下了1000多首唐诗宋词。瓯江山水诗之路,瓯江贯穿整个浙南山区,永嘉是中国山水诗的发源地,山水诗鼻祖谢灵运为浙江留下了千古绝唱。大运河(浙江段)文化带,以大运河世界文化遗产为核心,打造千年古韵、江南丝路、通江达海的大运河文化带浙江样本。这四条诗路是历史留给浙江的宝贵财富,我们要让诗路不仅兴盛在纸笔间,更兴旺在实景中。

二是以山为依托,打造十大名山公园。加快推进钱江源、天目山、四明山、雁荡山、莫干山、会稽山、大盘山等名山公园建设,带动全域旅游发展。

### (四)高起点打造现代交通

坚持交通先行。加快构建现代综合交通体系,基本建成省域1小时交通圈、市域1小时交通圈、城区1小时交通圈,串联起"诗画浙江"大花园。

一是加快建设大型国际客运枢纽。加快规划建设杭州、宁波、温州、金华—义乌都市区国际性交通枢纽。

二是加快建设2万千米美丽经济交通走廊。坚持"修一条路、造一片

景、富一方百姓",谋划建设一批高速铁路、智慧高速公路和通景交通网络,加强"四好农村路"建设,打造"畅、安、舒、美、绿"美丽经济交通走廊。

三是加快建设1万里骑行绿道网。依托山脊、山谷、海岸、河流等自然廊道,推进万里绿道网建设,使之成为共享大花园建设成果的普惠线。

### (五)高品质创造美好生活

坚持以人为本,着眼人民群众的获得感幸福感安全感,努力让全省人民和外来客人共享大花园"红利"。

一是青山碧海"养眼"。深入开展"五水共治"碧水行动,让人民群众看得到满目苍翠的青山、碧波荡漾的大海,看得到清水绿岸、鱼翔浅底。

二是蓝天清风"养肺"。坚决打赢蓝天保卫战,让人民群众与天朗气清、惠风和畅相伴,时时呼吸到清新空气、闻到泥土芬芳。

三是净水美食"养胃"。全面加强水源地保护和土壤污染治理,让人民群众喝得到干净的水,放心享用绿色美食。

四是崇文尚学"养脑"。充分挖掘弘扬优秀历史文化资源,让各行各业创新人才,在畅游山水意境的同时,沐浴文化艺术的熏陶,进而激发出创作的灵感火花、创新的聪明才智。

五是诗意栖居"养心"。大力营造安宁、舒适、惬意的栖居环境,让人民群众在青山绿水的闲适中涤荡心灵,在江南风韵的遨游中体味人生。

## 三、坚持以钉钉子精神推进大花园建设

大花园建设的集结号已经吹响。下一步,浙江省将充分发扬钉钉子精神,持之以恒,久久为功,加快建设现代版的"富春山居图",努力建成绿色美丽和谐幸福的现代化大花园。

一要对照目标抓落实。坚持系统思维，建立健全指标体系、工作体系、政策体系、评价体系。建立大花园建设工作推进机制，强化大花园建设绩效考核。

二要深化改革抓落实。以"最多跑一次"改革为牵引，加快实现"掌上办事""掌上办公"。统筹推进能评环评、企业对标竞价"标准地""多规合一"、生态环境监管、生态产品价值实现机制等改革，不断增创"市场有效、政府有为、企业有利、百姓受益"体制机制新优势。

三要强化保障抓落实。出台大花园建设的法规、制度和标准，加强财政支持，建立基于主体功能区定位的差异化投资、用地等配套政策，加强区域统筹，推进生态环境协同保护、旅游资源协同开发、平台设施共建共享。

时任浙江省省长袁家军

2018年9月

（原文刊发于《求是》杂志2018年第17期）

  辉生长卷，十五春秋绘就现代版富春山居图；
  文旅融合，一张蓝图打造诗画浙江的大花园。

  2005年8月，时任浙江省委书记习近平考察安吉余村时提出"绿水青山就是金山银山"的科学论断，深刻影响着浙江发展的未来走向，也拉开了浙江发展全域旅游的序幕。历届省委、省政府十五年接力，护美绿水青山，做大金山银山。在浙江省十四次党代会上，车俊书记明确指出，"大力发展全域旅游，积极培育旅游风情小镇，推进万村景区化建设，提升发展乡村旅游、民宿经济，全面建成'诗画浙江'中国最佳旅游目的地"。

  浙江是最早提出并实践全域旅游的省份。早在2002年西湖免费开放，"还湖于民"政策和"旅游国际化"战略的实施，让杭州从景点旅游迈向了全域旅游。在此之后，浙江很多市、县都积极开展了全域旅游的探索性实践。2017年，浙江提出了实施"大花园"建设行动纲要，省委、省政府高起点谋划浙江全域旅游发展，作出了"把省域建成大景区"和"把旅游作为支撑浙江未来发展的万亿大产业来打造"的战略部署，全域旅游承载了打造浙江未来发展底色的重要责任，浙江迈入全域旅游发展的崭新时期。

  作为全域旅游的领跑者，浙江正呈现着《富春山居图》所描绘的盛世画卷：活泼泼的全域旅游大门率先在浙江打开，进而绽放世界。浙江，乘着时代的大江大潮谋划的"大花园"建设，成为释放旅游新动能的大平

台,更是推动浙江高质量绿色发展的重要抓手,展现出全新的全域旅游繁盛如花景象。2018年,时任浙江省省长袁家军在浙江省《政府工作报告》中再次提出"力争到2022年全省有万个行政村、千个小城镇、百个县城和城区成为A级景区"的目标。从村、镇、县线路的"万千百"景区化建设,终汇聚而成如同浩荡钱塘大潮一般的有序扩展的全域旅游局面。

  辉生长卷,韵起浙江。一幅关于生态、人文、旅游、经济融合发展的现代版"富春山居图"正在时代变迁中徐徐展开。全域旅游已成为浙江探索打开绿水青山到金山银山的通道、助力乡村振兴的重要手段。一系列有力的数据表明,浙江,已成为全国旅游的标杆省和全球最佳旅游目的地之一。

  浙江全域旅游发展的示范意义,并不仅仅在于这片土地上贡献了令人叹为观止的经济增长数据,更在于其在党政主导下以先行者的实践样板,通过不断创新完善形成新的理念、新的机制、新的路径,清晰地展现了浙江全域旅游发展模式,为全国贡献了丰富的浙江经验和样本价值。

张雄文<br>2020年8月

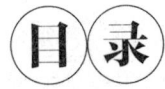

## 上篇　浙江经验

**绪　论　发展全域旅游　建设诗画浙江 / 2**

**第一章　领跑者的速度 / 11**
　　第一节　浙江全域旅游的建设背景 / 11
　　第二节　全域旅游浙江模式的溯源 / 14
　　第三节　浙江全域旅游理念的升级：既是大花园，也是大景区 / 32

**第二章　践行者的路径 / 36**
　　第一节　"百千万"工程、风情小镇、示范县三大建设多头并进 / 36
　　第二节　"七带一区"行动计划织线成网 / 59
　　第三节　"四大建设"核心区以面聚能 / 65
　　第四节　"大项目"带动万亿产业 / 69
　　第五节　文旅结合讲好浙江故事 / 84
　　第六节　三产融合构建全新业态 / 94

### 第三章　转型者的机制 / 103
　　第一节　浙江"全域旅游"工作的推进机制 / 104
　　第二节　政府数字化转型的经验探索 / 116
　　第三节　构建全民化、国际化的协同共享 / 126

### 第四章　开拓者的示范 / 132
　　第一节　浙江全域旅游发展模式的核心内容 / 132
　　第二节　浙江省全域旅游的未来建设之路 / 141

———— // 下篇　浙江样本 // ————

### 第五章　典型案例 / 152
　　湖州市：全面践行"绿水青山就是金山银山"理念　全域旅游全民共享 / 152
　　安吉县：抓改革，重项目，优环境　全力打造长三角最佳休闲度假旅游目的地 / 160
　　宁海县：以文化和旅游深度融合　促颜值与气质相得益彰 / 165
　　江山市：世遗示范　全域打造　以高品质景区带动全域旅游发展 / 170
　　德清县：改革破冰促进全域旅游走在前列 / 175
　　嘉善县：长三角一体化背景下多维融合，跑出全域旅游"嘉速度" / 181

# 目 录

遂昌县：全域共建，全业共融，全民共享　全域旅游绘就"绿水青山"转化新画卷 / 189

松阳县：文化引领，品质建设，全力创建全域旅游　助推山区国际化发展新道路 / 196

普陀区：产城融合，景城共生，主客共享　全力打造海岛全域旅游新高地 / 202

天台县：五化驱动，打造全域旅游大格局 / 209

新昌县：坚定"生态立县"，实施"三百"工程，激发全域旅游新动能 / 215

**附录　浙江省全域旅游示范县（市、区）评分细则 / 222**

## 上篇
## 浙江经验

## 绪 论
## 发展全域旅游　建设诗画浙江

（浙江省文化和旅游厅党组书记、厅长　褚子育）

大众旅游时代，人们对旅游的需求从单纯观光到休闲、度假转变，全域旅游应时而生。实施全域旅游是大势所趋，是浙江美丽大花园建设的重要引领，是促进经济发展的战略选择，是实现乡村振兴的工作载体，是实现百姓致富的有效途径。作为较早提出并践行全域旅游的省份，浙江始终以"绿水青山就是金山银山"理念为指引，以"全域大景区、全省大花园"为发展目标，以"旅游＋"多产业融合为发展动力，以万村千镇百城景区化、旅游风情小镇建设、高品质景区打造等为抓手，以"一户一处景、一村一幅画、一镇一天地、一城一风光"，建设现代版的"富春山居图"为蓝图，走出了一条政府市场齐发力、共同探索全域旅游发展的道路。

### 一、既是大花园，也是大景区——全域旅游的浙江模式

2017年6月，浙江省第十四次党代会上明确提出："大力发展全域旅游，积极培育旅游风情小镇，推进万村景区化建设，提升发展乡村旅游、民宿经济，全面建成'诗画浙江'中国最佳旅游目的地。"2018年1月召开的浙江省十三届人大一次会议上，把"创建全域旅游示范省""力争到

2022年全省有万个行政村、千个小城镇、百个县城和城区成为A级景区"写进了浙江省《政府工作报告》。全力打造浙江全域大美格局，优化浙江省旅游发展大环境，增强旅游发展核心竞争力，逐步形成既是大花园又是大景区的浙江旅游发展模式，成为新时代浙江推进"两个高水平"建设的现实回应。

### （一）抓住全域旅游示范省创建这个"牛鼻子"

发展全域旅游是一个系统工程，不可能一蹴而就，需要长期作战、久久为功。当前，浙江省全域旅游已进入滚石上山、爬坡过坎、攻坚克难的关键阶段，需要下更大气力继续向前推进，不断做好这篇大文章。加快发展浙江全域旅游，必须坚持高标准，抓住国家全域旅游示范省创建这个"牛鼻子"，以示范省创建带动示范县（区）创建，力争每个县（市、区）率先达到国家全域旅游示范区标准。

浙江省委、省政府高度重视发展全域旅游，将全域旅游视为"一把手"工程，成立由省长亲任组长的全省旅游发展领导小组，并将旅游业发展纳入各级政府和部门的年度目标责任制考核体系。浙江省被确定为全国7个全域旅游示范省创建单位之一，安吉、江山、宁海3个县（市、区）成功入选国家首批全域旅游示范区。省政府认定命名25个省级全域旅游示范县，近70个市县开展了全域旅游创建。各县（市、区）纷纷创新体制机制，超过80%的县（市、区）将旅游列为支柱产业重点打造，推进文化和旅游部门从单一的行业主管部门转变为综合协调部门，做到了"小政府、大服务"。2018年，旅游产业增加值占全省GDP比重已达7.8%，正逐步向主导型产业迈进。

### （二）激发产业融合这个"新引擎"

"吃住行，游购娱；商养学，闲情奇"，全域旅游的本质，就是体现

"时时、处处、人人"的特点。基础是突破传统的"景点旅游"发展模式，依托"旅游+"产业融合，加大优质产品供给，使旅游更加贴合人们对幸福生活的向往。其中，浙江以文旅融合为特色，文化和旅游的融合成为建设"大花园"的中坚力量；除此之外，农业旅游、工业旅游、研学旅游、体育旅游、康养旅游、海洋旅游、购物旅游等业态纷呈，着力实现全域旅游的个性化、差异化发展。2018年，全省接待游客达6.9亿人次，旅游总产值超万亿元，成为浙江经济支柱产业。

农村文化与旅游的融合，产生旅游风情小镇和民宿新经济，正成为浙江省全域旅游产业融合的亮点，涌现出了"欣赏浙山水、品读浙文化、感受浙乡愁"的旅游风情小镇和杭州西湖民宿、乌镇民宿、德清莫干山民宿等民宿集聚区品牌。浙江省被文化和旅游部确定为第一个全国民宿等级评定试点省，牵头完成全国《旅游民宿基本要求与评价》行业标准编制。浙江拥有民宿超16000家，总床位超15万张，2018年直接营业收入超50亿元，成为浙江乡村产业兴旺和农民增收致富的新增长极。

**（三）把握空间布局优化这个"梁柱图"**

浙江全域旅游不限一地一隅，不在一景一区，而是"点、线、面"结合全面推进，"城、镇、村"联动全域提升，这样才能实现省域范围内"既是大景区，又是大花园"。

所谓"面"，即景区县城、景区镇、景区村建设，以"百千万"工程为抓手，支撑起全域旅游的基本架构。2003年，习近平同志在浙江主政期间亲自部署了"千村示范、万村整治"的工作，使得浙江的乡村从一处美迈向一片美，从一时美迈向长期美，从环境美迈向发展美。近年来，浙江省大力推进"万村景区化"工程，截至2019年底，全省共认定景区村庄7236个，其中3A级景区村庄1162家，全省14个村入选全国首批乡村旅游重点村名录，数量位列全国第一。在"村村景区化"的基础上，浙江省在重点地区倡导"镇镇景区化"和城区景区化。2019年对200个景区镇、10个景区城进行验收,打造出一批样板型景区城、景区镇,力争到2022年,全省70%的县(市、区)达到国家全域旅游示范区验收标准,80%的乡镇通过A级景区乡镇验收,50%的乡村成为A级景区村庄,实现"步步是景点、处处是景区,各美其美、美美与共"。浙江全域旅游将率先迈入"村时代"。

所谓"线",即充分挖掘浙江山水文化资源和生态旅游资源,努力打造"浙东唐诗之路""钱塘江诗路""瓯江山水诗路""大运河诗路",通过努力,力争每条诗路游客超过1亿人次。四条诗路串联起全省95%的县(市、区),做好"线"与"面"结合。

所谓"点",以各地旅游资源为依托,着力打造A级景区、旅游度假区,打造"丝、瓷、茶"、红色旅游等精品特色线路,串珠成链。全省共有A级景区近806家,其中5A级17家(排名全国第2),4A级215家;优质旅游经典景区33家;省级以上旅游度假区55家,其中国家级5家,度假区的总数全国第2。浙江还在谋划十大海岛公园、十大名山公园等建设,树立项目为王的理念,通过项目落地,推进全域建设。2019年,全省在建旅游项目总投资额1.6万亿元,有效拉动了内需。

通过"点、线、面"的串珠成链扩面,浙江基本构成了旅游中心城市、旅游县城、旅游风情小镇、旅游景区度假区、旅游特色乡村等五级旅游系统,形成了既有"繁星满天",又有"众星拱月"的全域旅游发展新格局。

### (四)强化政策保障这个"支撑架"

全域旅游的发展,既需要顶层设计的规划引领,也需要政策制定的保障支撑。早在2017年,浙江就率先开展了省级全域旅游示范县(市、区)创建,印发了《浙江省全域旅游示范县(市、区)创建工作实施意见》,并

制定了"凸显浙江特色、高于国家标准"的《全域旅游示范县（市、区）创建指南》。2018年，省政府正式批复《浙江省全域旅游发展规划》，近80％的创建单位已编制完成全域旅游规划。浙江省编制了《浙东唐诗之路黄金旅游带规划》《钱塘江诗路黄金旅游带规划》《瓯江山水诗路黄金旅游带规划》三个专项规划；编制完成了《诗路黄金旅游带三年行动计划（2020—2022年）》；正式发布了《村庄景区化创建工作指南》《浙江省景区城建设指南（试行）》和《浙江省景区镇建设指南（试行）》。

在发挥规划引领作用的同时，省委、省政府关注发展过程中出现的体制机制性难题，积极制定新政策突破新难题。浙江省出台了《关于做好低丘缓坡开发利用推进生态"坡地村镇"建设的若干意见》，破解土地供给难题。坡地村镇试点实施以来，全省38个县（市、区）利用了此项政策，德清莫干山裸心堡、建德开元芳草地等多个点状供地项目落地，涉及乡村旅游、养生养老、休闲度假等业态，总投资580亿元。按照浙江"最多跑一次"工作要求，省文旅厅联合省农办、公安、食药监等部门出台系列政策措施，在全国范围率先破解民宿审批难题，全省民宿特种行业许可证持证率达90％。

## （五）注重市场监管服务这个"净化器"

全域大美格局的构建，不仅要景美，更要通过加强市场监管服务，实现市场有序美、文明旅游美、优质服务美。以打造全省行业信用监管标杆、实现行业监管全覆盖为目标，以"旅行社"为突破口，积极打造文化和旅游"一平台三体系"，建立"全省文化和旅游行业信用监管平台"，推进智慧监管，统筹推进行业信用评价体系、分类监管体系和应用体系建设。通过部署全省旅行社信用监管专项执法行动、将信用评价结果等级输送到在线旅游平台供游客查询、探索开发"信用特约旅行社"金融产品等举措，贯通"公共＋行业"信用评价结果，形成旅行社信用评价的"浙江模式"。成功入围全省首批信用典型应用"十大案例",率先成为通过全省首批信用综合监管平台试点验收的2家单位之一。持续加强高等级景区监管,2019年10月,浙江省文化和旅游厅对4家4A级旅游景区予以取消等级、10家4A级景区予以警告处理、5家4A级旅游景区予以通报批评处理。以"范围全覆盖、隐患全查清、整改全到位"为目标,持续开展"旅游包车安全整治行动""高风险项目安全规范行动""景区流量控制治理行动""出境游安全提升行动"等行业安全专项治理,加强文化和旅游重点领域、重点环节、重点部位安全保障能力。

围绕推动旅游业高质量发展,顺应当前文化和旅游消费提质升级趋势,紧扣提供优质饭店产品和服务这个中心环节,浙江省在国内率先出台《品质饭店评价规范》地方标准。以标准化促进全省饭店业服务品质提升,继续鼓励饭店企业参与星级评定、绿色旅游饭店的创建。着重写好文旅融合文章,扎实推进特色文化主题饭店建设,2019年新评定25家特色文化主题饭店,实现总量"破百"目标。围绕"文明游、保大庆",着力营造文明旅游、安全出行的良好氛围,全省联动开展"文明旅游安全出行 为中华人民共和国成立70周年加分"主题宣传活动,全省累计参与人数超过1万人。

## 二、持续发力,实现"步步是景点、处处是景区、全省大花园"

围绕"诗画浙江"总目标和"步步是景点、处处是景区、全省大花园"总要求,全省基本完成国家全域旅游示范省建设任务。

以顶层设计为引领,谋划全域旅游科学化发展。进一步加强规划引领,提高站位、统一谋划、分步实施,推进全域旅游工作。一是全面融入重大战略。大战略就是大机遇、大发展。切实加强与重大战略对接,全面融入长三角一体化、乡村振兴战略和"大花园大湾区大通道大都市区"行

动计划、"四条诗路"建设、十大海岛公园建设、十大名山公园建设等中心工作。充分利用重大战略的政策平台，积极争取、主动对接，全面融入、为我所用，找准全域旅游工作在规划中的方位和地位，实现跨越发展。二是坚持规划创新。以一流的旅游规划，引领一流的旅游开发，培育一流的旅游品牌；根据全省各地的文化历史、资源状态、城市特色来考虑旅游产业培育和发展的布局问题；将创意理念贯穿规划始终，贯彻旅游产品设计、营销、管理各个环节。大力推进"5G""大数据"新技术在旅游规划中的应用。动脑筋，借题发挥、小题大做，想出故事、想出名堂，以创意延伸旅游产业链，以创意优化产品设计、旅游功能、销售网络。三是科学制定计划抓落实。以项目化管理、责任制推进各项规划实施。逐一分解所有任务，逐一细化各项指标，排出时间表、路线图，明确责任主体，抓好落实工作。

以"百千万"工程为抓手，持续推进全域旅游均衡化发展。强力推进"万村景区化"。突出数量和质量并举，严格按照景区化村庄的建设指南，总结推广嘉兴市的"十个一"、湖州市的"十有十无"、乐清市的"下山头村"等经验和做法，每年实现新增2000家A级景区村庄，其中200家3A级景区村庄。继续把民宿作为乡村旅游发展的重要抓手，每年评定等级民宿150家，其中白金宿10家，金宿20家，银宿120家。强力推进"百城"和"千镇"景区化。重点唤醒尚在"沉睡"的地区，加强试点示范、全面铺开，围绕业态产品、公共设施、民俗风情、环境景观、管理服务五大重点，2019年开展对200个景区镇、10个景区城的验收工作，打造一批样板型景区城、景区镇，确保开好头、起好步，推动各地全面启动。同时，积极开展旅游风情小镇和旅游特色小镇建设，不断将"百千万"工程推向纵深发展。

以景区提质升级为重点，促进全域旅游优质化发展。一是打造面向全国的文化和旅游金名片。加强品牌建设，示范引领各类景区转型升级。

2019年，好中选优、综合评定首批旅游金名片30张；指导推动各市开展市级、县级金名片建设工作，建立浙江省文化旅游金名片培育项目库，全面开展培育、打造和宣传。二是注重串珠成链。加强旅游线路规划建设，根据资源特点、业态类别，优化设计一批主题鲜明、布局合理、迎合市场需求的旅游线路。做好省政府《传承发展浙江省优秀传统文化行动计划》，注重青瓷、茶叶、丝绸、遗址公园等浙江特有体验专线的打造，由点及线、串珠成链，变一处美为处处美。三是建立完善旅游景区质量管理长效机制。以刀刃向内、自我革命的态度做好景区整改提升、提质升级工作。采取随机体检式暗访和定期专业复核相结合的形式，发现问题，以问题为导向，积极主动抓好整改，形成"暗访检查—问题发现—清单化整改—警告摘牌"的闭环管理，并将监管常态化、机制化。

以文旅融合为特色，实现全域旅游差异化发展。首先，做好文化基因的解码。从当地文化现象切入，按美术、音乐、戏剧、小说、故事、俗语等文化形态，选定文化清单，对每一个项目清单，围绕物质要素、精神要素、语言和符号要素、制度规范四个维度进行研究分析，提炼最具价值、最为核心、必须传承的关键点（基因），进行记录和描述，呈现好解码结果。以挖掘提炼出来的优质文化基因为原材料，开展传承工作。以文旅融合为切入点，以此解码基因价值并作为评价标准，对已有文化和旅游产品进行及时矫正。以打造文旅IP为抓手，推进文旅融合，组织开展全省文旅融合IP的资源摸底登记工作，研究制定《浙江省文旅融合IP发展综合评价办法》，认定一批省级文旅IP，着力打造一批"网红"景区。其次，做好文化的植入。按照"宜融则融、能融尽融"的原则，做好现有景区文化融入的文章，讲好当地故事，使游客有一种诗意的感受、美的享受、精神层面的触动，有感悟有收获。再者，做好文化资源的转化。着力推进博物馆、文化馆、艺术馆、考古遗址等的景区化，按照景区要求进行打造，通过旅游展示文化底蕴，加强文化活化转化。

以大项目建设为根本，推动全域旅游持续化发展。一是开工一批。加快推动横溪农旅小镇、青山欢乐岛、中国西蠡谷商圣文化旅游区等一批项目开工。二是建设一批。加快推进浙江省之江文化中心、世界旅游联盟总部、九龙湖农艺田园小镇等重点项目建设。三是开业一批。龙之梦乐园、建德江南秘境、德清开元森泊度假乐园等一批项目实现部分营业。确保文旅项目年度实际完成投资达1000亿元以上。省文化和旅游厅认真践行"三服务"理念，加强与发改、自然资源等部门沟通，积极争取更多文化和旅游项目列入省重点项目、省服务业重点项目、省市县长项目。强化重大项目服务督查，进一步完善厅、市两级文旅部门领导联系文化和旅游重点项目等制度。

# 第一章
# 领跑者的速度

## 第一节 浙江全域旅游的建设背景

进入21世纪以来,随着经济全球化深度发展,世界科技革命日新月异,各种生产要素在全球范围内配置和重组,发达国家在世界范围内,特别是向广大发展中国家加速产业转移和布局。

中国在经济全球化和世界科技革命中面临着经济结构调整、产业升级、开放开发、体制机制创新的重大机遇。2002年11月,党的十六大确立了全面建设小康社会的奋斗目标,提出要在本世纪头20年,集中力量全面建设惠及十几亿人口的更高水平的小康社会,使经济更加发展、民主更加健全、科教更加进步、文化更加繁荣、社会更加和谐、人民生活更加殷实。面临历史性机遇,国家对在改革开放建设中一直领跑的浙江提出了新的要求,希望浙江能够在全面建设小康社会、加快推进社会主义现代化的进程中走在前列。

而此时的浙江经过20多年的改革开放进程,积累了雄厚的物质基础,人均GDP由1000美元迈入3000美元,城市化率由1998年的35%增长至

2005年的55%，年均增速约为2.86个百分点，浙江进入了快速城市化的发展阶段。

由于多方面的原因，浙江之前的发展偏重经济，尤其是民营经济、块状经济、专业市场、县域经济、小城镇经济，存在着"低、散、乱"的先天不足。要素供给和环境承载力的瓶颈制约日益突出，粗放型增长方式对可持续发展的约束日趋明显，发展不协调所带来的社会矛盾和问题也日益增多。

面对发展中的"制约之痛"，面对不期而遇的"成长中的烦恼"，时任浙江省委书记习近平意识到，浙江发展的"关口"已经提前来到，浙江提前进入了经济发展的腾飞期、增长方式的转变期、各项改革的攻坚期、开放水平的提升期、社会结构的转型期和社会矛盾的凸显期。

在这一背景下，2003年7月，习近平同志在浙江省委十一届四次全会上，代表省委在总结浙江发展经验的基础上，首次全面系统地概括了浙江发展的八个优势，提出了指向未来的八项举措，"八八战略"正式诞生。

"八八战略"成为21世纪以来引领浙江发展的总纲领，各届省委、省政府，各省、市、县职能部门在工作中始终坚定不移贯彻和落实"八八战略"的指导精神，并在实践中不断完善"八八战略"的思想内涵。浙江省全域旅游建设工作也在"八八战略"的引领下，不断创新实践，逐步发展和成熟起来。细细回顾浙江省全域旅游的发展过程，从中可以发现，从各地市县的创新探索，到省委、省政府的凝练升华，再到现在系统化建设大花园、大景区，浙江在全域旅游建设方面积累了丰富的经验，创造了典型的浙江模式。

专栏1-1

## 浙江省"八八战略"的主要内容

（1）进一步发挥浙江的体制机制优势，大力推动以公有制为主体的多种所有制经济共同发展，不断完善社会主义市场经济体制。

（2）进一步发挥浙江的区位优势，主动接轨上海、积极参与长江三角洲地区交流与合作，不断提高对内对外开放水平。

（3）进一步发挥浙江的块状特色产业优势，加快先进制造业基地建设，走新型工业化道路。

（4）进一步发挥浙江的城乡协调发展优势，统筹城乡经济社会发展，加快推进城乡一体化。

（5）进一步发挥浙江的生态优势，创建生态省，打造"绿色浙江"。

（6）进一步发挥浙江的山海资源优势，大力发展海洋经济，推动欠发达地区跨越式发展，努力使海洋经济和欠发达地区的发展成为全省经济新的增长点。

（7）进一步发挥浙江的环境优势，积极推进基础设施建设，切实加强法治建设、信用建设和机关效能建设。

（8）进一步发挥浙江的人文优势，积极推进科教兴省、人才强省，加快建设文化大省。

浙江全域旅游发展模式——走进现代版富春山居图

## 第二节 全域旅游浙江模式的溯源

### 一、省会杭州：从2002年西湖免费开放启程

杭州城市旅游工作最大的创新源于2002年逐步展开的"西湖免费开放工程"。1999年，杭州启动西湖申遗工作，2002年开始实施西湖南线整合工程，拉开西湖综合保护工程和西湖免费开放工程的序幕，踏上了杭州旅游由"景点旅游向城市旅游"迈进的新征程。10年间，杭州共取消130多个景点的门票，占景点总数的70%以上，免费开放的景区面积达到2000多公顷。西湖免费开放，虽然每年门票减收和增支造成共计5000多万元资金缺口，但也为杭州增加了旅游综合收入，2010年西湖景区实现财政总收入4.05亿元，与2009年同比增长14%，其中地方财政收入3.04亿元，与2009年同比增长14%。同时，杭州先后获得了"联合国人居奖""国际花园城市""东方休闲之都""中国最佳旅游城市"等称号，在"赚了票子"的基础上，也为杭州"赚足了面子"。西湖景区免费开放的创新之举，既是当时西湖景区旅游发展瓶颈的破题之策，也是杭州城市发展困境的破解之道。

#### （一）景城互扰，发展受限

西湖景区的保护、发展及其与杭州城市发展的双重矛盾是政府酝酿西湖免费开放的核心因素。西湖在杭州城市成长的过程中由边缘景区变成了城市中心区，20世纪末至21世纪初，杭州城市中心围绕西湖展开，形成"三面云山一面城"的城市格局，但城与湖缺乏有机融合，西湖风景名胜区的旅游功能不断与城市工业功能、居住功能、交通功能等相互交织与重叠，造成了城市与西湖景区的相互干扰，西湖景区的门票制度更是限制了城市南北向的交通连接。在城景空间融合但功能分割的形势下，无论是西湖景区还是杭州城市的发展都陷入了僵局，暴露出了以下六个方面的问题：

#### 1. 保护与发展、旅游业与工业两对矛盾困扰杭州发展

工业化是现代化的基础，是现代化不可逾越的阶段。21世纪初，工业仍是杭州经济增长的主力，城市工业的发展需要空间，但同时也产生了污染，在西湖与杭州主城区紧密融合、相互交织的空间格局下，西湖的保护与杭州主城发展矛盾日渐凸显。

#### 2. 管理体制不顺

2002年以前，西湖风景名胜区的60平方千米属于四个城区行政辖区的一部分，市园文局作为西湖景区的主管部门却无权协调景区的街道和农村，从而导致在执法、规划、建设、环卫、商业网点、农居人口管理等多方面出现多头管理、条块分割、政出多门、职能交叉、权限分散的弊端，严重影响了管理效率，增加了管理成本。西湖风景名胜区亟需一个强有力的、统一的管理机构。

#### 3. 景区城市化现象严重

西湖风景名胜区土地组成基本为七山一水两分田，平坦土地仅占23%左右。2001年以前的4年，西湖风景区内每年的建设项目均超过100个，景区建筑总量平均每年新增138万平方米，大量土地被侵占，区内人口机械增长很快，景区内城市化现象十分突出，再加上村居建筑杂乱无章、建筑风格单调、基础设施滞后，严重影响了风景区景观的视觉效果，直接影响了风景名胜区的可持续发展。

#### 4. 环湖沿线仍未完全打通

西湖是人民的西湖、游客的西湖，"还湖于民"是广大市民群众和中外游客的迫切愿望。大量游客集中于几个主要景点，使这些景点处于超负荷接待状态，而部分价值较高的风景资源尚未充分挖掘利用，大量"景源"

湮没其中，不能有效疏散游客，造成游览活动分布不均衡。

5. **功能分布不够合理**

西湖东、南、西、北几块区域的功能特色不够鲜明，周围道路交通功能过强，影响了西湖景观功能、旅游功能的发挥。

6. **部分地区脏、乱、差现象严重**

特别是湖西、北山街、景中村等地，基础设施陈旧，房屋破旧不堪，污染现象严重，对西湖的水源水质和环境卫生产生了很大影响。其中，西部流向湖中的4条主要溪流是西湖水的主要来源，由于配套设施不完善，这4条溪流被当地居民当成生活、生产水源，生产、生活污水直接排入溪涧、流入湖中。这些人为因素使西湖所担负的生态负荷达到极限，湖水透明度很低，总磷、总氮等关键指标超标。

为此，如何进行创新，寻找一条解决以上问题的出路是21世纪之初西湖景区与杭州发展所面临的重要难题之一。

## （二）战略机遇，破釜沉舟

1. **西湖保护与开放的战略机遇**

一是省市政策导向出现新变化，带来新机遇。正值杭州市委、市政府寻求解决西湖景区与杭州城市发展矛盾出路之际，新的历史机遇到来。21世纪初，浙江省将旅游产业的发展列为促进浙江省经济由量向质转型的战略手段，《浙江省国民经济和社会发展第十个五年计划纲要》中明确指出，加快重点旅游景区、旅游基础设施和配套设施建设，优化旅游线路，加强旅游精品和旅游新产品开发促销，大力发展特色旅游、生态旅游、假日旅游、商务旅游和海洋旅游。与此同时，国务院确定杭州的城市性质之一是国际性风景旅游城市，并将建设现代化国际风景旅游城市作为杭州城市发展的目标定位。《杭州市国民经济和社会发展"十五"计划和十年远景目标纲要》明确提出，在2010年杭州基本实现现代化的基础上，将杭州初步建成现代化国际风景旅游城市,要大力发展以高新技术产业和旅游业为先导、都市型农业为基础、传统优势工业为支柱、现代服务业为依托的大都市产业。在这样的发展背景下,杭州旅游业开始进入国际化和产品结构转型时期,并逐步迈入快速而稳健发展的历史新阶段,由传统发展模式向现代化发展模式转型,杭州旅游业在城市产业发展中的地位也逐渐提升。

二是杭州市城市格局优化调整,西湖景区与杭州城市的矛盾降级,和谐发展出现了新的可能性。这一时期杭州也呈现出大杭州、大旅游、大发展的良好势头。当时,杭州市明确提出要围绕"构筑大都市、建设新天堂",以"三江两湖一山一河"为基础,通过规划共绘、交通共建、市场共拓、产业共兴,全面实施"旅游西进",整合大杭州旅游资源,加强旅游整体促销,大力发展观光游、会展游、休闲游、都市游,加快国际风景旅游城市建设步伐,着力打响"游在杭州"品牌。同时,余杭、萧山撤市设区,拓展了杭州的城市发展空间,在一定程度缓解了西湖景区与杭州城区发展的空间矛盾,促进了西湖风景名胜区综合保护的进程,进一步推进了西湖景区开放的步伐,推动了杭州大景区、大旅游的发展。

**2. 开放实践的过程回顾**

以综合保护为目标,循序渐进,成熟一个开放一个,是西湖景区免费开放实践的核心原则。杭州市西湖风景区部分公园免费开放是一个动态的过程,开放范围随着西湖综合保护工程各阶段的完工而逐步扩大。2002年10月,杭州市西湖风景名胜区在西湖南线景区整合工程结束后,将南线工程成功整合的老年公园、柳浪闻莺等四大公园以及中山公园实行免费开放,整治后的西湖南线焕然一新,起到了震撼性的效果和积极的示范作用。随后的几年,西湖风景名胜区管委会相继完成了"三大景区"、15个历史文化景点、西湖核心景区、灵隐景区、吴山景区、申遗整治、景中村整治等建设整治项目,开放了一系列景区、公园、博物馆、历史馆等。直至2009年,西湖综合保护工程终于完成(图1-1)。

|  |  |
|---|---|
| 2002年 | 实施"西湖南线整合工程",打通南线各大公园,取消沿湖公园收费,形成"十里环湖景观带",体现杭州"三面云山一面城"的城市特色。 |
| 2003年 | 5月18日开始,杭州市园林文物局所属的六大博物馆、纪念馆一律实行免票入内游览;实施杨公堤景区、湖滨新景区、梅家坞茶文化村"三大景区"建设;取消西湖西侧四个公园的收费。 |
| 2004年 | 对西湖北线以及散落在西湖周边的"一街、二馆、三园、四墓、五景点"15个历史文化景点进行整治改造,13处实行免费开放。 |
| 2005年 | 成功实施西湖两堤三岛、西湖博物馆、龙井村、龙井寺等8大项目,基本完成西湖核心景区的整治,西湖"东热、南旺、西幽、北雅、中靓"的新格局基本形成,此次新推出的景点均免费开放。 |
| 2006年 | 完成灵隐景区综合整治一期、吴山景区环境整治一期、龙井八景修复等项目。 |
| 2007年 | 完成灵隐景区综合整治二期、吴山景区环境整治二期、高丽寺恢复、南宋官窑博物馆扩建、八卦田遗址保护、虎跑公园保护整治等7大项目,新推出的八卦田遗址公园等景点实行免费开放。 |
| 2008年 | 完成孔庙复建、九溪—杨梅岭综合整治、西湖夜景灯光优化等8大项目,新整修的孔庙、三茅观等实行免费开放,九溪烟树公园取消收费。 |
| 2009年 | 实施申遗整治、满觉陇"景中村"整治等10大项目,太子湾公园经过整治后取消门票。 |

10年间,西湖相继取消了130多个景点的门票,占景点总数的70%以上。免费开放景区面积达到了2000多公顷。

图1-1 杭州西湖综合保护工程发展过程

### （三）全新实践，多方共赢

历经十余载完成的西湖景区免费开放，取得了景区保护和发展与城市经济发展的双重收益，为城市旅游发展提供了全新的模式样本。免费开放促进了西湖景区的发展与保护，景区内游客量和营业性收入都有了巨大的增幅。同时，也为杭州市经济效益、环境效益及社会效益做出了卓越贡献，以旅游产业带动服务业发展，促进杭州市产业升级。西湖环境整治对杭州城市环境以及旅游业的进一步发展至关重要，西湖免费开放为杭州城市形象的提升及旅游国际化也提供了帮助。

**1. 促进西湖景区的发展与保护**

一是增加了景区游客接待量。据统计，2006年西湖综合保护工程核心景区完成后的第一个春节，西湖风景名胜区共接待中外游客235.10万人次，比2005年同期增长71.85%。

二是提升了景区内营业性收入。据杭州市园文局测算，环西湖各公园景区实行免费开放后，每年因此减少了2600万元以上的门票收入，且每年所需的安全保卫、保洁维护、日常管理等开支高达3000多万元，即每年产生6000万元的"成本"。但西湖的开放，不仅吸引了游客，同时也带来了商业发展。西湖南线改造后首批推出的商业网点，每平方米10年经营权最高拍卖价达到8.8万元，带来的环湖商业网点、服务设施每年的租金就达到5500万元，已基本与投入持平。

三是有效保护了西湖文化。将西湖沿湖各公园向市民、游客免费开放，是西湖综合保护亲民性的突出体现，更是保护西湖的最有效手段。在科学保护和禁止破坏的前提下将西湖开放，吸引游客前来，使自然景点和人文景观在旅游中传承，进一步扩大了西湖的知名度，使西湖文化得到有效的保护。

**2. 杭州市经济效益、环境效益和社会效益实现共赢**

一是拉动杭州旅游人数与收入的增长。数据显示，2002年杭州接待旅游总人数2758万人次，比2000年增长16.1%，旅游总收入294亿元，比2000年增长37.4%；2010年旅游总人数6580.6万人次，比2002年增长138.6%，旅游总收入1025.7亿元，比2002年增长248.9%。由于旅游产业延伸带动，游客增加和逗留时间延长，杭州市餐饮、旅馆、零售、交通等服务行业都获得了新的发展空间，为杭州创造了大量的就业岗位和经济效益。

二是优化了西湖及杭州的城市环境。2001年到2011年，杭州连续10年实施西湖综合保护工程，恢复了西湖"一湖双塔三岛三堤"的历史大格局，拆除了影响西湖景观的60万平方米建筑，搬迁了景区265家单位、2791户居民，恢复了0.9平方千米的湖面，建设了100万平方米公共绿地，完成了西湖疏浚工程以及引配水工程，恢复、重建、修复了180余处人文景点。这些环境效益对于杭州城市环境以及旅游业的进一步发展都至关重要。

三是提升了杭州的社会影响力。首先，西湖景区免费开放得到杭州市民和国内外游客的充分肯定，杭州先后获得了"联合国人居奖"、《福布斯》"中国大陆最佳商业城市榜"、"中国顾客十大满意风景名胜区"、"全国文明风景旅游区"、"国际旅游金星奖"、"全国园林城市"、"中国十大最具经济活力城市"、"东方休闲之都"、"中国最佳旅游城市"、"中国（大陆）国际形象最佳城市"等称号，并连续蝉联"中国最具有幸福感城市"的殊荣，这对杭州城市形象的提升、杭州旅游的国际化提供了巨大帮助。其次，通过环境综合整治，有效改善了原住民的生活环境，提升了他们的生活品质，使农民找到了持续发展地方经济的有效途径。据统计，在实施"还湖于民"政策后的第五年，茶农龙井茶销售收入增长100.3%，农家茶楼也从无到有，茶农年收入达5900万元。2007年景区农民人均收入12600

元，高于全市平均水平16%，比2002年增长46.9%。

### （四）城景融合，面向未来

西湖免费开放对杭州实行"大旅游"，实现景城共融具有重大的推动作用。西湖免费开放作为"大杭州、大旅游、大发展"战略的先行示范，推动了杭州关于"大旅游"规划的编制与实施。杭州市于2005年印发《杭州市旅游发展总体规划（2004—2025）》及《杭州大旅游产业发展规划（2006—2020）》，明确提出将城市作为目的地建设，将旅游业作为支柱产业进行重视和发展，并对"大旅游产业"进行创新定义：以传统旅游业为龙头，包括会展、休闲、商贸、文化及其他社会资源中能与旅游互动的产业集群。

总体来讲，西湖景区免费开放的创新之举实质是"景区旅游向城市旅游转型"的创新实践，实现了"城市即景区、景区即城市"的大旅游格局。西湖景区的免费开放，在城市产业经济战略和旅游运作模式方面都实现了一定的创新突破。

首先，在城市产业经济战略方面突出城旅共融。一是旅游发展从景点旅游向城市旅游转型，将城市作为旅游目的地进行建设，发展"大旅游"，将景区当成城市旅游产业链中的一环，提升旅游产业地位，与周边关联产业协调发展，形成良性循环产业大格局。二是通过景点的开发建设，推动城市各项公共服务设施的完善，在推动城市旅游业发展的同时，也提升了城市居民的生活质量。

其次，在旅游运作模式方面创新与拓展了旅游经济模式。一是除观光旅游业外，还大力发展会展商务业、休闲度假业，以形成"观光、会展、休闲"三位一体的产业格局。二是摆脱传统门票经济，"收费"与"免费"景点数量合理搭配，形成相对稳定的平衡结构，实行"免费为主，收费为补"的经营模式，为城市经济发展带来财源，同时也成为免费开放景区日常管理经费的重要来源。三是实行"免费+周边消费"的商业运作模式,虽然免除了门票,但是增加了景区内商业网点、各类游览车船等旅游服务设施的租金等收入,同时促进了城市食、宿、行、游、购、娱等相关服务业的发展。

## 二、各市县:2006年起的省内全域旅游发展雏形

省会杭州旅游发展模式的创新实践为浙江省各市县城市发展转型和旅游开发提供了全新的思路,各市县在新思路的引领下,结合自身实际情况广泛开展了新一轮的创新与实践。

这一时期,旅游创新在浙江省内形成了八仙过海、各显神通的实践热潮,各市县形成了符合自身城乡特征的旅游发展模式,为全域旅游的正式推出积累了丰富的实践经验,进一步拓展了旅游开发的路径和内容体系。各市县在实践过程中,逐步形成了浙江省旅游发展以生态环境为优势、以地方文化为特色、以主导产业为依托的三大特点。

### (一)生态发展型

#### 1. 开化——拥抱绿色促旅游

开化县位于浙江省母亲河——钱塘江的源头,地处浙、皖、赣三省七县交界处,是连接浙西、皖南和赣东北的要冲,是重要的生态功能保护区。受限于生态功能保护区的制约,城市在工业经济的发展方面受到极大限制,"伐木"成为开化的主要经济来源。作为一个传统的山区农业县,开化工业欠发达,依托丰富的森林植被,多年前许多开化人以伐木、木材运输和加工为生,直到后来一场洪灾造成伐木区山体滑坡,不少农民家园被毁,这才惊醒了沉醉于"伐木经济"的人们。开化县政府颁布了"禁伐令",同时在浙江率先启动全县生态保护,探索发展生态旅游。

凭借山好水好空气好的资源优势和几年的发展沉淀，乡村旅游在开化"开花结果"，成千上万的游客陆续走进开化乡村，吃农家饭、赏农村景、住农家房、购农家产，农户收入翻番增长。生态保护和乡村旅游的良性循环，也加速引领开化乡村景区化的建设。截至2018年6月，开化全县共有100个A级景区村，年接待的千万人次游客中乡村游客占一大半，乡村经济从"种种砍砍型"变成了"走走看看型"。

开化县委、县政府深入践行"绿水青山就是金山银山"理念，强化生态保护，发展全域旅游，带动了乡村振兴，促进民房变民宿、田园变公园、农村变景区，吸引了越来越多的人到开化"上山下乡"，闯出了山区经济转型发展的新路子，树立起生态发展的自觉和自信。

### 2. 桐庐——借力杭州谋发展

桐庐旅游起步较早，在旅游发展过程中，始终瞄准杭州，依托自身生态优势，与杭州错位发展，拥抱杭州，形成自身的旅游竞争优势，先后荣获"县级旅游之冠""国际花园城市""中国优秀旅游名县""中国十大生态文化旅游目的地"等称号。

2009年桐庐县委、县政府明确提出打造"中国知名旅游目的地"的目标，从"观光时代"向"三位一体时代转变"，由原来较单一的观光产品向多元化产品转变，致力于营造观光旅游、休闲度假、商会会展旅游等"三位一体"的多元化产品共同发展的新格局，加快开发"六大休闲度假基地"，实施"六大改造工程"。

### 3. 安吉——壮士断腕求转型

安吉全域旅游探索以"绿水青山就是金山银山"理念为指引，以生态文明为主要内容，以美丽乡村为载体，经历了"工业强县"到"开放兴县"再到"生态兴县"的战略转型，把生态理念全面融合、渗透到一产、二产、三产中。"一产+"休闲活动，大力发展生态农业和观光休闲农业；二产转型推动，关停一批矿山、采石场、水泥厂，建设生物医疗、新材料、新能源等新兴产业；三产龙头带动，积极发展景区和乡村旅游，促进产业转型升级，着力推进绿色发展、低碳发展。

安吉在2008年首次提出"县域大景区"概念，将全县当作一个大景区来打造，并率先建设"中国美丽乡村"，着力促进城乡融合，构建"优雅竹城、风情小镇、美丽乡村"的立体化格局，初步形成"景区＋农庄""生态＋文化""观光＋度假"等多元化县域旅游模式。2011年，安吉纵深推进"县域大景区"建设，逐渐实现休闲旅游经济"农家乐—乡村游—乡村度假—乡村发展—乡村生活—融合发展"的提档升级。

### （二）文化引领型

#### 1. 绍兴——名人文化立招牌

2008年，绍兴市提出"全城旅游"的发展战略，随即编发《绍兴全城旅游区总体规划》，明确了城即景、景即城的规划定位，提出了复兴水城、文化兴旅、转型增效、城旅一体的发展思路。

绍兴提出的"全城旅游"，即"景是一座城，城是一个景，城旅一体化"，标志着绍兴旅游进入从景区旅游到城市旅游、从观光旅游到休闲度假、从门票经济到产业经济的新阶段。

"全城旅游"以绍兴古城为主，将古城作为一个景区打造，精心策划、培育古城体验游的综合性产品，以丰富的历史文化资源为核心，以魅力的水乡风情为特色，以鲁迅故里为龙头，整合绍兴古城资源，注入更多新鲜、体验、休闲的元素，开发、推出了以"坐三轮、游老街、访名居""坐乌篷、品黄酒、看社戏"和"漫步古城、醉享绍兴"为主题的"名城、水城、古城"系列全城旅游产品。这些产品以各大景区为节点，用三轮车、乌篷船将历史街区、内河环河和散落在古城各处的名人故居，包装成特色旅游产品，为全城旅游注入了新的内涵。

"全城旅游"促进了绍兴旅游资源的整合与开发，也满足了绍兴以城市旅游为核心,推动整个城市发展、打响城市品牌、提升城市价值的整体需要。与杭州经验相类似,2008年作为绍兴"镇城之宝"的鲁迅故里整体免费开放,初步践行了"全城旅游"的概念,使绍兴旅游正式迈入转型升级的新阶段。

**2. 舟山——海洋文化造形象**

舟山海岛旅游起步较早,自2005年先后获得"中国海鲜之都""中国优秀旅游城市""中国旅游竞争力百强城市"等称号之后,便建立了要素完整的产业体系和观光、度假等新业态产品体系,东海大桥、杭州湾大桥等世纪工程的运行,也为舟山发展海洋旅游提供了机遇与条件。

在2010年全国旅游工作会议上,中央提出了"在推进海南国际旅游岛建设的同时,支持浙江舟山群岛等岛屿旅游业发展,推进旅游改革创新"的要求,舟山市提出将舟山群岛创建为"国家海洋旅游综合改革试验区",这也为舟山海岛旅游带来了新一轮的增长(图1-2)。

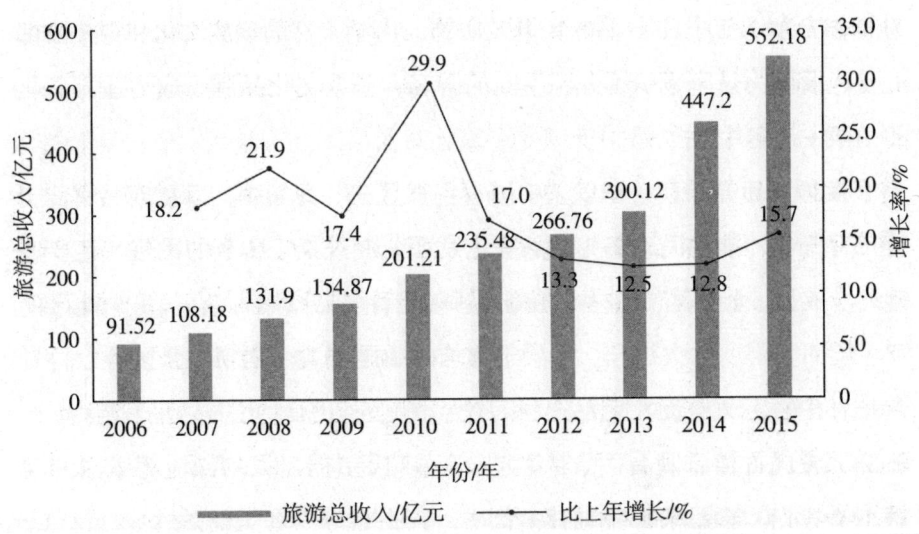

图1-2　2006—2015年舟山旅游总收入及其增长速度

在海岛旅游开发建设过程中，舟山市以文化为核心，以岛屿为依托，以产品为载体，探索"一岛一特色"的群岛型海洋旅游开发模式，打造了"佛岛"普陀山、"侠岛"桃花岛、"钓岛"白沙、"泥岛"秀山、"沙岛"朱家尖等一批文化主题岛屿；建设精品"渔家乐"，提升渔村渔家游的品位，发掘优势资源，使"渔家乐"成为集渔村观光、捕捞体验、海鲜品尝、文化享受于一体的综合性休闲旅游项目；加快游轮、游艇、游船项目投入，推进将舟山整体建设成为成熟的、国内外知名的海岛旅游目的地。

**3. 景宁——民族文化树特色**

景宁畲族自治县位于浙西南边陲，境内同时居住有汉、畲、回等8个民族，其中畲族占全县总人口的10%，为目前我国唯一的畲族自治县，华东地区唯一的少数民族自治县。

畲族具有丰富的民族文化内涵，包括生产习俗、饮食习俗、住宅建筑、岁时节令、婚俗、生育习俗、寿庆、民间工艺、宗教信仰等，其中最为闻名的为"三月三"、畲族民歌及服饰。内涵丰富的畲族文化和古朴浓郁的畲族风情为景宁吸引了源源不断的游客，畲族文化品牌已成为地方文化的一张"金名片"。

从2004年开始，景宁以"中国畲乡三月三"为品牌，以畲族民间传统节日为特色，推动民族文化的品牌化发展，促进景宁畲乡的民俗特色产业链逐步成型，且随着"畲乡"旅游品牌的营销推介，景宁在长三角地区的知名度和美誉度大大提升。如景宁大均的中国"畲乡之窗"景区，以村景合一为特色，以畲族风情为核心，结合旖旎的自然风光，成功打造了赤坑廊桥、唐代古樟、观音阁、大均古街、李氏宗祠、大均漂流等景点和项目，吸引了众多慕名而来的旅游者。

## （三）产业促进型

由于缺乏奇山异水资源，同时城市经济和公共服务设施等建设较为普通，所以部分地市县将目光聚焦于自身产业特色，通过"产业＋"的形式带动旅游发展，包括依托现有产业、无中生有创造新产业、创造热点等方式。

### 1. 义乌——小商品大旅游国际化

义乌购物旅游的发展依托于庞大的小商品市场，有人曾经计算过，如果一个人在义乌国际商贸城购物，在每个商位前停留1分钟，每天以8个小时计算，那么要逛完这个市场就得花上4个月时间。

随着义乌国际商贸城吸引力的不断增强，越来越多的游客前来义乌购物游览，《义乌市国民经济和社会发展"十五"规划》中明确提出发展购物旅游的战略。随后，市政府在2003年初出台了《加快发展义乌购物旅游的若干意见》。2006年，义乌国际商贸城被原国家旅游局命名为首个"国家4A级购物旅游区"，开创了全国"以商带游、以游促商"的先河。

义乌利用小商品市场的繁荣发展，推进精品景区、景点、公共设施的建设，逐步将义乌发展为国际商务旅游目的地，同时发掘与利用义乌当地历史文化资源，助推旅游向乡村一步步深入。虽然缺乏奇山异水等自然资源，但义乌利用商贸城的"金名片"，依旧在逐步探索全域旅游的发展与实现。

### 2. 东阳——影视城体验游乐趣化

1995年，听闻谢晋导演为电影《鸦片战争》寻找外景地，横店集团创始人徐文荣用奇迹般的速度，建造了首个外景地"广州街"，把握历史机遇一炮打响，成为开创横店产业转型升级、改变发展方式的历史之举。随后，清明上河图、江南水乡、红军长征博览城、华夏文化园等均在此建设，国内外超过1万多部作品在此拍摄，整个横店就是一个大片场，成为

世界最大的电影拍摄基地，也成就了横店影视城的知名度和影响力。这时，横店影视文化产业的雏形已成。

依托国家5A级景区横店影视城，横店旅游经历从"一无所有""无中生有"到"无所不有"的发展过程。在其全域旅游形成的过程中，主要有六个方面的特征：旅游利益全范域，旅游空间全地域，旅游产品全时域，旅游景观全场域，旅游要素全境域，旅游产业全领域。总体来说，社团经济驱动、影视品牌推动、城乡区域联动最终带动了横店全域旅游的发展。

3. 海宁——皮革城购物游生活化

海宁皮革城（原名浙江皮革服装城）于1994年9月开业，经过2000年的皮博会，于2005年乔迁新址，2006年成为国家4A级景区，它开创了"中国皮衣买海宁"的历史，传统的制革和皮衣制作工艺为海宁皮革业的发展提供了先决条件，皮革城的建设在为海宁皮革服装业的发展壮大奠定坚实基础的同时，也带动了海宁购物旅游的迅速发展。

依托海宁皮革城的名片优势，结合良好的区位地理条件、旅游接待条件以及丰富的旅游资源，海宁的购物旅游不断发展，2015年游客接待量超560万人次。

## 三、全域旅游概念的正式提出

### （一）各地区实践殊途同归

各地市县在进行全域旅游发展实践探索的过程中，逐步形成了一些共性特征，最终都指向了从"＋旅游"转向"旅游＋"的模式。经济较为不发达地区依托自身生态优势，带动农业发展、乡村振兴，通过旅游的全域化壮大助推地方经济提升。地方文化特色凸显地区则针对自身特点，发展

"文化＋旅游""海洋＋旅游""海岛＋旅游"等创新旅游产品，并通过旅游体系的完善，同样推动所在地经济发展、旅游全域化发展。而产业特色较为突出的地区则以地方经济产业先行，待其名片打响后，进而依托这一"无中生有"的资源发展旅游产业，使旅游业与原有商贸、影视产业等充分融合，促进旅游全域化发展。

### （二）浙江省委、省政府的凝练与升华

2011年12月，桐庐县委主要领导在中国共产党桐庐县第十三次代表大会上的报告中提出"风景桐庐、低碳桐庐、人文桐庐、开放桐庐、幸福桐庐"五大建设，提出以景区的理念规划整个桐庐，以景点的要求建设每个镇村，全力打造"山水如画、人间仙境"的县域大景区。

桐庐县以"风景桐庐"建设为统揽，大力发展全域旅游，努力在守住绿水青山的同时，用好绿水青山，实现经济发展与生态保护共赢，并于2013年成为浙江省全域旅游专项改革试点县，后续通过加强产业升级、大力建设景区与乡村等举措，推进全域旅游再发展（图1-3）。

2013年，浙江省批复桐庐县作为全域旅游专项改革试点县，意味着全域旅游由各地市县的分头实践，上升为浙江省省级层面的重要工作，体现了省委、省政府对各地市县旅游工作的高度关注和大力支持，标志着全域旅游在成为浙江省发展战略的道路上迈出了关键的一步。

在此之后，结合各地市县的有效实践，在2014年的全省旅游发展大会上，浙江提出要把全省当成一个大景区来谋划打造；2015年，李强省长在浙江省十二届人大三次会议上提出创建百个兼具旅游功能的特色小镇。浙江省的实践为国家全域旅游的推动提供了创新经验，突出特色且实事求是，有效助力"全域旅游"上升为国家战略。

| 时间 | 事件 | 阶段 |
|---|---|---|
| 2011年 | 提出"风景桐庐、低碳桐庐、人文桐庐、开放桐庐、幸福桐庐"五大建设;提出以景区理念规划整个桐庐,以景点的要求建设每个镇村,全力打造"山水如画、人间仙境"县域大景区。 | 概念提出 |
| 2012年 | 下发《全面建设"风景桐庐"的实施意见》,要求深入推进"最美县城、美丽城镇、美丽乡村"建设,努力建设宜居宜游的"风景桐庐"。 | 以"风景桐庐"为依托,推进全域景区发展 |
| | 印发《桐庐县振兴旅游休闲产业五年行动计划》的通知,明确提出将旅游业作为桐庐县支柱产业、龙头产业来发展。 | |
| | 印发《关于开展美丽乡村建设的实施意见》,推进32个中心村建设,建成50个杭州市美丽乡村精品村,实现美丽乡村全覆盖。 | |
| | 浙江省政府批准同意桐庐县成立全省首个慢生活体验区——桐庐县富春江(芦茨)乡村慢生活体验区。 | |
| 2013年 | 通过《中共桐庐县委关于深入贯彻党的十八大精神,扎实推进中国最美山水型现代化中等城市建设的决定》,重点打造特色风景旅游集群,加快全域景区发展,扎实推进风景桐庐建设。 | 试点全域旅游专项改革 |
| | 浙江省政府批复同意桐庐为浙江省全域旅游专项改革试点县。 | |
| | 出台《关于桐庐县推进全域旅游发展的实施方案》及《三年行动计划》,明确按照全景化打造、全地域覆盖、全资源整合、全领域互动、全社会参与的原则,深入开展全域旅游建设,推动桐庐旅游业跨越式发展。 | |
| | 杭州市编委正式批复桐庐县旅游局更名为桐庐县旅游委员会。 | |

图1-3 桐庐全域旅游发展历程(续)

| | | |
|---|---|---|
| | 出台《关于桐庐县全域旅游发展的政策意见》，从2013年起安排旅游发展专项资金用于全域旅游发展，并视财力状况逐年增加。 | |
| | 通过《中共桐庐县委关于加快建设"美丽桐庐"的决定》，明确立足"最美城乡"标准，大力推进风景城镇、风景村落、风景庭院、风景园区、风景工厂等建设，逐步实现"处处是景、时时见景"的城乡如画风光。 | 加快建设全域旅游，着力升级产业，大力建设景区、乡村 |
| | 建立江南古村落风景区管委会，同年创建成为3A级景区，2014年12月创建成为4A级景区。 | |
| | 下发《关于加快发展美丽乡村民宿经济的实施意见》，进一步推进民宿产业发展。 | |
| 2014年 | 下发《关于成立合村乡全域旅游先行乡创建工作指导小组的通知》。 | |
| | 通过《关于大力开展"美丽经济"的决定》，明确大力发展现代服务业，切实推动桐庐旅游从景区旅游向全境旅游发展、从旅游过境地向旅游目的地转变、从传统旅游向现代旅游转变，逐步打造成为在全国有较大影响力的"全域旅游示范县"。 | |
| | 下发《关于推进村落景区创建工作的实施意见》，实施村落景区化和旅游产业覆盖化。 | |
| 2015年 | 下发《关于加快推进民宿经济转型升级的意见》。 | 全域旅游发展升级 |
| 2016年 | 桐庐县委书记明确提出要深化全域旅游专项改革，加快富春江5A级景区以及精品村落景区创建，加快国家公园乡村建设，着力营造"处处是景、移步换景"的良好局面。 | |

图1-3 桐庐全域旅游发展历程（续）

## 第三节 浙江全域旅游理念的升级：既是大花园，也是大景区

省域范围内"处处是风景，遍地是花园，踏步而出即是旅游"，这是浙江省对全域旅游发展创新的再次升级，既是促进省域城乡一体化平衡发展的重要途径，也是进一步落实"八八战略"、实现"绿水青山就是金山银山"理念转化的重要举措。"大花园"的建设将全域旅游的战略作用推上了更高的地位，是一次跨领域、跨部门，全域协同、协作发展的重要尝试。

### 一、高品质平衡省域发展

各地市县的创新实践证明全域旅游不仅仅是旅游行业的事情，更实现了各个行业、各种资源的融合，是一、二、三产融合发展，以及城市、乡镇和村庄融合发展的有效黏合剂和催化剂。虽然各地市县全域旅游的发展在一定程度上提升了各城市的社会经济发展水平，但是在浙江省省域范围内，东西差异、城乡不平衡的现象仍较为严重。

浙江省的地形与经济均存在省域内东西梯度化差异，山区生态资源多集中于西部，而经济发展则偏向于东部沿海地区。在工业经济主导的时代，山区较多的生态空间缩减了可开发空间，较大的生态脆弱性加大了要素资源开发的压力，较高的生态环保要求增加了开发建设的成本。在这种状况下，山区经济长期滞后，与全省发达地区的差距一度出现拉大的趋势。2005年，山区26个欠发达地区的人均GDP及人均地方财政收入，分别相当于全省平均水平的43.5%和29.5%；2006年，这26个地区人均地方财政支出相当于全省平均水平的49.9%。这一时期，生态优势突出与经济发展滞后是山区发展的双重性，这也决定了山区必将走一条与沿海地区截然不同的发展道路。基于此，浙江省站在全省的高度，立足省域一体化、东西平衡发展，从省域层面提出全面推进浙江省全域旅游发展的战略，此次提升着力于顶层设计。

2017年6月，中共浙江省第十四次代表大会上，浙江省委书记车俊作题为《坚定不移沿着"八八战略"指引的路子走下去 高水平谱写实现"两个一百年"奋斗目标的浙江篇章》的报告，报告提出要按照把省域建成大景区的理念和目标，高标准建设美丽城市，深入开展小城镇环境综合整治，深化美丽乡村建设，使全省城乡面貌实现大变样。同时，报告指出要谋划实施"大花园"建设行动纲要，使山水和城乡融为一体，自然和文化相得益彰，支持生态功能区加快实现绿色崛起，把生态经济培育成为发展的新引擎。在此目标指引下，浙江省于2018年发布了《大花园建设行动纲要》与《浙江省全域旅游发展规划》，从全省空间、经济发展的角度对旅游业进行总体布局与规划，为后续具体市、区、县、镇、村的旅游发展提供了依据。

## 二、高质量建设"诗画浙江"

"诗画浙江"是浙江省的旅游金名片，新时代要高质量打造"美丽浙江""诗画浙江"。"大花园"是全面推进省域城乡一体化发展的三大（大花园、大湾区、大通道）重要板块之一，"大花园"不仅要形态美，还要生态美，更要文化美、生活美。

大花园是现代化浙江的普遍形态，是未来浙江人居环境的蓝图，同样也是浙江城乡建设，尤其是全域旅游发展和建设的核心理念。2018年5月28日，浙江省大湾区大花园大通道建设行动计划新闻发布会在浙江省新闻发布厅举行，大花园建设与大湾区、大通道建设为一个有机整体，共同对全省空间格局进行总体考虑，是统筹生产、生活、生态空间的顶层设计。

谋划建设大花园,是省委、省政府深化"八八战略"、践行"绿水青山就是金山银山"理念、推进绿色发展、加快打造"诗画浙江"鲜活样板的重大举措,是自然生态与人文环境的结合体、现代都市与田园乡村的融合体、历史文化与现代文明的交汇体,是全省统筹保护与开发、推进绿色发展的新载体。其范围为全省,核心区是衢州市、丽水市。发展大花园的核心工作包括:保护为先,牢牢守住生态良好的底线;攻坚为重,坚决打赢蓝天保卫战;美丽为基,打造美丽城乡与美丽园区;文化为魂,发掘、保护、弘扬、展示生产方式和生活方式大文化。

### 三、高标准推进全域旅游

全域旅游自发展之初至今,发展环境越来越好、产业基础越来越实、创新亮点越来越多、综合贡献越来越大,同时,转型步伐也越来越快,旅游产业已步入全面升级时期。浙江省全域旅游发展拥有世界级的近程客源市场、国家级的经济社会支撑、区域性的资源环境优势以及强有力的政府治理机制。2016年,浙江旅游接待人次达到5.84亿人次,旅游总收入8093亿元;2017年,全省旅游总收入首次突破万亿元,成为推动浙江省国民经济发展的新动能。总体来看,旅游业已成为浙江省服务业的龙头产业和国民经济的重要支柱产业,浙江旅游经济处在全国领先水平,旅游经济强省已经基本建成,但浙江省旅游发展也存在以下问题:发展布局不够平衡;旅游产品业态的创新步伐滞后于旅游消费需求;旅游公共产品的供给不足;优化旅游目的地市场秩序的长效机制尚未形成。

大花园行动中要求全域旅游发展需发掘"珍珠"、打造"珍珠",更要串珠成链,变"盆景"为"风景",以世界旅游联盟总部落户杭州为契机,加快创建全域旅游示范省,全面建成"诗画浙江"最佳旅游目的地。主要工作包括:(1)以水为纽带,打造一批黄金旅游线路,重点包括浙东唐诗之路、钱塘江唐诗之路、瓯江山水诗之路、大运河（浙江段）文化带；（2）以山为依托，打造十大名山公园，带动全域旅游发展；（3）以浙皖闽赣为载体，打造国家生态旅游协作区。

此外，为加快全面建成我国全域旅游示范省，提升旅游发展向高质量和高效益转变，根据《国务院办公厅关于促进全域旅游发展的指导意见》，浙江省人民政府批准发布了《浙江省全域旅游发展规划（2018—2022）》。

# 第二章
# 践行者的路径

## 第一节 "百千万"工程、风情小镇、示范县三大建设多头并进

在全域旅游建设道路上，浙江秉承"稳扎稳打"的建设理念，以"点"作为改革创新的突破点，多线索、多途径推进创新试点，在保证创新步伐推进的同时，单点突破，保障了全域旅游建设工作全局的稳定性。浙江省充分挖掘并发挥各地的资源禀赋和历史文化特色，从"村、镇、县"三个层次推进旅游设施的建设和景区、景点的打造，在全省形成了星罗棋布的旅游节点，夯实了全域旅游的基础。

### 一、"百千万"工程，激发乡村经济活力

浙江省历来重视农村工作，2003年开始开展实施"千村示范、万村整治"工程，2017年提出推进万村景区化。万村景区化是"千村示范、万村整治"工程的升级版，是全域旅游的基础性工程，是"美丽乡村"化身

"美丽经济"的题中之义,更是浙江省全面推进乡村振兴战略、激发乡村经济活力的重要举措。2018年,浙江省十三届人大一次会议将"力争到2022年全省有万个行政村、千个小城镇、百个县城和城区成为A级景区"写进了《政府工作报告》。全省"万村景区化"建设拓展到遍及村、镇、县的"百千万景区化"建设,有序扩展了全域旅游大局面。

**(一)合理谋划,规划先行,高效推进万村景区化进程**

按照浙江省第十四次党代会上提出的推进万村景区化建设的要求,2017年原浙江省旅游局和浙江省农办联合制定并下发了符合浙江省情的景区村庄地方标准——《景区村庄服务与管理指南》,明确了认定程序。同时制定了《万村景区化五年行动计划(2017—2021年)》,对今后5年的工作重点进行了部署;精选了50个示范样板村的创建纪实,编辑成《浙江大景区创建纪实——走进50个样板A级景区村庄》一书,为万村景区化的建设探索蝶变方向和多元视角。

全省全域旅游暨万村景区化推进会于2017年、2018年先后两次召开,分管副省长做重要讲话。在全省美丽乡村现场会上,海宁梁家墩村等首批11家3A级景区村庄还获得了省委书记和省长的亲自授牌。省级财政专门安排2500万元专项资金,对成功创建3A级景区的村庄实施以奖代补。浙江旅游职业学院在校师生组建了百个专业服务团队,利用寒暑假和节假日课余时间分赴全省各创建村落,深入基层,公益帮扶景区村的创建工作;原浙江省旅游局联合高校举办"浙江省景区村庄的旅游开发:实践、挑战与创新"论坛,组建万村景区化旅游政策研究专家智库,探索万村景区化过程中的问题与解决方案。

**(二)全面推进,全域打造,实施"百城千镇万村"景区化**

截至2019年底,浙江省共认定景区村庄7236个,其中3A级景区村庄

1162家，全省14个村入选全国首批乡村旅游重点村名录，数量位列全国第一。在"万村景区化"基础上，2018年，浙江省全面实施"百城千镇万村"景区化工程，在重点地区倡导"镇镇景区化"和"城区景区化"，在2019年对200个景区镇、10个景区城开展验收工作，打造一批样板型景区城、景区镇，力争到2022年，全省70%的县（市、区）达到国家全域旅游示范区验收标准，80%的乡镇通过A级景区乡镇验收，50%的乡村成为A级景区村庄，实现"步步是景点、处处是景区，各美其美、美美与共"；努力形成"一户一处景、一村一幅画、一镇一天地、一城一风光"的全域大美格局，并着力在人才培育、品牌推广、文化传承、产业融合等方面持续推进全域旅游、助力乡村振兴，全力打造诗画浙江全域"大花园"。

### （三）鼓励创新，多方探索，有效积累万村景区化经验

通过挖掘和打造，浙江省相继涌现出一批既有市场口碑又有一定示范引领作用的景区村庄。同时，也积累总结出万村景区化工作推进过程中诸如坡地村镇、点状供地等可借鉴的创新经验。

#### 1. 完善配套设施，突出建设重点

全面加强景区村庄公共服务设施建设，大力推进旅游厕所改造建设。加快建设完善景区村庄停车场，推进生态停车场（停车点）建设。大力推进游客中心（咨询点）、标识系统等基础设施建设，规范标识标牌系统。按照"主客共享、适度超前"原则，布局建设具有乡村特色的公共游憩空间。以交通部门"万里绿道网"建设为契机，打造一批乡村绿道慢行系统，有条件地建设徒步、骑行驿站，形成乡村旅游"线"和"片"。例如，金华金东区在对照标准统筹推进创建的同时，突出抓好"六个一"的标配，即一个特色主题、一个接待中心、一条游览线路、一个旅游厕所、一套标识系统、一批经营业态。又如，嘉兴市在具体操作中突出"十个一"，即一个入口形象、一个停车场、一个游客中心、一个A级厕所、一个乡村

景点、一条游览线路、一套解说系统、一个营运主体、一批经营农户、一套管理制度。

**2. 统筹各方资源，形成创建合力**

把村庄景区化建设纳入地方政府的中心工作，统筹党政各方力量，以党建为引领，发挥各部门力量，形成合力，系统推进。如嘉兴市委、市政府把村庄景区化作为推进城乡一体化、乡村振兴、大花园建设的重要举措来抓，将景区村庄建设提升到建设具有国际化品质的现代化网络型田园城市新高度。市里专门成立了村庄景区化创建工作领导小组，市委副书记任组长，分管旅游、农业的两位副市长任副组长，办公室设在市旅委；出台了《关于推进村庄景区化建设的指导意见》，明确了2017—2021年各县（市、区）和市级各部门任务清单。又如，绍兴市强化党建引领，由组织部牵头，在农村全面开展以党建星、富裕星、美丽星、和谐星、文明星和3A级景区村为主要内容的"五星达标、3A争创"活动，并把它作为农村发展、乡村振兴的总抓手，推动基层党建全域提升，村庄景区化工作全域推进。通过党建引领、力量集聚，景区化村庄建设不仅美化了"面子"，也深化了"里子"，具备了可持续发展优势。

**3. 引进多元资本，合作建设开发**

探索景区村庄经营模式、管理方式和融资模式的创新，保护和调动工商资本投资乡村旅游的积极性，鼓励社会资本利用村集体闲置土地、房屋等参与旅游开发，培育和引进专业化公司，推广互助共赢的工商资本与农户合作方式。例如，丽水市莲都区的下南山村利用了社会资本联众集团，打造出一个独具古村落休闲业态的"民宿村"，同时也是一个开放平台：乡村创业学堂、民宿、咖啡厅、书吧、会议室等各种多元素融合，通过"酒店＋众创"模式，打造出一个民宿生态圈。

有的地区采取"政府＋村集体"模式，积极发动村级集体经济发展乡村旅游，并引进专业管理团队，培育新型乡村旅游经营主体，加快形成农民参与、市场化运营的合作共赢新格局。由政府、村集体合作成立股份制公司，政府以国资公司投资入股，村集体以资产、资金入股，共同做好开发建设、经营管理等工作。比如，金华市琐园村成立了国资占股30%的旅游开发公司，按照国际研学村的定位，先后建成非洲馆、东南亚馆、民俗馆、木板年画馆、女祠堂等项目，2018年接待游客29万人次。

**4. 强化资源保护，实现可持续发展**

把保护生态环境和保护本地文化放在突出位置，在规划建设旅游项目和旅游服务设施时，注重保持原有的自然和人文风貌，充分挖掘和利用这些资源，创造出更多更好的乡村旅游产品，使农村地区在旅游开发中实现可持续发展，注重保护好乡村的水、森林、植被等自然资源和农耕民俗等乡村文化资源。如丽水市松阳县积极盘活存量建筑、资源，严控新增建设用地，做到能修复利用的绝不新建新造，对乡村旅游土地利用和供地方式作了大胆探索与尝试，梳理出"征用＋挂牌""征购＋转移""收储＋挂牌""收回＋租赁"和"审批＋修改"五种模式，盘活了椰树村、横岗村、竹溪村、吴弄村和平田村等传统村落。

2017年，浙江省政府出台了《关于做好低丘缓坡开发利用推进生态"坡地村镇"建设的若干意见》，坡地村镇试点实施3年来，共有166个项目获批，遍布浙江全省38个县（市、区），涉及乡村旅游、养生养老、休闲度假等业态，总投资580亿元。低丘缓坡的利用给浙江省乡村观光与休闲度假建设项目带来利好，德清莫干山裸心堡、建德开元芳草地等多个点状供地项目落地。

**5. 连片规模化发展，推进集群化经营**

鼓励相邻村落加强分工合作，引导景区村庄集中连片规模发展，提升乡村旅游集群化水平；鼓励高等级旅游景区和省级以上旅游度假区整合周边乡村旅游资源。浙江的省情决定了浙江更适合走集群化集约化发展道路。村作为小的节点，单打独斗不如区域联动。相邻村落分工合作，景区村庄集中连片规模发展，可以实现景区村庄集群范围内游客中心、标识系统、公共游憩空间等的共享。浙江长兴的乡村旅游产业集聚区、桐庐村落景区都是鼓励相邻村落加强分工合作，推动景区村庄集中连片规模发展，提升乡村旅游集群化水平的有效举措。2017年湖州市长兴县水口乡成为浙江省首个乡村旅游产业集聚区，该集聚区农家乐从2002年的18家发展到2017年的500余家，床位近2万张，餐位2.2万余个，直接从业人员2200余人，春天挖笋、夏摘葡萄、秋有猕猴桃、冬季打冬枣，30多个农业观光园区连成一片，一年到头没有淡季。

### 6. 引进新型农创客，培育旅游新业态

充分发挥山区、平原、滨海和海岛资源的比较优势，深入挖掘乡村生态、生产和生活中蕴含的个性特色与乡村文化基因，以产业融合为载体，推动景区村庄发展与农业、渔业、林业、文化、医疗、教育、体育等产业相融合。开展特色乡村休闲旅游活动，大力发展乡村休闲度假、旅游观光、养生养老、创意农业、农渔体验、乡村手工艺等产品与业态。积极鼓励支持新农人、农创客、大学生、艺术工作者和科技工作者入驻乡村创业创新。提供因地制宜的驻村指导和培训，提升村集体管理人才素质，吸引返乡青年创业。例如，金华市浦江县虞宅乡新光村是个古村落，一群心怀梦想的青年创客，在这里引进了地质科普、树皮画、糖果糕点、雕刻等特色项目。美景与创意、古典与现代的完美碰撞和融合，在这个村子里产生了奇妙的化学反应，渐渐成为备受游客青睐的乡村旅游目的地。

### 7. 创建主题品牌，实现专业化运营

创新景区村庄的主题形象，树立景区村庄品牌，提升景区村庄的知名度和影响力。培育一批具有示范引领、典型带动、品牌辐射力的景区村庄示范村、乡村旅游经营户和带头人，提高乡村旅游服务品质，依法查处和整治行业中出现的各种违法违规经营行为，强化景区村庄日常监管和综合协调能力，不断优化旅游服务环境，提升景区村庄服务人员的整体素质。

加强客源市场的调研，细分客源市场，采取更加灵活的营销策略，探索委托营销和代理营销的新办法，加强区域旅游营销合作。推进村庄景区化运行、帮助旅游业态在村庄发展，更能为三产融合、农民增收拓宽路子。

以杭州市临安区为例，该区开展村落景区捆绑式、品牌化、轻资产运营，在全区范围内遴选、包装了30个村落景区项目，并正式面向全社会招选专业运营商。杭州好山好水文创团队经临安区旅游局引进后，在村里注册了专门的村落景区运营公司，组建起包含12位旅游文化专业人士的"百园之春"运营团队，现已经完成了对百园村景区运营的整体规划，明确了不同村域的功能定位并开启相关项目的招商引资。同时，还成功挖掘包装了一大批以笋干、白糖籽等土特产为基础的旅游商品。目前，临安已有8个村庄引进专业运营公司，吸聚了很多专业资源，撬动了近3个亿的投资。

### （四）因材施策，特色频出，万村景区化工作成效显著

乡村是浙江省发展全域旅游项目布局的主要阵地，也是实现富民强省的主要行动阵地。大花园是浙江省统筹保护与开发、推进绿色发展的新载体，也是乡村振兴战略的具体实践。

围绕建设大花园及乡村振兴的具体目标，浙江省建立起以项目为抓手的发展机制，以振兴农村产业为着力点，实施乡村振兴战略金融服务工程，夯实农业基础地位，不断拓展养生养老、运动健康等新业态，做优、做精农家乐和民宿等旅游产业。围绕产业兴旺、生态宜居、乡风文明、治理有效、生活富裕的总要求，列出了30项乡村振兴重点项目，总投资5000多亿元，农信系统信贷投放5000亿元。通过一系列项目建设，浙江省认真落实《大花园建设行动纲要》，全面打造生态宜居的农村环境，扎实推进万村景区化建设，奋力开创农村产业"强"、乡村环境"美"、乡风文明

"淳"、乡村治理"安"、农民增收"富"的新局面，形成"一户一处景、一村一幅画"的全域全新大美格局。

万村景区化建设过程中，各地结合村庄实际情况进行了积极探索和创新，形成了鲜明的特色，短短几年时间，浙江省万村景区化建设成果显著。2017—2018年全省率先创成4876家A级景区村庄（其中3A级景区村庄750家），村庄景区化覆盖率达到20%。2017年，车俊书记、袁家军省长等省领导专门为3A级景区村庄代表授牌。2018年，全省乡村旅游共接待游客3.7亿人次，比上年增长16.8%，实现旅游经营总收入366.5亿元，比上年增长21%，带动农产品销售超50亿元。环境美、产业旺、文化兴的美丽村庄景区在浙江遍地开花，到浙江美丽乡村透透气、呼吸新鲜空气、感受淳朴生活，已成为一种新的生活方式。一个个村庄变成游客能旅游、爱旅游的目的地，浙江全域旅游率先迈入"村"时代。万村景区化建设过程中，涌现了安吉余村、嵊泗花鸟村、玉环上栈头村等典型案例。

### 1. 安吉县余村村

余村位于浙江省安吉县天荒坪镇政府驻地西侧，地处天目山北麓，村域面积4.86平方千米。2018年，全村实现农村经济总收入2.783亿元，农民人均收入44688元，村集体经济收入达到471万元。这里是习近平总书记"绿水青山就是金山银山"理念诞生地、中国美丽乡村精品示范村、省级乡村旅游产业集聚区核心区。近年来，该村先后获得国家4A级旅游景区、省3A级景区村庄、省级休闲旅游示范村、省级红色旅游示范基地、全国文明村、全国美丽宜居示范村等殊荣。

余村较早地探索"村景合一、全域经营、景区运作"的乡村旅游发展模式，发展休闲旅游已有十余年，休闲经济蓬勃兴盛，打响了生态旅游、绿色休闲、藏富于民的特色品牌，开辟了美丽环境向美丽经济多元转化的渠道。通过全力提升周边环境，余村逐步形成河道漂流、户外拓展、休闲会务、登山垂钓、果蔬采摘、农事体验的休闲旅游产业链。2018年全年接待全国各地参观考察团队6000余批次，旅游人次达80万余人。

### 2. 嵊泗县花鸟村

花鸟岛形似飞鸟，山上花草丛生，故名花鸟。花鸟岛海域辽阔，渔业水产资源丰富，四季迷雾缭绕，森林覆盖率达41%以上，海瀚、礁美、滩佳、石奇、崖险，有海上仙山之美誉。

2013年10月，嵊泗县启动花鸟定制旅游发展计划，从生存和发展的角度出发，把群众能否安居乐业作为出发点和最终落脚点，通过对花鸟岛的再生创造，将其打造成海岛旅游示范岛、绿色低碳示范岛和共享发展示范岛。而作为行政村的花鸟村则以深化内涵和定制发展为核心，以打造生活富裕、生态良好、自然人文特色彰显的乡村典范为目标，因地制宜，突出特色，努力将村庄建设成为具有地域特色、生态特色和文化特色的新渔村。

近年来，花鸟村实现"定制旅游"常态化：坚持"可控的有序发展"理念，破解"旺季过旺、淡季过淡"的问题，实现船班、人员、车辆、民宿常态化运行，优化旅游示范岛的产业品质。实现"定制旅游"精准化：主推面向长三角地区中、高端消费群体的短期休闲游和度假游产品，推行"旅游六要素"的预约式配置，实现进岛有专属的高速游船、接送有专属的观光车辆、入住有专属的精品美宿、全程有专属的私人管家服务，将高端定制旅游从"高价"心理标签转变到"品质、创新"的印象标签。实现"定制旅游"规模化：通过国资引导，基础设施配套，吸引更多的外来民宿投资者进驻花鸟村，带动花鸟村本地民宿提质升级，形成定制旅游民宿规模化、精品化，打造"中国第一个高端定制化离岛微度假目的地"。

### 3. 玉环市上栈头村

玉环市上栈头村充分发挥山海资源优势，使曾经偏隅一角的古村在新兴的旅游产业中"苏醒"。上栈头村拥有众多保存较好的石屋建筑，素有

"海风石寨、古韵寨头"之美称。百余幢传统的石屋依山而筑、面朝大海，随地势升降起伏、错落有致，墙面选石因陋就简，凸显东海渔文化的独特风貌。

在浩瀚的东海文化浸淫中长大的玉环人，喜欢把海洋元素融入美丽乡村建设。在上栈头村，碧海、蓝天、岩石、海鸥、船锚、海螺——独特的海韵风貌在村落中随处可见，展现了栩栩如生的海洋世界。庭院之中，姹紫嫣红的花卉，让古朴的院落充满了难以言喻的魅力。墙壁之上，一幅幅彩绘为静谧的小村庄增添许多生机，它们风格迥异，让途经此处的游人不禁放慢脚步，欣赏这番别样风景。

2018年，村集体占股51%、村民占股49%共同投入600多万元建成了玻璃吊桥项目，在带动村集体致富的同时，也让村里的家家户户享受村子发展的红利。2019年4月15日，上栈头村共980位"股东"拿到了98万元乡村振兴集体创收暨玻璃吊桥项目带来的分红。而此时距玻璃吊桥项目开始运营仅不到半年时间。同期，悬崖秋千、呐喊平台、党建表演场地、高山滑草、玻璃滑道等多样的旅游业态和多样化的休闲娱乐项目在村里逐一落地。村内的"党群院落"由11栋原生态的石屋组成，以党建为中心，融合党建宣传展示，规划成为集党建培训、文创中心、乡村餐厅、会议住宿等为一体的红色院落综合体。

这些独具创意的乡村旅游项目，让上栈头村成为远近闻名的"网红村"。依靠着自筹资金和民间资本，多彩业态、缤纷项目在古老渔村——落地开花，使上栈头村成为乡村产业兴旺的"带头村"。

## 二、小镇旅游化，搭建城乡联动纽带

村庄是全域旅游建设的最小基础单位，是乡村振兴的主战场，而小镇则是连接城乡的关键纽带，是推进城乡一体化、促进城乡联动发展的关键环节之一。为进一步落实"八八战略"的指导思想，在全域旅游建设方面，浙江省委、省政府提出"特色小镇""风情小镇"的发展战略，明确提出打造百个兼具旅游功能的特色小镇和百个旅游风情小镇，其中特色小镇是融合产业、文化、旅游、社区功能的创新创业发展平台，旅游风情小镇是以旅游休闲为主导功能的特定区块；明确提出特色小镇3年旅游总投资不低于30亿元，新批省级以上旅游度假区5年旅游总投资不低于40亿元，通过特色小镇和风情小镇的建设，推动小镇旅游发展。

### （一）凝聚产业特色，融合旅游优势，高标准建设特色小镇

2015年4月，浙江省政府出台了《浙江省人民政府关于加快特色小镇规划建设的指导意见》，对特色小镇的创建程序、政策措施等做出了规划，明确提出：特色小镇是相对独立于市区，具有明确产业定位、文化内涵、旅游和一定社区功能的发展空间平台，区别于行政区划单元和产业园区。产业定位方面，特色小镇聚焦于信息经济、环保、健康、旅游、时尚、金融、高端装备制造等支撑浙江省未来发展的七大产业，兼顾茶叶、丝绸、黄酒、中药、青瓷、木雕、根雕、石雕、文房等历史经典产业，坚持产业、文化、旅游"三位一体"和生产、生活、生态融合发展。规划建设方面，要求特色小镇规划面积控制在3平方千米左右，建设面积控制在1平方千米左右，并要求所有特色小镇要建设成为3A级以上景区，旅游产业类特色小镇则按5A级景区标准建设。省委、省政府要求高标准建设特色小镇，并将特色小镇与旅游业高度融合，核心目的是要立足浙江省块状经济基础，凝聚产业优势，将特色小镇作为社会经济全面转型关键时期的重要抓手，并将其作为高质量推进新型城镇化，促进城乡一体化的发展的关键环节。

2015年5月，浙江出台《关于加快特色小镇规划建设的指导意见》，提出用5年时间通过"自愿申报、分批审核、年度考核、验收命名"的方

式，创建100个特色小镇，并对特色小镇的概念及如何创建等作了具体规定。截至2019年，浙江省四个批次100多个特色小镇正在有序创建中，其中7个特色小镇已由省政府正式命名并授牌。浙江特色小镇以产业特色鲜明、体制机制灵活、人文气息浓厚、生态环境优美而令人耳目一新，它们像一颗颗耀眼的珍珠，散布在浙江省各地。这些特色小镇充分利用了浙江块状经济、山水资源、历史文化的比较优势，以及在新一轮信息技术和新业态发展中的领先优势，通过资源整合、项目组合、功能集合，不仅助力产业转型发展，促进经济转型升级，而且传承了历史文化、改善了人居生态环境，推动着浙江创新发展和城乡统筹发展，同时也夯实了浙江全域旅游的基础。此外，特色小镇的建设成为浙江省提升中小城市发展品质、推动新型城镇化的重要抓手。浙江省注重域内旅游分类协调发展，重新梳理"城、镇、村、景"资源，基本形成旅游中心城市、旅游县城、旅游风情小镇、旅游特色乡村、旅游综合体等五级旅游系统，形成了既有"繁星满天"，又有"众星拱月"的全域旅游发展格局。

特色小镇创建工作成果丰硕，成效显著。第一，特色小镇已成为有效投资新增长点。截至2017年，省级命名小镇和创建小镇三年累计完成固定资产投资3161.3亿元，其中特色产业投资为2230.5亿元，呈逐年增长趋势，占比为70.6%；民间投资累计达到1985亿元，占总投资的62.8%。第二，特色小镇已成为高端要素集聚地。小镇入驻企业5万多户，总部企业740家，国家级高新技术企业525家。建成创业创新基地360个，其中众创空间172个，入驻创新团队10876个，集聚了"新四军"创业人才2万人、"国千"和"省千"人才451人、国家和省级大师285人。已建成3A景区的小镇19个，4A景区的小镇13个，5A景区的小镇1个。共拥有国家或行业标准347个，拥有省级及以上品牌产品（名牌、商标、商号、产品）494个。第三，特色小镇已成为经济转型新动能。截至2017年底，省级命名小镇和创建小镇建设总面积达147.3平方千米，用约占全省建设用地1.13%的空间，承载了全省6.8%的项目投资，创造了约4.6%的总产出，贡献了4.4%的税收收入。实现了小空间大集聚、小平台大产业、小载体大创新。2017年省级创建小镇实现总产出6930亿元，税收收入389.7亿元，其中总产出超百亿元的小镇有10个，税收超10亿元的小镇有6个。

特色小镇创建工作特色鲜明，经验丰富。在特色小镇建设过程中，浙江省不仅取得了良好的成绩，同时也展现了小镇工作的创新与特色，积累了丰富的经验。核心特色是特色小镇产业定位突出"特而强"、小镇功能力求"聚而合"、建设形态力求"小而美"、制度供给力求"活而新"。主要经验包括三个方面：

一是树立生态发展理念。特色小镇一般规划建设在城郊接合部，远离城市中心，是生产、生活、生态融合发展的美丽小镇。每个小镇的建筑、旅游设施、植物群落、自然环境与产业融合协调并相得益彰。小镇建设始终围绕高端人群和创业者的需要，创造良好的生态环境，成为城乡统筹发展的美丽浙江新样板。

二是注重文化传承和保护。每个特色小镇在创建过程中都特别注重文化特色的挖掘，把文化基因植入产业发展全过程，通过延续历史文脉，发展历史经典产业。同时也着眼未来经济，借鉴国外经验，发展新兴产业，在承袭传统强势产业的基础上，强化自身优势领域，形成"人无我有"的区域特色文化，把文化塑造成特色小镇的"灵魂"，把特色小镇打造成连接过去和未来的生活空间。

三是融入旅游功能特质。特色小镇都拥有一定的旅游功能，山水风光、地形地貌、风俗风味、古村古居、人文历史等都可以成为旅游题材。每个特色小镇都利用自身的旅游资源打造3A级景区，属于旅游特色小镇的需按照5A级景区标准打造。除了传统的景区旅游外，还积极赋予特色小镇休闲旅游、工业旅游、体验旅游、健康旅游等更加多元化的旅游功能，实现旅游业与一、二产业的和谐共生，共同发展。

### 1. 武义温泉小镇

温泉小镇位于武义温泉旅游度假区最核心区域，建设规划范围面积为5.91平方千米，总投资达38亿元。作为浙江省第一批省级特色小镇的创建对象，武义温泉小镇是浙江省首个、也是唯一一个由原国土资源部命名的"中国温泉之城"。立足自身独特的自然资源优势与良好的生态环境，小镇因地制宜，结合现代新型产业，发展多种旅游业态，开掘了一条资源、需求、产业完美融合的旅游产业发展之路。小镇目标是按照生态为基底、温泉为龙头、养生为核心、产业为主导、文化为灵魂的总体定位，满足现代人崇尚运动、崇尚养生、崇尚度假的需求，以国家5A级旅游景区的高标准，建设为集温泉养生、休闲度假、文化体验、生态人居等多功能为一体的华东一流、全国知名的温泉度假养生产业集聚区和温泉养生度假旅游目的地。

### 2. 龙泉青瓷小镇

青瓷小镇以龙泉市上垟镇龙泉瓷厂旧址为核心，整合周边资源，深入挖掘近现代龙泉青瓷文化内涵，形成点、线、面相结合，"一核一轴六片"的开放式、生态化人文景区。

青瓷小镇以青瓷文化为核心，推动生态、生活、生产的融合发展，抓好"生态+""旅游+""文化+"建设工作，积极与高校院所展开全面合作。目前已与5所高校院所开展市校合作，推动青瓷技艺传承与创新发展，青瓷产品实现艺术瓷、包装瓷、日用瓷、仿古瓷、礼品瓷、饰品瓷等多元化发展格局，青瓷小镇文化旅游风生水起。

### 3. 嵊州越剧小镇

越剧小镇以女子越剧诞生地嵊州市甘霖镇施家岙村为核心，是全省重点建设的三个文化小镇之一。小镇规划面积3.68平方千米，范围涉及甘霖镇施家岙村、丽湖村、苍岩村，计划总投资近40亿元。小镇定位为"中国戏曲朝圣地，华东文旅新地标"，目标是通过3—5年的建设和运营，打造成为全国戏曲戏剧艺术交流体验的新乐园、文化产业创业创新的新平台、文化旅游农业融合发展的新样本，成为中国戏曲第一镇。

作为一个以戏剧和山水为核心的文旅小镇，越剧小镇沿剡溪而建，集现代农业、休闲旅游、文化创意、生态人居于一体，剧院、工坊、影视娱乐、艺术家村落，以及农庄的百亩果园风光美景坐落其间，而医院、嵊州越剧艺术学校以及小镇教育、怡养等项目，则提供了优质完备的生活配套及艺术享受的空间。山水田园之外，小镇既希望构建桃花源式的理想家园，也希望在这个地方打造一个世界级的戏剧生态环境，吸引全世界的艺术家聚集到这里来。

**（二）地域特色附加旅游功能，高水平创建风情小镇**

旅游风情小镇是拥有独特的自然风景、建筑风貌、节会风俗、特产风物、餐饮风味和人物风采，以旅游休闲为主导功能，以规划保护为前提，人居环境优美和谐、地域风情丰富多彩、公共服务配套完善、综合管理保障有力的特定区块。旅游风情小镇是全域旅游的重要载体和排头兵，通过构建全区域、全产业、全时空休闲度假旅游目的地，以点带面地推进全域旅游。

2016年，浙江省政府办公厅发布《浙江省旅游风情小镇创建工作实施办法》，明确提出要通过5年左右的时间，在全省验收命名100个左右民俗民风淳厚、生态环境优美、旅游业态丰富的省级旅游风情小镇。目前已有前后三批共100多个小镇纳入培育创建名单，其中42家单位入选浙江省旅游风情小镇。旅游风情小镇围绕建筑风貌、风俗节会、风物特产、餐饮风味和人物风采为核心的风情元素，制定保护规划和实施方案，使文化和内涵得以延续和升华，成为全域旅游示范省以及"诗画浙江"最佳旅游目的地的新动能和新引擎。

2018年全省旅游工作会议上，首批14家浙江省旅游风情小镇正式命名，2019年2月，第二批28家省旅游风情小镇正式命名。虽然风情小镇培育和建设工作起步较晚，建设时间较短，但42个命名小镇展现出巨大的发展潜力和建设成效。从全域旅游示范县创建、建设百个旅游风情小镇，到万村景区化，全域旅游建设步步走向纵深，遍布在浙江大地的一个个乡村成为浙江打造大景区、建设大花园的基本支点。

一是风情小镇逐步成为汇集发展要素的平台。培育建设一批旅游风情小镇，是浙江省委、省政府加快培育旅游业成为万亿产业，补齐低收入农户增收致富短板，推动全省旅游产业转型提升和城乡统筹发展的一项重要举措。各级政府对风情小镇加大财政资金、土地要素、市场融资、宣传营销和工作机制等方面的支持和保障，保护和利用小镇的原始文化风貌，为其重新注入新的产业功能，通过弘扬传统优秀文化，集聚旅游产业要素，推动各类资源整合，促进旅游产业融合发展。

二是风情小镇快速成为撬动经济发展的杠杆。通过创建省级旅游风情小镇，积极引进优质的民宿类、文化类、休闲类等特色产业，加快推进小镇美丽乡村建设，打造休闲观光旅游综合体。以风情小镇建设撬动更多资源和要素，催生更多乡村旅游新产品、新玩法，推动浙江旅游在经济新常态下提升发展。

三是风情小镇主动成为展现浙江发展的窗口。风情小镇成为浙江彰显乡土风情、人文个性，充满风采、意趣、韵味的新型乡村旅游目的地，引领浙江乡村旅游升级。通过风情小镇的创建，浙江乡村的风情百态逐步展现在游客面前，不同于浙江已经闻名遐迩的山河湖泊、名胜古迹，风情小镇真正成为展现浙江新风貌、新文明和新气质的窗口。

在风情小镇建设过程中，浙江省结合各城镇的地域特色，呈现出不同的亮点，积累了丰富的工作经验。第一，风情小镇建设要凸显特色风情，引领小镇生活的时尚潮流。特色风情既包括物质空间，如当地黛瓦白墙、气质古拙的古建筑，也包括非物质文化，如祭祖、跑旱船、赛龙舟等热闹的民俗节庆。总之，通过展示能体现当地独特的文化与自然、民俗与文物、地方风土人情与民俗风貌、淳厚民俗文化，形成特有的情怀、情趣和情调，不断吸引游客。第二，风情小镇建设要注重旅游基础设施和配套服务的建设。在培育丰富多彩的旅游活动和特色鲜明的旅游商品等旅游业态的同时，建设能满足不同旅游者和主客共享的住宿设施、旅游休闲体验场所，打造具有游客咨询服务、公共交通服务、智慧旅游服务、旅游慢行系统、公共休息区域等旅游公共服务设施，完善食、宿、行、游、购、娱等功能，为普通游客提供各项旅游配套和服务，提升游客满意度。第三，风情小镇建设要始终坚持营造宜人的居住环境。推进山水林田湖草生命共同体整体保护、系统修复、综合治理，保护小镇的自然山水格局。持续深化小城镇环境综合整治行动，建立健全长效机制，消除脏、乱、差现象。做到历史人文环境保存完整，自然环境保护有序，生活污水能够集中处理，镇区保洁工作完善等。

1. 淳安县姜家镇

位于杭州市淳安县西南的姜家镇，根据自身实际，启动实施"杭州·千岛湖·姜家风情小镇"旅游综合体建设。姜家镇是遂安文明的发祥地和新安文化的传延之地，1958年因修建新安江水库而沉入水底的遂安古城——狮城，便是姜家镇历史文脉的源头。

姜家镇距离县城39千米，集镇三面临水，一面靠山，湖中有镇，镇中有湖，是一个典型的江南山水小镇。依托千岛湖国际旅游风景区，立足于"山水姜家"的理念，从改善城镇基础设施和生态治理入手修炼"内涵"，建成开放龙川湾景区、36都乡宿景区、文渊狮城旅游综合体等景点和西坡精品民宿、安麓酒店等项目，不断提升旅游品位。2016年游客接待量超60万人次，2017年超过100万人次，成为千岛湖旅游经济发展新的增长极。

## 2. 象山县石浦镇

石浦镇地处象山半岛南端，是列入中国历史文化名镇名录中唯一的古渔镇，更是唯一以海洋渔文化为特色的国家级生态保护实验区的核心区。渔港风情小镇位于石浦镇中东部，石浦渔港的北端，总面积约为24.3平方千米。其中小镇核心区主要覆盖石浦老城所在区域，总面积约为1.0平方千米。

石浦人文历史悠久，唐神龙年间（705—707）已成村落，明初筑城成镇，历来是海防要塞和商贾辐辏之地，素有"浙洋中路重镇"之称，有榜眼才子邵景尧、明朝侍郎俞士吉、亚洲飞人柯受良等各类名人乡贤。石浦镇渔业物产丰富，有"海鲜王国"之美誉，传统美食丰富多样，其中象山（石浦）海鲜十六碗最具特色，另外还有鱼糍面、石浦郑记鱼丸、食饼筒等特色小吃。自然资源独特，融山、海、港、城、岛、渔等为一体，近年来，经历届党委、政府倾心打造，滨海旅游休闲产业快速崛起，拥有渔港古城、中国渔村两个4A级景区。石浦镇文化积淀深厚，被誉为"活"的渔文化博物馆，石浦妈祖信仰及迎亲习俗、象山晒盐技艺和象山渔民开洋谢洋节等多项民俗活动入选国家级非物质文化遗产名录。

## 3. 德清莫干山小镇

莫干山小镇地理位置优越，位于沪、杭、宁金三角的250千米半径范围内，高速、高铁、航空等都可便捷通达。区域内气候宜人，四季常青，生态良好，资源丰富，山塘水库40座，森林覆盖率90%以上，负氧离子含量高达8000个/立方厘米，是一个天然的大氧吧。

莫干山小镇依托莫干山，古往今来留下无数文人墨客的足迹，拥有浓厚的文化气息。镇内留存的人文景观和历史文化遗址有黄郛故居、葛岭仙境、始建于南宋时期的高峰禅寺、东周的冶铜遗址、后晋时期的铜山寺遗址等。近年又涌现出了庾村集镇民国风情街、劳岭岭坑民宿群、鸭蛋坞民宿集聚区等旅游观光景点。

莫干山风情小镇在建设过程中，充分依托其遗存的民国建筑群以及近年来市场自发形成的"洋家乐"品牌优势，通过鼓励民宿产业的发展，已经逐步建设成为具有民国风情的休闲度假区，并正积极申报和创建国家级旅游度假区，实现风情小镇的全面升级。

## 三、县域示范化，整合县域城乡旅游体系

### （一）紧跟国家步伐，开展省级全域旅游示范县创建工作

全域旅游示范县就是把全县作为一个大景区来谋划布局，以旅游的理念规划全县，用景区的标准建设城乡，推动旅游业发展与新型工业化、信息化、城镇化和农业现代化相结合，着力推进"美丽城镇""美丽乡村""美丽公路""美丽庭院"为代表的"全域美丽"建设。发挥旅游业综合性、关联性、带动性强的特点，旅游业与一、二、三产业融合发展，不断拓展旅游发展空间，丰富旅游产品业态，打造多元多彩的旅游品牌。

县域示范化是加快推进县域城乡旅游体系构建的关键举措，通过县域城乡旅游资源的统筹协调，加快实现村、镇旅游功能和产业的升级。县域示范区的建设对省域全域旅游的推进具有重要的探索和试点意义，有利于对旅游发展规模的把握，把全域旅游向纵深推进。

2016年2月，原国家旅游局正式启动全域旅游示范区创建工作，通过示范区的创建和示范带动作用，引导全域旅游持续健康发展。浙江省积极响应国家号召，同时为贯彻落实省委"两美浙江"建设和国家旅游局关于全域旅游发展的决策部署，推动全省旅游业转型升级、提质增效、科学发展、全面发展，培育旅游业成为万亿产业，全面建成"诗画浙江"中国最佳旅游目的地，浙江在省级层面启动全域旅游示范县创建工作。2016年12

月，在各地推荐上报的基础上，25个县入选浙江省全域旅游示范县（市、区）创建名单。浙江全域旅游示范区的创建将有利于推动"两美浙江"建设和全省旅游业转型升级、提质增效、科学发展、全面发展，并助推浙江省全面建成"诗画浙江"中国最佳旅游目的地。

### （二）高标准建设，全域旅游县域示范化渐为引领

2019年2月，浙江省对第一批全域旅游示范县按照《浙江省全域旅游示范县（市、区）认定办法》和《浙江省全域旅游示范县（市、区）创建工作指南》的相关要求，通过资料审核会和现场检查验收，通过了首批25家单位的全域旅游示范县验收工作，授予相关县（市、区）相应的称号，并鼓励进一步创新旅游发展理念，推进旅游发展全域化、旅游供给品质化、旅游治理规范化、旅游效益最大化，实现全城宜居、宜业、宜游，加快建成"诗画浙江"最佳旅游目的地。2020年，浙江省通过了第二批12家单位的验收工作。

全域旅游示范县的建设，强化了全域旅游示范带动能力，全面推进"景点旅游"向"全域旅游"转变，有效实现了县域经济社会绿色崛起和转型跨越。

一是推动了旅游全面转型。通过发挥全域"旅游＋"功能和旅游业的拉动力、融合能力，形成了集"山水观光、乡村旅游、休闲度假、商务会议、康体养生"等五位一体的立体旅游业态格局。探索村落景区免费机制，全域旅游带动性进一步增强。全域风景区和精品民宿的建设运行，满足了个性旅游、自驾游等特色市场需求，游客数量不断增长，旅游总收入大幅度提高。同时，全域旅游的发展，带动了乡村旅游和宾馆酒店业的持续发展，三星级以上宾馆酒店平时入住率基本维持在60%以上，双休日和节假日近100%，且大部分时间一房难求。

二是促进了县域经济转型。将全域旅游发展作为"绿水青山就是金山

银山"理念的有效载体，旅游产业规模不断扩大，对县域经济的贡献度也越来越高。旅游休闲养生产业增加值占本地GDP比重不断提高；招引的旅游休闲养生项目吸引了大量产业资本投入，有效支撑县域经济健康发展。同时，全域旅游带来的环境"倒逼"，进一步打响了美丽品牌，不仅能吸引优质资源落户，也能促进一批"大、好、高"项目落户和相继投产，战略性新兴产业发展迅速，发展质量和效益进一步提升。

三是带动了城乡功能转型。通过全域旅游发展，促进各类资源和公共服务的有效再配置，有效改善基础设施，促进城乡功能转型。县城的功能逐步向"以游客为中心"转变，逐步实现从"旅游城市"向"城市旅游"的跨越。全域旅游发展加速城乡要素的流动，昔日沉寂偏僻的山村，不仅激发沉睡资源，更焕发新活力，实现了功能转型。全域旅游示范县创建工作中，各县结合实际，形成了鲜明特色。

### 1. 嵊泗县：发展全域旅游，打造海岛公园

嵊泗是浙江北部的海岛县，是全省唯一获批国家级海洋生态文明示范区的海岛县。2017年起，嵊泗县以打造"全域旅游的海岛样板"为目标，高标准创建省级全域旅游示范县。

按照把全域旅游建设作为嵊泗百姓最大的福利、政府最大的投资、社会最大的公益的发展要求，创建至今，嵊泗县文化旅游项目及配套设施总投资32.07亿元，实际完成投资21.7亿元。全县对标创建要求，按照"离岛·微城·慢生活"的发展理念进行全域规划，围绕海岛、海洋，构建"岛生活""渔生活""海生活""港生活"，使四要素完整的岛居生活方式成为创建全域旅游示范县的重要平台。

通过健全供给体系，打造全产业链，嵊泗县的文旅融合、渔旅融合、体旅融合正全面推进。建成渔文化、石文化等四大特色街区，"东海五渔节"等五大旅游节庆红红火火；海上千岛观光线正在形成，创新发展环岛游、海钓游等新型旅游项目，枸杞岛六产综合体全面启动；国际女子公路

自行车赛、全国沙排赛、海钓精英赛、划骑跑铁人三项赛等体育赛事不断落户嵊泗，天悦湾运动休闲旅游示范基地闪亮登场；一批特色村镇成为县域旅游金名片，花鸟村被命名为首批全国乡村旅游重点村，东海五渔村成功创建4A级景区，五龙嵊虒渔乡创成省级旅游风情小镇；海岛民宿成为岛民增收的主要产业，正朝多业态、集群化融合发展。世代以海为生的嵊泗，正成为一个风景优美、主题突出、业态丰富、渔民富裕的美丽海岛公园。

### 2. 缙云县：千里驴道、百村景区推进全域旅游

缙云地处丽水市的北大门，建县1300多年，黄帝文化源远流长，千年石城历久弥新，耕读家风绵延相传，缙云如一颗璀璨的明珠，镶嵌在浙江大花园的最美核心区。2004年，时任浙江省委书记习近平用"缙云仙都美，还有黄帝文化"赞叹缙云。

一是挖掘山地户外运动资源，打造"缙云模式"。缙云地貌类型以山地、丘陵为主，约占全县总面积的80%，拥有众多的奇山异石、古木古道及古村落。2017年9月，缙云县委、县政府专门成立了山地户外运动开发领导小组，以打造"驴道缙云 户外天堂"为目标，按照统一开发标准、统一logo、统一标识标牌、统一驴道攻略、统一品牌推广等"五统一"的要求，开展户外精品驴道开发。2018年，缙云县首次举办的大型户外越野赛事——江南仙境·缙云仙都超级越野赛火热开跑，来自18个省、港澳台地区及国外的900多名选手参赛，成功地将缙云人文风景推向世界。

在驴道的开发过程中，缙云县按照"力保原有生态、力争原汁原味、力求自然野趣"的原则，策划驴道旅游攻略，融入吃、住、行、游、购、娱六大旅游元素，把驴道串珠成链，成为驴道旅游线路。截至2019年，已建成五云借岭古道、舒洪乌大岩山脊线、舒洪环朱弄水库山脊线、胡源古方古道山脊线、仙都沐白山脊线、溶江岩门山脊线、大洋小黄山山脊线、苍岭古道、黄弄坑红色驴道等16条经典驴道共163.4千米。

驴道一经开发，便成功吸引了来自全国乃至全世界的户外运动爱好者到缙云游玩。到2020年，缙云将完成50条经典驴道开发，努力实现驴游人次三年倍增计划，把"缙云驴道"打造成全省乃至全国的一种"缙云模式"，成为全域旅游的一张金名片。

二是大力推进"百村景区化"，实现乡村振兴。缙云县以A级景区村庄及周边的核心吸引物为基础，推进农旅、文旅、工旅、商旅等产业融合，挖掘地域文化特色，丰富乡村旅游节庆，坚持差异化发展，积极打造一批农事体验、文化创意、养生休闲、自驾露营、研学旅游、户外运动及体育赛事等乡村旅游新产品。在新建镇笕川村，最美花田、观花休闲小火车、荷兰风车、浪漫城堡、灯光节等项目的落地已使村庄成为知名的旅游目的地。

像笕川村这样的A级景区村，缙云还有很多。到2022年，缙云要建成100个A级景区村，并针对全县的乡村旅游节庆活动进行全面统筹，有计划地开展各乡镇民俗文化旅游节庆活动，形成地方文化旅游品牌，吸引外地游客，真正把绿水青山转变为农民致富的金山银山，形成由一座最美旅游县城、多条旅游精品特色线路、多个旅游精品板块和全域旅游发展的空间格局，实现从景区旅游向全域旅游的嬗变，使之成为长三角最佳旅游目的地。

## 第二节 "七带一区"行动计划织线成网

### 一、串珠成链,打造大花园的"线"战略

#### (一)以"水脉""文脉"为魂,描画大花园核心游线

在"点"建设的基础上,为了进一步发挥各"点"的优势,完善省域范围的旅游体系,浙江省委、省政府提出大花园建设的"线"战略,即通过大花园中大通道建设,以省域主要交通线、山水生态线、历史文化线、产业联动线为脉络,将区域性旅游中心城市、县城以及星罗棋布全面开花的小镇和村落进行串联,串珠成链,织线成网。

综合浙江省旅游资源空间分布现状,结合浙江省城镇体系发展规划,在浙江省大花园建设行动计划中,规划形成了"七带一区"的浙江省全域旅游发展的空间格局,为浙江大花园建设搭建了基本空间骨架。"七带一区"具体指唐诗之路黄金旅游带、浙西南生态旅游带、大运河(浙江段)文化带、佛道名山旅游带、浙中影视文化旅游带、浙北精品旅游带、海湾海岛旅游带、浙皖闽赣国家生态旅游协作区。

"七带"是省域范围内线状空间的主骨架,在具体实施过程中又结合线所辐射空间的特征进行了细化,根据各线的特色,"七带"可分为"历史文化引领型""山水生态引领型""旅游+特色产业型"三种类型。各带主题特色及其空间分布如表2-1所示。

表2-1 "七带"类型划分及主题特征

| 类 型 | 名 称 | 主题特征与重要空间节点 |
|---|---|---|
| 历史文化引领型 | 唐诗之路黄金旅游带 | 浙东唐诗之路：天姥山—剡溪—仙缙古道—摩崖石刻<br>钱塘江诗之路：西湖风景名胜区—富春山—南孔圣地<br>瓯江山水诗之路：缙云仙都—楠溪江—古堰画乡—雁荡山 |
| 历史文化引领型 | 大运河（浙江段）文化带 | 依托拱宸桥—莫干山—德清—嘉兴运河风情路线，打造千年古韵、江南丝路、通江达海的大运河旅游浙江品牌 |
| 历史文化引领型 | 佛道名山旅游带 | 依托四明山、剡溪、括苍山、崇仁古镇、天台山等载体，深挖佛教文化内涵和优良的山海资源 |
| 山水生态引领型 | 浙西南生态旅游带 | 依托江郎山—廿八都—古堰画乡—钱江源—世界竹海—国际慢城生态旅游带，建立浙西南重点景区发展联盟 |
| 山水生态引领型 | 海湾海岛旅游带 | 宁波滨海旅游休闲区依托朱家尖、嵊泗列岛、南麂、大陈岛、象山湾等海岛资源，建设海上主题乐园，开发度假、海钓重点项目 |
| "旅游+特色产业"型 | 浙中影视文化旅游带 | 依托金华横店、丽水仙都等影视文化基地，加快建设一批影视城、影视产业园、主题公园和旅游综合区，打造高科技影视深度体验游、取景地明星粉丝游精品线路 |
| "旅游+特色产业"型 | 浙北精品旅游带 | 打造嘉兴南湖、湖州长兴为代表的红色旅游集群，做强以乌镇、西塘、南浔为代表的江南水乡集群，以桐庐、安吉、德清为代表的美丽乡村休闲度假集群 |

专栏2-1

## 浙江省四条诗路黄金旅游带建设概况

### 1. 浙东唐诗之路黄金旅游带

依托浙东唐诗之路沿线丰富的名山、名人故里（故居）资源，高质量建设"山水画卷、古越文脉、吟诵千载、传承万代"的浙东唐诗之路黄金旅游带。打造"唐诗之路·新天仙配"山水人文线、"唐诗之路·名人故里"研学主题线、"唐诗之路·越中山水"休闲自驾线、"唐诗之路·蓬莱千岛"海洋观光线、"唐诗之路·千年水韵"水上观光线，使之成为世界级的研学旅游目的地、中华传统文化的深度体验地、国际一流的人文度假胜地。

#### 2. 钱塘江诗路黄金旅游带

高标准保护钱塘江诗路资源，高水平打造钱塘江诗路名城，高质量建设"钱塘诗潮、行吟千秋、一川如画、独绝天下"的钱塘江诗路黄金旅游带。以古城为珠，以江为线，六大古城建设全面推进，做深"风雅钱塘·朝城夕拾"古城旅游线路，做强"风雅钱塘·泛舟江渚"水上旅游线路，做实"风雅钱塘·有氧时光"康养旅游线路，打造现代版的"富春山居图"。

#### 3. 瓯江山水诗路黄金旅游带

依托沿线古迹、古艺、古村资源，建成山明水秀、宜居宜养、寻忆乡愁和生态富民的瓯江山水诗路黄金旅游带。重点打造"山水诗源"水上特色旅游线路、"海上丝路之源"古艺研学游线、"田园耕读"乡村风情游线、"山水墨香"特色山水游线、"畲乡民俗"民族风情旅游线、"海上人家"闽瓯渔俗风情旅游线，使之成为中国山水诗词研学圣地、生态养生福地。

#### 4. 大运河诗路黄金旅游带

依托大运河（浙江）文化带丰富的文化资源，打造"千年古韵、江南丝路、通江达海、运济天下"的大运河（浙江）黄金旅游带。以运河古镇为珠，以运河为线，打造"千年运河·古镇之路""千年运河·丝绸之路""千年运河·水上之路"，使之成为继古开今的璀璨文化带、山水秀丽的绿色生态带和享誉中外的缤纷旅游带。

## (二) 以"大通道"建设为轴，构建大花园优美路网

结合大通道建设，按照"基本建成省域1小时交通圈、市域1小时交通圈、城区1小时交通圈"要求，加快构建现代综合交通，支撑和服务全省大花园建设。规划建设杭州、宁波、温州3大国际机场综合交通中心和杭州西站、江东站、萧山机场站等高铁站，增强四大都市区高铁站、国际机场等客运枢纽的旅游集散功能。

一是建设2万千米美丽经济交通走廊。要按照"修一条路、造一片景、富一方百姓"的要求，谋划建设杭绍甬智慧超级高速公路和通景交通网络，着力扩容国省道，加强"四好农村路"建设，打造"畅、安、舒、美、绿"美丽经济交通走廊，实现4A级以上景区、世界文化遗产景区（景点）、国家旅游度假区等基本通达二级以上公路，历史文化名村、农家乐示范村、美丽乡村精品村、旅游风情小镇通达等级公路。

二是建设1万里骑行绿道网。依托全省山脊、山谷、海岸、河流等自然廊道，结合各地特色文化，推进万里绿道网建设，重点建设由环杭州湾、环南太湖、沿钱塘江、沿瓯江、沿海防护林带等构成的"两环三横四纵"骑行绿道网，使之成为共享大花园建设成果的普惠线。比如，金华谋划了800千米的浙中生态廊道，丽水谋划了640千米的瓯江绿道。

三是交通立体化、网络化、智慧化。建设大型国际综合客运枢纽，重点推进相关山区加快融入全国高等级铁路网和高速公路网，率先推进景区化高速公路建设，提升内部交通网络微循环，形成对外快速便捷、对内畅通互联的综合交通体系，打造骑行绿道网络，把交通走廊建设成为环境优美的绿化网、景观带。通过立体化交通手段，提高各旅游"带"状区域内的通达性，减少对景区生态和景观的影响。利用3S大数据和人工智能技术，对各旅游"带"区域内的交通实现智慧化管理，提高道路畅通性和安全性。

浙江省着力构建美丽旅游交通网络体系，推动浙江全域旅游发展。在

该行动计划中,大通道建设实为首要。大通道建设是现代化浙江的发展轴线,是推进大湾区大花园大都市区建设的基本支撑。浙江省提出2018—2022五年间重点推进重大项目70项,计划完成投资7500亿元,聚力建设一批重大交通项目,如沪嘉甬铁路、杭温铁路、铁路杭州西站枢纽、杭州萧山机场综合交通枢纽等十大标志性项目。重点项目形成"五年项目清单+重大标志性项目+年度推进项目清单"的整体项目推进体系。

推动大通道建设对于打通绿水青山转化成为金山银山的通道、促进山海协同发展和城乡联动发展具有重要意义。在大湾区大花园大通道建设推进中,浙江省既强调集中力量建设好核心区、重点区的重大项目,也注重以点带面、串线成面,推进浙江全省统筹发展。

## 二、多维共建,保障大花园的"优"品质

从文化、交通、景观、旅游服务、产业等多个维度高标准协同推进大花园各旅游发展带的建设,保障大花园多元旅游线路建设的优良品质。

### 1. 文化精品化

深度挖掘"旅游战略带"沿线区域内旅游资源,突出地域文化特色,提炼区域文化内涵,注重游客的内在体验价值,突出每一个重要节点的品质,将带状区域作为整体,建设成为旅游示范区;优化旅游开发模式,实现多元主体参与旅游线路构建,强调旅游线路的丰富性,提高游客的体验型、参与性和研学性;优化线路结构,突出核心要素,提高资源配置效率,做到沿线各景点景区的有机联结,打造精品文化旅游带。

### 2. 景观生态化与人文化

尊重和保护"旅游战略带"沿线的原生态自然环境,完善陆地和海洋生态保护红线划定,将钱江源、凤阳山—百山祖等十大名山公园纳入国家公园建设体系,统筹推进山水林田湖草生态保护与修复工程,严格海岛保

护,加快整洁田园、美丽农业、美丽乡村建设,构建生态廊道和生物多样性保护网络,推进城市生态修复,打造集生态保护、科学研究、环境教育、生态旅游等功能于一体的自然保护地体系。强调景区的全天候景观设置,使得一年四季都有景可赏,每个节气都有特色的活动,每个节点都能彰显特色,从而使得旅游战略带呈现时间维度的丰富性。以居民和游客的幸福指数为导向,强调"旅游战略带"的人文关怀,关注空气、水和土壤的质量状况,发展绿色经济,推行绿色生活方式,提高农产品安全供给水平,通过旅游促进城市建设、社会保障、教育医疗和居民收入的改善。

### 3. 旅游服务综合化与智能化

全域旅游建设过程中积极完善旅游战略带基础服务设施体系化建设,沿高速公路、城市道路、航运通道,围绕重点城市、乡镇、景区、文保单位等合理布局,实现旅游服务综合体、景区服务中心、景点服务站、应急服务点等不同规模服务空间的科学设置,加快全线全域的旅游综合服务的覆盖。

建立战略带内的三级响应措施,推进智慧服务网络平台建设,通过微信小程序、App,实现景点介绍、快餐配送、住宿安排、交通速查等全方位的智慧化服务,运用大数据开展定制化自由行导游服务。

### 4. 产业协同化与绿色化

旅游产业是推进"绿水青山"转化为"金山银山"的重要路径之一,浙江省在推进大花园旅游线建设过程中积极构建"旅游+"的多产业协作平台,通过设施共享、人才交流、融资政策和项目联动,将农业、制造业、文化服务业等相关业态与旅游业有机结合,例如唐诗之路寻踪、影视拍摄体验、工业生产参观、农业采摘体验等新兴旅游模式的开发,通过旅游产业的介入,延伸产业链长度。此外,在产业协同发展过程中,坚持以"绿色"为导向,严控企业准入,对旅游战略带内高污染企业进行整改,围绕"绿水青山就是金山银山"理念,提高带状区域产业生态圈的循环经济比重,加快三产结构向高端制造业与服务业转型。

## 第三节 "四大建设"核心区以面聚能

浙江省第十四次党代会和浙江省十三届人大一次会议做出统筹推进大湾区大花园大通道大都市区建设的重大决策和战略部署,标志着浙江"八八战略""绿水青山就是金山银山"理念的实施进入新阶段。

"四大"建设不仅是浙江省城乡建设发展的重要战略的升级,同样也是对浙江省全域旅游建设的一次系统性升级。在"四大"建设战略引领下,浙江省立足全省高度,以"面"聚能,进一步优化全域旅游建设的空间格局。

### 一、两大核心区,聚焦大花园建设

浙江省大花园建设明确提出将衢州市、丽水市作为大花园的核心区,衢州、丽水成了全域旅游建设的重要战场之一。《浙江省大花园建设行动计划》提出,要以衢州、丽水为核心,充分发挥生态优势,高标准建设一批休闲度假、养生养老、森林旅游、民俗风情等旅游基地,打造古堰画乡、世界竹海公园、江郎山—廿八都和"国际慢城""雁南飞"等一批知名生态旅游景区,培育"衢州有礼""丽水山居"等区域文化旅游品牌,建立浙西南重点景区发展联盟,统筹谋划区域精品旅游线路。

此外,在《浙江省大花园建设行动计划》的指引下,衢州、丽水针对建设大花园核心区,在全域旅游建设方面结合两市实际情况,进一步细化了建设大花园核心区的行动计划。

例如,丽水在全域旅游建设方面,运用"深生态"理念,兼顾自然生态和人文生态的共同发展,将丽水的"绿水青山"解构为"山、水、田、园、情"五大生态载体,发挥旅游产业的牵引和黏合作用,将自然的山水和风土人情转化成为可观、可游、可购、可体验、可度假的全生活旅游要素,真正将"绿水青山就是金山银山"理念引领的丽水全域大花园建设落到实处。丽水市积极对接建设世界一流生态旅游目的地的总体定位,统筹考虑城市规划、交通规划、产业规划、旅游规划以及相关上位规划等内容,结合旅游资源分布特色,确定"一心、一轴、四区、四级"的旅游空间发展模式,从而全面助推丽水构建点、线、面相结合的立体化全域旅游目的地。"一心"为丽水城市旅游综合服务中心;"一轴"为瓯江生态旅游轴;"四区"为西北部遂昌—松阳山乡田园牧歌旅游区、西南部龙泉—庆元文化养生旅游区、东部缙云—青田品质休闲旅游区,南部云和—景宁乡村民俗旅游区;"四级"为城市、乡村、高等级景区、风景道四大重点旅游产业发展空间。

## 二、四大都市圈,聚能大景区创建

围绕大湾区大花园大通道大都市区的发展战略,浙江省全域旅游建设积极融入省域城镇体系格局中,以都市圈建设为契机,进一步整合全域旅游的空间资源,提出以杭州、宁波、温州、金义四大都市圈为依托,发挥中心城市的核心带动作用,加快发展东西两翼的海洋海岛旅游和山区乡村生态文化旅游格局,进一步优化空间组织秩序,打造浙江省全域旅游目的地体系。全域旅游建设借力都市区有利于突出重点,聚能形成全域旅游面状核心区,并联合点、线、面,全面提升浙江省全域旅游发展水平,助力省域大花园大景区加快建成的目标。

现代化浙江的发展,以大湾区为空间特征,以大花园为普遍形态,以大通道为发展轴线,以大都市区为发展极。浙江省大湾区大花园大通道建设是一个有机整体,是统筹生产、生活、生态空间的顶层设计(表2-2)。

表2-2 浙江省大湾区大花园大通道大都市区建设行动计划主要内容

| 主　题 | 主要内容 |
| --- | --- |
| 大湾区 | 突出接轨上海，聚焦杭州、宁波一体化发展，深化改革开放，强化科技创新，着力构建现代交通体系、现代产业体系、现代城镇体系，加强区域协同、山海协作，做强做大杭州湾，加快建设象山湾、三门湾、台州湾、乐清湾，沿杭衢高铁、衢丽温铁路有序拓展，努力建设全面对接"一带一路"、具有全国乃至国际影响力的大湾区 |
| 大花园 | 按照全域景区化的目标要求，加快建设美丽乡村、美丽田园、美丽河湖、美丽海岛、美丽城市、美丽公园，力争到2022年全省有万个行政村、千个小城镇、百个县城和城区成为A级景区 |
| 大通道 | 按照主体功能突出、区域协调联动的要求，加快建设杭嘉沪创新大通道、义甬舟开放大通道、浙东南海洋经济大通道、浙西南生态旅游大通道，基本建成省域1小时交通圈、市域1小时交通圈、都市区1小时交通圈 |
| 大都市区 | 进一步集聚高端要素、发展高端产业，强化创新功能，提升国际化水平，加快建设都市区轨道交通体系，抓好嘉善县域科学发展示范点建设，力争到2022年四大都市区经济总量全省占比达到70%以上，促进县域经济转型升级，形成中心城市与周边县市一体化发展格局 |

浙江大湾区建设突出环杭州湾经济区，联动发展甬台温临港产业带和义甬舟开放大通道，形成"一环、一带、一通道"的总体布局；大花园建设以衢州、丽水为核心区，将大花园作为现代化浙江的底色；大通道建设突出三大通道、四大枢纽、"四港"融合，统筹推进现代综合交通运输体系建设；大都市区是浙江省空间发展的高级形态，也是浙江省发达的县域经济升级发展的必然趋势。城东制造大走廊等项目工程有效促进了市场效率，推动实现产城融合发展。

杭州都市区以城市风情、商务会展、江南水乡风情、运河古镇文化、吴越文化和太湖文化为依托，以杭州、湖州、嘉兴和绍兴为主体，重点发展都市休闲、古镇休闲、乡村旅游和滨湖度假。其中杭州作为全域旅游目的地的首位中心城市，以建成国际重要旅游休闲中心为总目标，深入实施旅游业国际化和旅游全域化战略；并以观光休闲为引领，全面推动旅游产业向观光旅游、休闲度假、文化体验、商务会展"四位一体"转型升级，不断增强杭州旅游的国际影响力和综合竞争力，真正成为全省旅游业转型升级的主引擎、全国旅游业现代化和国际化的新标杆。

宁波都市区充分发挥宁波港口城市的综合优势和舟山群岛新区的政策优势，着力谋求海洋旅游和都市休闲旅游的新突破，打造浙江旅游的海上门户。

温州都市区发挥山海并举的资源优势、工商繁荣的产业优势、民营企业发达的资本优势，加快温州、台州两地联动发展，以雁荡山—楠溪江、百岛洞头、神仙居—天台山、大陈岛、石塘半岛为核心板块，着力创新休闲度假业态，提升休闲度假品质。

金华—义乌都市区依托金华历史文化名城、义乌国际商贸城、横店影视城和武义温泉城等，加快推进旅游一体化发展，着力建设以历史文化、商贸购物、温泉养生和影视文化为特色的国际化旅游区。

## 第四节 "大项目"带动万亿产业

旅游业是国民经济战略性支柱产业。近年来,浙江省高度重视旅游业发展,按照全省全域景区的理念和"抓旅游就是抓发展,抓发展必须抓项目"的要求,大力实施旅游投资万亿工程,倾力打造旅游万亿产业,旅游产业贡献持续提升,旅游项目投资爆发增长。2018年,全省旅游产业总产出超1万亿元,旅游产业增加值占GDP的7.8%,对全省经济综合贡献为18.5%。旅游项目总投资已突破1.5万亿元。浙江旅游较好诠释了"建好一个项目,带动一个产业,引领一个集群,助推一方经济"的综合效应,为建设全域旅游提供坚实保障。

### 一、旅游大项目的引进与管理

旅游项目,尤其是高质量的大项目是推动浙江省全域旅游发展布局的重要抓手。浙江省精心设计出一批旅游优选招商项目,加快推进百亿元以上重大旅游项目建设进度,把做大做强旅游产业、加快推进项目建设作为结构调整的重要突破口,狠抓有效投资这个"牛鼻子",着力推进和招引一批旅游项目,重点构筑以项目为支撑的全域旅游发展新格局。

#### (一)政府高度重视项目引进与建设

浙江全省各级党委、政府主要领导主动抓旅游重点项目,不断优化旅游项目吸纳、开工、落地、建设环境,着力加强省市县统筹协调,加快构建"市场有效、政府有为、企业有利、百姓有益"的体制机制,合力攻坚、稳中求进地推进大项目建设。

### 1. 优化环境,积极引进项目

浙江始终坚持以"八八战略"为总纲,立足"绿水青山就是金山银山"理念,大力实施"最多跑一次"综合改革和"五水共治""三改一拆""浙商回归"等系列组合拳,既为旅游发展提供了广阔平台,又为项目投资提供了便捷服务。同时,浙江也放宽旅游市场准入条件,实施政府鼓励和优惠政策,鼓励和引导社会资本公平参与旅游业发展,积极引进各种资金投资旅游业和"大好高新"旅游项目。

围绕扩大有效投资,浙江省、委省政府连续多年新年上班第一天召开全省大项目集中开工仪式,并多次召开全省旅游重大项目建设、景区提升发展、旅游度假区建设推进会,用大项目、好项目带动提升旅游景区质量、完善旅游配套建设、促进旅游新业态发展。招大引强,集中力量,加大投入,高起点规划、高水平建设一批旅游精品项目。并建立起全域旅游项目库,选报一批投资规模大、带动功能强、综合效应好的好项目、大项目入库储备,用大项目引航大旅游产业发展。

### 2. 抓保障,助力项目落地

浙江省委、省政府明确打造百个兼具旅游功能的特色小镇和百个旅游风情小镇,明确特色小镇3年旅游总投资不低于30亿元,新批省级以上旅游度假区5年旅游总投资不低于40亿元。省政府专门出台扩大旅游投资和消费等若干政策意见,并印发《浙江省重大建设项目"十三五"规划》,提出在"十三五"期间投资一批重大建设项目,全面建成综合交通体系,推动产业转型升级,明显改善生态环境状况,大幅提升公共服务水平。重大建设项目主要分布于创新发展、交通设施、产业转型、生态环境、公共服务五大领域(表2-3)。

表2-3 浙江省"十三五"重大建设项目安排

| 领　域 | 主要内容 |
| --- | --- |
| 创新发展领域 | 围绕科创平台、开放平台、重大科技专项、省级特色小镇等,安排重大建设项目35个,"十三五"计划投资6771亿元,其中科创平台投资842亿元、开放平台投资694亿元、重大科技专项投资185亿元、省级特色小镇和众创平台投资5050亿元 |
| 交通设施领域 | 围绕铁路、轨道交通、高速公路等,安排重大建设项目81个,"十三五"计划投资10554亿元,其中铁路和轨道交通投资6062亿元、公路投资3612亿元、水运投资660亿元、机场投资220亿元 |
| 产业转型领域 | 围绕信息经济、高端装备制造与新材料、节能环保、健康、旅游、时尚、金融等七大万亿产业,以及文化创意产业、绿色石化产业等,安排重大建设项目273个,"十三五"计划投资19032亿元,其中七大万亿产业投资12316亿元、其他产业投资6716亿元 |
| 生态环境领域 | 围绕清洁能源、治水治气治土、生态环境修复、绿色低碳循环等,安排重大建设项目70个,"十三五"计划投资8969亿元,其中清洁能源投资4578亿元、治水治气治土投资2670亿元、生态环境修复投资1396亿元、绿色低碳循环投资325亿元 |
| 公共服务领域 | 围绕城市公共基础设施、教育、医疗等,安排重大建设项目63个,"十三五"计划投资8231亿元,其中城市公共基础设施投资3014亿元、教育投资351亿元、医疗卫生投资225亿元、体育投资352亿元、公共文化投资344亿元、住房保障投资3620亿元、社会福利投资325亿元 |

### 3. 完善机制,抓好重点项目

浙江省旅游发展领导小组"一事一议"研究旅游重大项目推进,省领导亲自联系特色小镇等重大项目,省市县三级政府和旅游部门建立联系旅游重大项目制度,全面实行"季度例会、督查通报、专题会商、专项考核"等机制。在有力高效的机制下,各市县积极作为,推进优质旅游项目落地、创建与发展。

例如,长兴县将大项目建设作为全域旅游工作的主战场,量质并举强力推进全域旅游创建发展工作。首先,县委、县政府坚持"项目为王"的理念,建立并不断完善项目推进工作机制,以"领导联系、季度例会、督查通报、专题会商、年终考核"五项制度为抓手,形成县主要领导亲自助推龙之梦等重大旅游项目、县分管领导专项推进旅游项目、各相关部门和乡镇合力推进项目建设的三级联动机制；其次，县委、县政府坚持围绕"产业链"招商，围绕"好项目"招商，精心策划重点项目招引。

又如，安吉县坚持以项目建设作为全域旅游工作的总战场，不断赋予"绿水青山"转化为"金山银山"的内生动力。2018年，全县共有各类休闲旅游项目60个，总投资达446亿元，其中10亿元以上在建项目10个。此外，安吉县还谋划以项目为主引擎，创新性开展景区、田园综合体、村庄经营示范村等转化项目平台建设，以推动形成旅游度假区、旅游风情（特色）小镇、旅游景区、乡村旅游生态集聚区、重大旅游综合体等五大旅游平台的全域化行动，形成综合放大效应。

### （二）完善项目投资管理方式

浙江省全面深化旅游投融资机制改革，推动投资向投融资转变，设立旅游产业基金，大力推广政府社会资本合作PPP模式，促进旅游项目投资主体多元化，构建"活力市场＋有为政府"的旅游投资机制。目前，浙江的旅游投资呈现民营资本、政府投资、旅游基金"三驾马车"并驾齐驱之势，投资效益显著。

#### 1. 增设旅游产业基金，保障项目落地

2015年8月，国务院办公厅印发《关于进一步促进旅游投资和消费的若干意见》，部署改革创新促进旅游投资和消费工作，提出加快政府支持力度，设立中国旅游产业促进基金，鼓励有条件的地方政府设立旅游产品促进基金。浙江省始终走在全国改革创新前列，政府设立旅游产业基金，积极整合全域旅游资产，成立旅游基金管理公司，实施引进战略投资。浙江省旅游产业投资基金规模为100亿元，基金将以母子基金投资、直接股权投资、重组并购投资等方式投向具有较高成长潜力、带动效应显著的旅游及相关新兴业态项目，包括优质旅游目的地资源的并购整合，具有重大牵

引力的国家级、省级旅游度假区项目、特色小镇、旅游风情小镇项目等，以及计划在3—5年内上市的优质旅游企业等，力争通过5年左右的努力，着力培育5家旅游类上市企业，撬动社会资本投资旅游产业1000亿元以上，投资运营100个以上旅游项目（"511"行动计划）。旅游产业促进基金不仅解决了投资高门槛的问题，更在一定程度上保证了投资管理的专业化。

**2. 投资主体多元化，PPP模式助发展**

随着旅游市场的不断扩大，旅游资源不断向市场放开，并且开放力度不断加大，"体制瓶颈"不断突破，社会资本越来越多地参与到旅游投资行列。以往浙江省旅游发展主要依托资源，而如今的旅游发展更需要资本的青睐，越来越多社会资本的身影出现在项目中，尤其是大项目。2016年全省在建"浙商回归"旅游项目总投资超过1500亿元，近五年"浙商回归"旅游项目完成实际投资超过800亿元。

此外，浙江省充分利用国际海岛旅游大会、浙洽会、中东欧旅游交流合作大会等载体，每年举办大型旅游项目推介会，借智借力，主动招商，广泛引资。近年来累计推出旅游招商项目1000多个，引进签约旅游重大项目500多个，总投资超过3000亿元。

浙江高度重视发挥企业的投资主体作用，大企业、大集团纷纷涌入。中国旅游集团、首旅集团、深圳华联、中青旅、华侨城、华润等国企，阿里巴巴、复星集团、华昌集团、新奥集团、开元集团、绿城集团等知名民企，上海银润控股、美特斯邦威、上海飞帆控股、上海长峰等浙商回归，国家社保基金、平安保险、中信产业基金等投资机构进军浙江旅游市场，齐为浙江旅游助力。

浙江省通过将PPP模式引入旅游行业，建立起政府与社会资本的合作平台，有效破解了旅游融资难题，促进了项目结构的优化，更好地发挥了政府产业基金"四两拨千斤"的作用，撬动了社会资本投资浙江旅游。

### 3. 投资结构纵横双向优化

浙江旅游项目发展重视产品领域、空间布局等结构的优化，打造"处处见旅游大项目、时时有旅游大开发、行行涉足旅游大投资"的投资态势。横向看，浙江旅游投资全域化，从"一枝独秀"到"百花齐放"。从地域分布上，由原来杭州的"一枝独秀"，到近年来宁波、湖州、嘉兴、丽水等市旅游投资大幅上升，截至2016年，全省共有在建旅游项目1628个，旅游总投资超百亿元的县（市、区）超过40个；从项目业态上，浙江不仅仅关注大型旅游综合类项目，面广量大的乡村旅游、特色民宿也广受青睐，"洋家乐"等一大批连锁民宿蓬勃兴起，养生养老、自驾露营、邮轮游艇等新型业态成为旅游投资新宠，投资总额占比超过60%。纵向看，浙江旅游投资效益化，从"立足一方"到"带动一片"。单体总投资超200亿元的龙之梦乐园、超100亿元的桐乡乌镇濮院、"中国第一时尚小镇"等一大批旅游大项目纷纷落户。这些重大项目的发展，起到了带动一个产业、引领一个集群，甚至助推一片经济的综合效益，实现旅游发展成果共享利民。

## 二、文化申遗项目的推进与保护

旅游本质上是具有经济属性的文化活动。在全域旅游发展时代，如何充分利用旅游发展传承历史渊源、特色文化，推进优秀传统文化的保护，是传承发展浙江优秀传统文化行动计划的关键。浙江省积极开展实施了浙江世界级文化遗产培育申报工程、传统村落民居保护工程、非物质文化遗产展示体验工程、优秀传统文化研究阐释工程、优秀文化精品创作服务工程、特色传统文化重点提升工程等六大工程，打造新时代中华优秀传统文化传承发展新高地。

良渚遗址保护申遗项目推进是该行动计划的一项主要工作。良渚遗址主要位于杭州市余杭区良渚境内，由良渚古城、塘山、荀山、瑶山、汇观山、姚家墩等六大片区依存分布区组成,遗址保护范围近42平方千米,属于新石器时代晚期遗存。无独在浙,良渚遗址保护申遗项目是国家工程,对于整个中华民族的重要性显著。2018年年初,中国联合国教科文组织全国委员会推荐"良渚古城遗址"作为我国申报2019年世界文化遗产项目。杭州市政府、省委宣传部、省文化厅、省文物局等单位携手出台了《良渚古城遗址保护管理规划2013—2025》和《良渚遗址申遗工作计划》,不断深化良渚遗址核心区环境整治,完成了良渚古城遗址现场展示、良渚博物馆改造提升、遗产检测中心和良渚国际考古保护中心建设等重点项目。2019年7月6日中国良渚古城遗址成功入选联合国教科文组织《世界文化遗产名录》,成为中华民族五千年文明史的有力实证。

通过系列文化保护与创新项目的培育建设,浙江省深入挖掘和弘扬浙江优秀传统文化蕴含的核心思想理念、中华传统美德、浙江人文精神,坚持创造性转化、创新性发展,充分运用"文化+",推动文旅融合,奋力推进优秀传统文化保护事业的高质量发展、竞争力提升、现代化建设,凸显浙江文脉、浙江元素,打造浙江文化金名片。

### 三、浙江省旅游大项目案例

一批类型优、业态新、特色明、带动强、效益好的大项目成为浙江旅游发展的最大潜力和转型升级的方向所在。一是开工一批,加快推动横溪农旅小镇、青山欢乐岛、中国西蠡谷商圣文化旅游区等一批项目开工。二是建设一批,加快推进省之江文化中心、世界旅游联盟总部、九龙湖农艺田园小镇等重点项目建设。三是开业一批,龙之梦乐园、建德江南秘境、德清开元森泊度假乐园等一批项目实现部分营业。全省有20多个县近五年的旅游项目总投资超过百亿元,一大批旅游大项目开工、竣工。

在大项目的推进过程中,浙江省文化和旅游厅认真践行"三服务"理念,加强与发改、自然资源等部门沟通,积极争取更多文化和旅游项目列入省重点项目、省服务业重点项目、省(市、县)长项目。强化重大项目服务督查,进一步完善厅、市两级文旅部门领导联系文化和旅游重点项目等制度。有力地推进了一批标杆性项目。

## (一)排头兵:长兴太湖龙之梦乐园

### 1. 项目介绍

太湖龙之梦乐园坐落于浙江省湖州市长兴县太湖图影旅游度假区,是一个集多业态旅游产品、多功能旅游要素为一体的大型旅游目的地项目(表2-4)。

表2-4 太湖龙之梦乐园项目简介

| 片区 | 布局业态 | 规划容量 |
| --- | --- | --- |
| 宴会会议中心片区 | 龙之梦钻石酒店、龙之梦国际会议中心、雅仕酒店 | 6578间客房,1600个演艺席位 |
| 文化演艺中心片区 | 太湖古镇、龙之梦太湖古镇大酒店、瑞峰太湖古镇酒店、轩峰精品岛墅酒店、龙之梦农夫市场等 | 10796间客房,20000个演艺席位。其中,太湖古镇包含10个大型剧院、9个小剧场,合计约20000个演艺席位;老街集非遗展示、购物、街艺表演等功能于一体,总长度达9000米;鲤鱼门餐饮面积达50000平方米,包含20000个餐位;酒吧一条街面积达50000平方米,长达1000米;大型水秀水域面积达40000平方米;客栈约4200间 |
| 游乐中心片区 | 龙之梦动物世界大酒店、瑞峰欢乐世界酒店、动物世界、海洋世界、欢乐世界、嬉水世界、大马戏、快乐农场、盆景园、购物中心等 | 9626间酒店客房,53400个演艺席位 |
| 养老片区 | 医养融合综合体 | 10000个养老床位 |
| 太湖药师文化园片区 | 含礼佛区、体验区、生活区、浏览区、商业等功能区域的佛教文化圈 | |

投资方是上海长峰集团,属于"浙商回归"大项目。项目总投资251亿元,含13大业态,23个子项目,合计占地面积1.2万亩(含租用山林面积),总建筑体量约450万平方米,拥有约2.8万间酒店客房、7.5万个演艺席位、2.3万个停车位、3万平方米宴会会议厅,建成后将成为全国乃至全球业态最齐全的综合性文化旅游休闲度假区。项目已成功入选2016全国优选旅游项目、"十三五"浙江省重大建设项目、浙江省重大产业项目、2016年浙江省重大项目前期攻坚计划、2016年浙江省扩大有效投资"411"项目、2017年度省重点建设项目、浙江省第三批特色小镇创建名单等。

崎岖变坦途,矿山变美景。经过短短三年时间,一座"依山傍水、显山露水"的长三角超级旅游新城已完成令人瞩目的成就:项目已开工建筑面积420万平方米,已完成主体建筑约300万平方米,包含28000间客房的11栋百米酒店塔楼全部结构封顶,并同步进行内部装修,进度最快的钻石酒店已部分具备接待游客的条件;动物世界完成90%基础建设,即将迎来自全世界各地的400种、30000多只野生动物在此安家;太湖古镇完成主体工程70%,1500个商铺和100家酒吧的酒吧街完成招商;国际马戏城已完成钢结构封顶,内部装修及演出设计正在同步推进中;欢乐世界、嬉水世界、海洋世界、养老公寓项目正在全速推进。

与热火朝天的施工建设景象相得益彰的,是太湖龙之梦乐园不断攀升的旅游人气。由来自19个国家的近60名外籍演员所呈现的大型歌舞秀《梦幻钻石》,已经上演160余场次,接待游客近15万人次;与长兴东方梅园深度合作的快乐农场梅园项目已轮番上演梅花、杜鹃花景致,接待游客近20万人次。一个功能完备的旅游王国正在逐渐成形。据长兴县旅委编制的《长兴太湖龙之梦旅游溢出效应规划》估计,到2030年,龙之梦乐园的年游客接待量将达到3100万人次。

**2. 主要经验**

太湖龙之梦乐园项目的顺利落地与高效建设,是在政企同心、上下同欲、内外合力的推动下得以实现。

一是坚持政企同心，践行"绿水青山就是金山银山"理念。在省委、省政府的号召下，长兴以"绿水青山就是金山银山"理念为指导，探索践行"绿水青山就是金山银山"理念的落地转化，坚持发展生态旅游经济，最大程度上保留县域山水的原始风貌，这与上海长峰集团的投资建设思路不谋而合。2015年5月20日，长峰集团第一次组团考察；当年10月正式签约；半年后（2016年4月8日），太湖龙之梦乐园项目就正式开工。在项目规划设计过程中，政府和企业都秉承保护和开发并重的原则，所有项目都规划设计在山麓，依山而建，避免在湿地和山上动工，以保持生态完好。在项目建设过程中，积极利用山地、坡地、矿区用地，保持山体、湿地、林地的原始风貌，努力让绿水青山永驻。

二是坚持上下同欲，打造"长兴效率"。省市县各方各部门齐心协力，紧紧围绕太湖龙之梦乐园项目重点靠前服务，及时解决项目建设过程中遇到的实际问题，确保重点项目顺利推进、尽快达效。太湖龙之梦乐园项目自启动以来，受到了领导的高度关注，先后有超过20位省级领导到现场调研指导，市委主要领导到现场调研并指导超过120次，领导的高度重视为项目的保质、加快建设提供了强有力的保障。县委、县政府更是"挂图作战"，充当起"店小二"的关键角色，提供优质高效服务工作，建立起"对上争取"常态化机制，靠前处理项目建设运营过程中涉及的对上沟通、衔接等事项。首先，成立项目推进专项服务领导小组，由县委书记担任组长、县政府分管领导任副组长、县级机关部门为成员，每月召开项目推进例会（截至2019年3月，已召开44次，协调解决问题500余个），及时研究解决项目推进过程中的重大问题；其次，同步成立供电保障、基础设施保障、人力资源保障等10个攻坚小组，对照时间表、施工图抓推进，建立专班、落实专人现场办公，点人点物点机械，确保困难第一时间协调解决、问题第一时间督促落实，全力保障项目建议，累计现场解决实际问题1000

多个。自项目开工以来，不到三年时间已累计完成投资175亿元，完成土建工程量约90%，打造了项目推进的"龙之梦效率""长兴效率"。

三是坚持内外合力，实现"同频共振"。为了确保大项目顺利运营，在项目业主加快推进主体建设的同时，政府也全力以赴，加快完善县域环境。首先，配套设施同步建设，同步竣工交付。市县政府全力做好路水电气等基础配套、道路交通规划建设、周边环境整治等工作。截至2019年初，湖长二通道（申苏浙皖高速公路新增湖州南太湖互通及连接线工程）全线贯通，火车站前大道启动建设，第三污水处理厂完成建设，乐园周边交通道路正在抓紧施工，集贸市场、卫生院已完成建设，综合执法中心结构封顶，确保满足项目需求。其次，产业融合同步推进，同步配套规划。结合龙之梦项目业态，县文化和旅游局制定《龙之梦项目溢出效应专项规划》，提前做好旅游产业布局、县内农产品供给等工作，统筹做好三产融合等文章，让龙之梦项目效益最大化。同时，加快推进全民就业工程，统筹做好项目用工招聘、技能培训、服务承接等工作，让更多的市县百姓共享项目发展成果。截至2019年3月，已经培训储备技能工人3000人，到龙之梦项目就业1600人。再次，交通指挥同步规划，同步建设到位。秉承"主客共享"的理念，交通便利度被置于项目建设的首位。目前，项目已经和长三角100个区县的客运站签订了协议，开通直达太湖龙之梦乐园的旅游专车。此外，政府为此建设了交通指挥中心，为大客流安全高效提供保障。最后，运营管理同步启动，同步投入使用。为了保障项目顺利运营，进一步加快综合执法中心建设，成立综合指挥联勤大队，启动综合执法人员的招聘、培训和相关设备器材的配备，确保日常运营安全。

四是坚持全民参与，实现"利民共享"。龙之梦乐园项目的建设坚持"本地优先、全民共享"的原则，竭力让项目建设发展成果惠及全县百姓。一方面，龙之梦乐园项目的建设极大地带动了长兴全县的社会经济发展，将极大改善和提升人民的生活环境。龙之梦乐园全面建成，将极大提高游客接待量以及旅游收入，其项目的带动辐射作用也将日趋明显。据县旅委估计测算，龙之梦项目将会使长兴旅游购物增加值同比增加40%，旅游餐饮增加值同比增加36%，旅游交通增加值同比增加28%，旅游住宿增加值同比增加31%，并预计到2020年，全县旅游业增加值将达到67亿元，占GDP比重将接近10%。另一方面，项目建设为当地居民提供丰富的就业机会，直接提高居民的生活收入与生活水平。根据项目运营后游客量测算，每年龙之梦需各类蔬菜200万千克、水果250万千克、园内珍稀动物食物27万千克。据此，县农业局已经根据当地农户的种植情况，梳理出16个特色农产品品种、38个推荐基地目录，并将根据项目工程进度在蔬菜、瓜果、畜产品、水产品等产业上以"公司＋基地＋农户"的"订单农业"形式落实合作基地，在保障农副产品供给的基础上，最大限度地扩大农户的参与范畴和参与程度。

## （二）先行者：德清开元森泊度假乐园

### 1. 项目介绍

德清县开元森泊度假乐园项目由全国旅游行业佼佼者开元旅业集团投资，选址宝塔山村村委一带，总面积1800亩，其中建设用地450亩，计划总投资20亿元，主要由中央设施（巨蛋）区块和休闲度假区块组成。其中中央设施区块是整个项目的核心，拥有以热带雨林为主题的大型室内外水上乐园，并配备以家庭体验、亲子活动为主的儿童游乐园，以及由餐厅、酒吧、商店、客房组成的度假酒店，休闲度假区拥有现代舒适的度假木屋、餐厅、宴会厅等，其中度假木屋将提供1300多个房间。

开元旅业在规划之时就计划将这个项目建成全国最大的"亲自然"度假中心，乐园采取中央公园模式，可以充分满足游客的短期度假需求，无污染的自然资源、丰富的游乐设施、豪华的住宿配套，必将对游客产生强大的吸引力。经过三年的建设，德清开元森泊度假乐园于2019年9月19日营业，总占地面积1800亩，客房数超1100间，其中备受游客喜爱的亲自然度假屋就有700余间，更大的森林湖泊面积也极大强化了自然沉浸感，使得每一次呼吸都是自然的味道；在亲子客群为核心的基础上，项目增加了更多年轻人喜爱的游乐项目，从度假酒店、度假木屋再到豪华度假区应有尽有，远离喧嚣的度假氛围加上丰富多彩的游乐项目可吸引游客在这里停留。拥有度假木屋、四季恒温水乐园、大型室内儿童乐园等板块的度假中心一面市，即受到市场追捧。

2. 主要经验

德清县在推进旅游大项目建设的过程中，充分发挥生态、改革、融合三大特色，以立足绿色生态深耕旅游、善于利用资源带动旅游、跳出城墙思维发展旅游为理念，强旅游优势，破旅游难题，增旅游效能，推动旅游产业高质量发展。

一是让绿色成为最鲜明的旅游底色。坚持"保护优先、科学开发"原则，把纯净的生态、宜人的环境、低碳的理念作为最美的底色，厚植旅游业发展的核心竞争力。在项目的建设过程中，引领低碳环保新时尚，推行循环用水、节约用能等环保模式，在景区推广使用新能源、太阳能等环保低碳产品。

二是用改革突破最棘手的要素制约。强化要素供给力度，探索创新成果。首先，"土地改革"盘活沉睡资源。在全国率先开展农村集体经营性建设用地入市试点和宅基地"三权分置"试点，探索创新"坡地村镇"建设，采取"点状布局、垂直开发"方式，有效破解旅游用地规模大、供地难的问题。其次，"绿色金改"激发市场活力。充分发挥绿色金融的撬动作用，设立旅游产业发展基金，用于旅游基础设施建设、景区开发建设等项目资金补助，引导更多市场主体进入，推动旅游产业多元化、资本化运营。同时，"人才逆流"引领创业创新。创新建立农村用人长效机制，出台各类优惠鼓励政策，积极引导农业科技人员、在外经商户、高校大学生返乡下乡创业。

三是使融合迸发最强劲的乘数效应。按照"宜融则融、能融尽融"思路，推动板块与板块间、产业与产业间、模式与模式间相互作用和相互渗透。在业态融合上，将文化、创意、体育等多元要素融入形成新业态，推动旅游产业向"文商养学"延伸，推动莫干山整体旅游能级提升，积极推动旅游产业走向国际化、市场化。

### （三）新支点：世界旅游联盟总部建设

#### 1. 项目介绍

世界旅游联盟（WTA）于2017年9月成立，是由中国发起成立的第一个全球性、综合性、非政府、非营利的世界旅游组织。联盟设有89家创始会员单位，分别来自29个国家和地区，境外会员占比超六成。旅游联盟以"旅游让世界和生活更美好"为宗旨，以旅游促进和平、旅游促进发展、旅游促进减贫为使命，以互信互尊、互利共赢为原则。世界旅游联盟的成立是世界旅游发展史上的重要里程碑，展示了中国主动作为，致力于改善世界旅游治理体系的担当和能力。

联盟总部落户杭州萧山湘湖，为萧山、杭州乃至浙江增添一个向全球展示城市形象的重量级平台，将成为撬动浙江全域旅游优质发展的新支点，有助于全方位提升"诗画浙江"中国最佳旅游目的地品牌的打造。联盟总部选址工作激发了各大旅游城市的申报热情，经过与成都、广州、西安、厦门等城市的激烈角逐，杭州萧山湘湖凭借得天独厚的区位优势、良好的国际化基础和有力的政策保障脱颖而出，成为WTA总部永久落户地。世界旅游联盟总部位于湘湖的压湖山岛及周边，主要由五个功能板块组成，分别是博物馆主题展区、博物馆院落临展区、WTA总部接待及配套服务区、游客咨询服务中心、国际旅游体验中心。它提出了"WTA景观公园"概念。建成后，整个压湖山岛将是一座生态景观公园，由地下常设互动展区、旅游文化艺术庭院展厅、国际象棋棋院、WTA火种广场、中式铜厅、传统古建筑、室外临展庭院、WTA国际艺术花园、国际旅游雕塑公园、游船门厅、桥的艺术等共同组成。

**2. 主要经验**

在浙江省委、省政府的大力支持下，萧山区委、区政府以旅游国际化为目标，全力做好三篇文章。

一是推动世界旅游联盟总部项目落地。按照联盟秘书处落地方案以及市、区要求，萧山区成立了世界旅游联盟总部落户湘湖工作领导小组，由区委、区政府主要领导及分管领导担任组长和副组长，区级相关部门、平台主要负责人为成员。领导小组下设指挥部以及前期规划部、工程建设部、协调保障部和宣传推广部四个工作部门，并协调相关单位骨干人员实行现场集中办公，全力推进做好政策对接、项目落地、方案报批和开工建设等工作。

二是加大招商引资力度。借助"后峰会、前亚运"的巨大放大效应，加大旅游招商工作力度，从完善机制、推进项目、开展活动、拓展渠道、提升服务等方面入手，加快推进意向项目的签约和落地。

三是完善公共服务体系。以旅游智慧化为载体，加强公共服务体系建设，依托杭州旅游大数据平台，重点推进湘湖智慧旅游二期大数据平台建设，优化旅游咨询点服务及微信预订功能，策划火车南站旅游咨询点的建设，推广旅游A级厕所评定标准，为游客和市民提供更为便捷、舒适的服务，推动萧山旅游更加亲民化、智慧化、全域化。

## 第五节　文旅结合讲好浙江故事

### 一、"诗画浙江"传播文化底蕴

#### （一）深挖"诗画"内涵

"诗画浙江"是浙江的名片。2014年，在浙江省旅游发展大会上，为更好地向世界各地的游客传递浙江印象，浙江省明确提出打造"诗画浙江"品牌，加快推进旅游标准化建设，切实做好品牌营销宣传工作。自此，浙江省大力推进全域旅游营销来推广"诗画浙江"，并从各个方面挖掘其内涵。

2015年6月，浙江旅游向全球发布了全新的旅游标识。新标识以浙江典型山水为主要元素，三座青山层峦叠嶂，配以中国传统水墨笔画勾勒出的蜿蜒水流，突显出江南清新秀美的气质。同时三座青山以"山"字为形，流水以"浙"字的首字母Z为轮廓，点明了文化属性与地域属性。标识整体色调以蓝绿为主，体现"青山绿水，处处分明"，渲染出浙江的秀色宜人，散发出浙江的独特魅力。

为了更好地宣传和推广"诗画浙江"，推进浙江省大花园建设，2018年8月至10月期间，原浙江省旅游局围绕浙江金秋旅游黄金季的游客出行需求，在人流集中的高铁站和高速公路服务区开设现场活动。活动走进浙江省内三个高铁站、十二个高速公路服务区，通过游客和交通参与者现场参与互动体验，展示改革开放四十周年来浙江省在交通发展、旅游开发方面的成果。原浙江省旅游局还和中国铁路上海局集团有限公司联合主办了

"诗画浙江"高铁旅游嘉年华活动,这是国内首次由省级旅游主管部门和铁路系统联合推出的高铁旅游主题营销推广活动。双方将依托高铁网络,借助高铁站点、运力、数据及综合服务体系等铁路系统独有的行业优势资源,建立起双方融合发展的长效合作运营机制,进一步推动"诗画浙江"中国最佳旅游目的地建设。此次活动中,省外向浙江省开行的十二趟"诗画浙江"高铁旅游专列也相继开通。如九景衢铁路常山站迎来首趟"诗画浙江"旅游专列,诸暨与泰顺也迎来"诗画浙江"以迎新为主题的高铁旅游专列。这次活动由上海铁路国际旅游集团承办,精心打造的高铁旅游产品注重全过程服务,从踏上高铁的一刻起,形式新颖丰富的主题活动就带给客人全新的旅游体验。通过道路交通营销,不仅给前来游玩的旅客留下良好的印象,还可以吸引潜在游客,扩大影响力。

### (二)塑造"诗画"品牌

2015年,原浙江省旅游局与浙江省广电集团达成战略合作,双方就"诗画浙江"的品牌推广、信息整合、市场开发等展开全方位合作。2016年原浙江省旅游局又以"视浙江·觉江南"为主题,以"打品牌、树形象;拉消费、扩内需;推产品、拓市场"为目的,开展"诗画浙江"全媒体品牌推广活动,并将此次活动作为全年的重点工作,广泛发动各级旅游部门、相关单位,安排旅游宣传推广计划。同时,还和浙江广电集团、浙江日报报业集团和凤凰卫视传媒集团三家大型媒体集团开展合作,总投入经费约3000万元,其中,原浙江省旅游局投入1500万元,各市地承担1500万元,为品牌的推广奠定基础。

"诗画浙江"全媒体品牌推广活动从品牌推广升级、内容制作升级、服务体系升级、营销策略升级、传播渠道升级五大方面,多层次、立体化打造以省内媒体为主体,延伸推广至长三角、全国乃至全世界的浙江旅游客源地宣传攻势,全力助推浙江各地旅游产业发展。

2018年10月，原浙江省旅游局牵头，浙江各市旅游部门积极配合，发行了《诗画浙江》画册。画册本着"唯美、经典、权威、全面"的理念，分如诗情怀、如画山水、如痴风雅、如醉经典、如意畅游、如心点赞六个板块，完整收录了全省旅游景区景点、美食特产、酒店民宿、民俗文化、游记心得以及旅游导览图，生动呈现了江南水乡的诗情画意、历史文化的深厚底蕴和旅居浙江的惬意风情。这既是一本全方位串珠成链展示浙江旅游形象的宣传资料，又是一本迎合游客需求的旅游出行指南。该画册在各大航空公司、省内高星级酒店、重大旅游展会、全省交通以及旅游集散中心等场所免费发放。通过多角度呈现浙江全域旅游和"诗画浙江"中国最佳旅游目的地的风采，让旅行者品读浙江、畅游浙江、体验浙江，让世界之眼聚焦浙江，让浙江之美走向世界。画册的发行提升了"诗画浙江"品牌美誉度与知名度，助推"诗画浙江"中国最佳旅游目的地打造。

## 二、"百县千碗"呈现文化味道

旅游与美食有着天然不解之缘。在过去的旅游六要素（吃、住、行、游、购、娱）中，"吃"居于首位，可见美食不仅是旅游者活动的基础，也是旅游活动更加独特的体验和记忆。浙江通过"百县千碗"活动，引爆美食旅游，针对美食要素开展营销，通过举办一系列活动来吸引游客。

2018年，由原浙江省旅游局主办的"诗画浙江·百县千碗"旅游美食推广系列活动收效颇丰。此次活动时间跨度为三个月。活动期间，全省各县（市、区）旅游部门联合浙江省饭店业协会、浙江省餐饮行业协会，广泛发动大众，组织专家挖掘、评选，推出最具当地特色的100碗旅游美食，最后将其中10碗最具代表性的旅游美食报送浙江省旅游局。随后，原浙江省旅游局举办全省"百县千碗"旅游美食成果展，推出《餐桌上的浙江》旅游美食推广图册、旅游美食地图、旅游美食线路产品等，为市民游客全面展现浙江旅游美食的独特魅力。

这次活动既是贯彻大花园建设会议精神的创新之举,也是完善旅游要素、深化旅游供给侧结构性改革的一大实招。活动后,各市进一步把系列活动抓紧抓细抓好,切实优中选优,以特制胜,把"百县千碗"旅游美食的特色品牌培育起来、推广开来,让游客从一碗碗、一道道浙江菜中,感受浙江旅游服务水平,体会浙江独特文化内涵。

"诗画浙江·百县千碗"活动,通过挖掘各地特色美食,打造优质的"养胃"旅游产品,进一步扩大内需、推动放心消费,助推浙江大花园建设,为打造"诗画浙江"中国最佳旅游目的地画上浓墨重彩的一笔。

## 三、文旅融合丰富精神内涵

文化是旅游的灵魂,旅游是文化的载体。全域旅游发展中,门票经济逐渐向旅游产业经济转变,旅游产品从基础观光模式逐渐升级到旅游体验模式,文化内涵不断加深。文化可以借助旅游从虚到实,而旅游可以通过文化实现产品升级。文化与旅游产业业态的融合发展,使得"诗和远方走在了一起"。浙江省文化旅游资源丰富,文化产业发展基础雄厚,为文化旅游产业的发展奠定了良好基石。浙江省旅游与文化的融合发展已相当紧密,体现在机构融合的顶层设计、理念融合的整体规划和产品融合市场实践,浙江经验探索出一条能实践、可实践的文旅融合发展之路。

### (一)顶层设计——文旅机构"心"融合

顶层机构整合,助推两大产业融合。在国家新一轮机构改革中,原文化部与原国家旅游局的职责被整合,组建文化和旅游部,统筹推动文化事业和旅游产业的融合发展。2018年10月,浙江省挂牌成立文化与旅游厅。文化与旅游两个部门合并,对于加强党的全面领导,增强和彰显文化自信，统筹文化事业、文化产业发展和旅游资源开发，具有重要的现实意义和深远历史意义。

浙江省文旅厅不断强化融合发展理念，高质量做好文化和旅游的"融合"文章。一方面，按照省委确定的机构改革步骤、时限和要求，省文旅厅着力推进原文化与旅游机构在发展理念、队伍建设、工作载体、保障体系等方面的融合，推动文化和旅游领域的资源、平台、项目、活动、功能和技术等方面的整合，既注重抓好班子和人员办公上的集中，又注重推动班子和人员心灵上的相通，把"我"和"你"变成"我们"，更好地凝聚两方的力量；另一方面，以机构融合着力推动理念融合、业务融合，按照"宜融则融、能融尽融"的原则，用文化的理念发展旅游，用旅游的载体传播文化，促进文化旅游融合发展，推动发挥"1+1>2"的融合效用。

文旅融合发展是全域旅游发展的内在要求，文旅机构整合为全域旅游发展强化体制保障。整合管理机构是深化文旅体制机制改革的重大举措，有助于加快文旅重大项目建设，推进国家全域旅游示范区建设。在机构整合的基础上，浙江省树立"文化、旅游一盘棋"的思想，立足全省的实际情况，推动文化与旅游的融合发展。文化与旅游厅的设立，不仅在行政机构上实现文化与旅游的全面融合，还有效扫除了文化和旅游产业发展的机制障碍，进一步推动文化与旅游原有产业边界的相融，围绕文化浙江、"诗画浙江"的建设目标要求，将文旅产业打造成浙江省全域旅游发展工作的重要支撑、全省经济高质量发展的新引擎。

## （二）理念设计——以规划整合文旅

在文旅机构的引领下，文旅产业发展始于文旅融合理念，兴于融合理念下的合理布局规划。《浙江省旅游发展"十三五"规划》《浙江省红色旅游发展"十三五"规划（2016—2020年）》和《浙江省诗路文化带建设规划》等规划建设方案出台，从整体和专项的角度为文化和旅游的融合发展提供了建设思路，使浙江省文化和旅游的协调发展有章可循。

充分挖掘并发挥全域各地历史文化、地域民俗等文化资源的旅游功能是文旅融合发展的工作重心。《浙江省旅游发展"十三五"规划》指出，在深度发展文化旅游方面，到2020年，要培育一批文化旅游示范区和非物质文化遗产旅游景点景区，建设一批博物馆、文化创意园区（街区）A级景区，打造一批具有浙江特色的文化旅游品牌线路，开发一批具有地域文化特色和科技、艺术含量的旅游演艺产品。例如，宁波市象山县充分挖掘和包装"渔文化""丹文化"资源，开发具有象山特色的文化体验类旅游产品，包装推出旅游文艺演出和节庆活动。南以石浦为中心，做足做大"渔文化"，构建富有特色的环石浦港渔文化旅游区；北以丹城为中心，成立象山徐福研究会，启动"丹文化"研究，做好历史文化街区、村落以及抗倭、抗清遗址的保护、开发、利用工作。通过修建休闲大道，南北呼应，串联起全域各个景区景点，一幅"休闲象山，渔开天下"的全域画卷已然形成。

红色旅游是浙江省推动"历史文化传颂＋旅游"融合发展的重点专项工作。《浙江省红色旅游发展"十三五"规划（2016—2020年）》推出红色旅游景区的"13810"计划，即在"十三五"期间打造"一核、三地、八区、十线"。"一核"指打造一个红色旅游核心景区——嘉兴南湖景区；"三地"是建成三个国家级红色旅游研学示范基地，包括浙北新四军苏浙军区旧址群、浙东（四明山）抗日根据地旧址群和浙南（平阳）革命根据地旧址群；"八区"即提升包括浙南（永嘉）红十三军红色旅游景区、泰顺县中共浙闽边临时省委成立旧址等在内的八个景区；"十线"是开发十条红色旅游经典线路产品，如"红色浙江"之旅、"浙南红军寻踪"之旅等。红色旅游发展促进资金的来源以政府投入为主。省级财政设立"省级红色旅游发展专项资金"，每年投入3000万元作为红色旅游景区项目的引导资金，支持纳入规划的红色旅游景区（点）建设发展。对红色旅游的发展进行全省范围内的统筹规划，充分挖掘了红色旅游的文化内涵，通过重点建设提升及"红、绿、蓝"的产品结合，有效解决了产品线路单一和吸引力不足的问题，促使文化与旅游有机融合。

诗路文化带是浙江省开展"非物质文化保护＋旅游"融合发展的重点专项工作，也是浙江省建设大花园、推动全域旅游创建的关键内容。按照《诗路文化带建设规划纲要编制工作方案》确定的规划体系，诗路黄金旅游带专项规划包括"浙东唐诗之路""钱塘江唐诗之路"和"瓯江山水诗之路"三条诗路的黄金旅游带规划。规划坚持综合保护与科学开发相结合、山水布景与文化传承相结合、统筹谋划与培育特色相结合，以及业态升级与民生改善相结合的原则，就唐诗之路空间范围、历史遗存和自然生态保护、沿线旅游业发展现状与问题、沿线文化旅游相关产业布局、精品线路设计等课题进行深入研究。三条诗路黄金旅游带打破了区市的地域和行政界限，以文化元素为串联，不仅深化了旅游资源的文化属性，还挖掘发扬了一大批浙江省非物质文化遗产、文化形式和内容，使之在旅游业的带动下重新焕发活力，重放光彩。

### （三）文化产品——文旅融合大放异彩

在文化旅游产业全域发展的总体要求指导下，浙江省涌现了一批文旅融合产品的成功典范，如杭州的宋城演艺和嘉兴南湖的红色旅游。

#### 1. 宋城演艺

宋城演艺是文旅融合发展的典型，其转型突破也是全域旅游战略思路制胜的表现。宋城演艺发展股份有限公司于1994年在杭州成立，注册资本6000万元。1996年首个宋城景区开园。2010年12月，宋城演艺作为国内演艺第一股在深圳交易所挂牌上市。

目前，宋城演艺已经拥有《宋城千古情》《三亚千古情》《丽江千古情》《张家界千古情》《中华千古情》等千古情系列演出。依靠"主题公园+文化演艺"模式,宋城演艺从一个默默无闻的民营企业,成长为中国文化企业30强。年报显示,2017年宋城演艺旗下的杭州、三亚和丽江项目,分别实现营收7.84亿元、3.34亿元和2.24亿元,占比分别为25.94%、11.04%和7.40%。

宋城异地景区的快速扩张和高收益充分展现了文化对景区发展的重要意义。2018年1月17日,在全域旅游思想的指导下,宋城演艺及宋城集团与嘉善县人民政府及嘉善县西塘镇人民政府签订了《西塘·中国演艺小镇项目战略协议书》。西塘·中国演艺小镇规划用地约5000亩,项目拟投资额达到200亿元,是宋城集团在以往"主题公园+旅游演艺"核心模式上的超级综合项目的提升版本,包括主题公园集群、民宿度假及主题酒店集群、剧院集群、艺术街区、科技体验博览、休闲商业区和艺术培训、演艺基金等业态,并将举办艺术节、戏剧节、音乐节、狂欢节等主题节庆活动。旅游产品逐渐从单一景区游览向全域旅游发展。

**2. 嘉兴南湖的红色旅游**

嘉兴南湖的红色旅游,成功打造了"南湖红船"的旅游品牌。基于"中国共产党第一次全国代表大会会址"的特殊历史地位及象征意义,嘉兴南湖孕育出了独特的"红船精神"。2005年,时任浙江省委书记习近平首次将"红船精神"阐释为:开天辟地、敢为人先的首创精神,坚定理想、百折不挠的奋斗精神,立党为公、忠诚为民的奉献精神。2017年10月31日,在党的十九大胜利闭幕一周之际,习近平总书记带领中共中央政治局常委来到浙江嘉兴瞻仰南湖红船,学习"红船精神"。紧紧围绕"红船精神"这个红色文化内核,通过提升红色旅游品质、打造丰富红色旅游产品体系等多样举措,嘉兴走出了一条东部发达地区红色旅游提升发展之路。

首先,在旅游品质提升方面,为破解"红船"所在地南湖景区交通不畅的难题,嘉兴实施航道外移、沿线建筑外立面改造等工程,开通71路红

色旅游专线,形成具有江南水乡特色的内部旅游交通体系;为加快红色旅游资源全域整合,嘉兴投入50多亿元,对南湖核心区、古城历史街区、环城古运河等资源进行开发建设,使南湖景区由单一的"一湖一岛一馆一船",发展成为"一湖二河三街区"综合性历史文化景区;为拓展红色旅游外部空间,嘉兴加快推进市区南湖湖滨片区、子城片区、月芦文杉片区等一批重大文旅项目建设。

其次,在旅游产品体系打造方面,嘉兴紧紧抓住"迎接党的十九大"和"红船精神"主题教育活动热点,不断完善"水上党课"和"重走一大路"两大主力红色旅游产品,策划推出"不忘初心"之旅,开展爱国主义教育,形成了"不忘初心——嘉兴红色之旅圣地游""水乡走心——江南水乡古镇风情游""滨海随心——杭州湾滨海休闲游"等主题游路线,积极推进"红色经典、运河文化、古镇休闲、滨海观潮、温泉养生"五大核心吸引物融合发展。在"红船精神"的指引下,嘉兴旅游迈上了一个又一个新台阶。2017年,嘉兴市共接待海内外游客9214.81万人次、实现旅游收入1026.09亿元,同比分别增长16.7%和20.6%。

### (四)文旅实践——全新协力促融合

在全省铆足劲头发展全域旅游的背景下,浙江各地市纷纷将文旅融合摆在重要位置,不仅做"活"文化内涵、做"新"特色产品,还做"富"发展规划、做"大"社会投入、做"强"宣传推广、做"优"综合管理,使文化发展充分对接全域旅游。例如:

金华市积极探索"旅游+文化"管理机制。继武义县成立旅游委员会之后,2017年,东阳建立了东阳市文化旅游系统工作委员会,明确了东阳市文化旅游发展委员会办公室主要职责、内设机构和人员编制,建立了"综合协调、高效服务"的文化旅游管理新机制,明确市文旅办作为市文旅委常设机构,是主管全市文化艺术、文化文物、旅游业和风景管理的市委、市政府工作部门,主要职能为探索"旅游+文化"产业协同、部门联动、跨行业资源综合保护和旅游形象统筹推广机制改革。

绍兴市将文化元素充分纳入旅游业发展规划当中,计划将会稽山旅游度假区建设成国家文化公园,使之成为世界知名文化旅游目的地和国家文化公园;在古城区建立鲁迅故里文化走廊,逐步打造以"一里两园"为核心的旅游景区,并辅之以内河水上乌篷船,逐步串联起历史街区和环城河;将兰亭打造成为当代书法精品展示基地,集观光、休闲、度假、养生于一体,将镜湖旅游综合体打造成绍兴旅游"北闲"的集散地,兰亭和镜湖将成为绍兴文化旅游发展新两翼。

衢州市结合文化紧抓市场推广。围绕衢州文化旅游的品牌形象,组织实施了"全球免费游衢州"活动,推动全市核心文化旅游资源向全球公民免费开放;将体现衢州特色的文化产品纳入国内外旅游推广计划,积极参加省级以上单位组织的文化旅游活动,不断扩大衢州文化旅游品牌覆盖面和影响力;通过节庆会展、影视创作、主题宣传、网络推介等形式,加强对衢州文化和旅游产业的宣传推广。

浙江各地因地制宜,推动传统文化与旅游市场深入融合,助力各地旅游实现差异化、个性化发展,也增强了浙江旅游及本土文化"走出去"的自信和底气。

## 第六节 三产融合构建全新业态

如果说"旅游+"体现的是旅游业寻求与相关产业相融发展的努力，那么"+旅游"则是其他产业与旅游业的主动融合、合力联动。"+旅游"不是"产业+旅游"的简单叠加，而是一种产业化程度的提升，是多方面、多范围的产业重塑与再造。在浙江省的"产业+旅游"发展浪潮中，现代农业、新型工业以及新生活方式都在积极寻求与旅游的结合，这种转型机制顺应了时代潮流，取得了良好成效。

### 一、旅游+农业

乡村是浙江的魅力所在，乡愁所系。全域旅游是释放旅游业综合效应、共享旅游发展红利的平台和载体。随着全省全域旅游建设的推进，浙江美丽乡村正从一处美迈向一片美，从一时美迈向持久美，从外在美迈向内在美。田园综合体与村庄景区化是美丽浙江全域建设的重要探索。依托好山好水好空气和原生态，彰显乡味乡韵乡情，大力发展休闲度假、旅游观光、养生养老等产品与业态，以满足都市游客日益增长的多元、品质旅游消费需求。

浙江省在大花园建设的过程中，坚持突出发展乡村旅游，在注重自然环境、乡土特色、历史风貌保护和传承的基础上，开发建设特色鲜明的乡村旅游产品，带动百姓增收致富；在坚持保护生态、传承文化和不损害农民利益的前提下，支持鼓励农民以自办民宿、出租入股、直接就业乃至销售农产品等方式参与产业分工来分享经济红利。随着省域大景区、大花园建设的不断推进，农村基础设施进一步完善，浙江全域旅游率先迈入

"村"时代。据浙江省文旅厅数据显示,仅2017年全省就培育创建了2236家A级景区村庄和285家3A级景区村庄,参与乡村旅游就业创业的农民近10万人。

## (一)田园综合体引领乡村振兴

田园综合体是集现代农业、休闲旅游、田园社区为一体的乡村综合发展模式,目的是通过旅游助力农业发展、促进三产融合的一种可持续性模式。2017年2月5日,"田园综合体"作为乡村新型产业发展的亮点措施被写进中央一号文件。同年7月,浙江省农业综合开发办公室印发了《浙江省2018年农业综合开发产业化发展项目申报指南的通知》,鼓励符合条件的农业经营主体申报田园综合体项目。当下,田园综合体被看作是推进农业供给侧结构性改革、新型产业发展,实现中国乡村现代化、新型城镇化以及经济社会全面发展的一种可持续模式。

**1. 着力"融合",打造乡村振兴的先行区**

2017年,浙江省被列入全国首批田园综合体建设试点省份,安吉县"田园鲁家"田园综合体和柯桥区"花香漓渚"田园综合体入选15个国家级田园综合体试点范围。以此为契机,浙江省结合自身实际,按照高起点、高水平、有规模、有特色的要求,制定具有浙江特色的田园综合体实施方案,积极探索乡村振兴的有效实现途径。

一是突出农业、农村、农民"三农"融合。把加快发展现代农业、建设美丽乡村和增进农民福祉作为田园综合体创建的主攻方向,着力在深化三者融合上下功夫,健全乡村治理体系。

二是突出生产、生活、生态"三生"融合。注重乡村多功能的发挥,以农业生产功能为基础,充分挖掘农业农村的生态、生活功能,传承和挖掘农耕文化、乡土文化,推进美丽乡村建设,发展乡村旅游、文化创意、健康养生等产业。

三是突出农村一、二、三产业融合。在强化一产的基础上，发展精深加工、营销服务、休闲观光、创意农业等二、三产业。突出经营主体培育，完善企业、村集体、合作社、农民之间的利益共享机制，充分发挥市场主体在产业发展和实体运营中的作用，形成农村三产融合、农民广泛参与的新型产业体系。

**2. 发挥地方特色，优化实施方案**

安吉县将两山学院建设作为鲁家田园综合体建设的重要内容，着力将安吉鲁家两山学院打造成"绿水青山就是金山银山"理念的实践基地、农村综合改革的研究基地。柯桥区发挥特色产业优势，进一步完善和细化"花香漓渚"规划设计方案，确定以建好千亩花市、千亩花苑、千亩花田"三个千亩"项目为抓手，打好"美丽经济、田园生态、乡愁人文"三张牌，做好"花业繁荣""花乡秀美""花农富裕""花游兴盛""花溪老街"的"五朵花"文章。

**3. 突出重点建设，加快项目进展**

安吉县全面加快"一环三中心"项目推进，加快推进景区停车场、水环境提升等配套建设。"一环"，即火车环线沿线景观提升，目前已完成；"三中心"，即培训中心（两山学院）、产品展示中心（家庭农场产品展示和销售区）、产业示范中心（农业高科技示范园）。

柯桥区重点围绕"生产、生活、生态"三大体系，加快项目推进。围绕生产体系，由村集中流转收储用于千亩花市、千亩花田、千亩花苑三个项目建设；围绕生活体系，打造3A级景区，改造提升精品民宿，改建提升农旅融合基础设施；围绕生态体系，开展项目区土地流转后土地质量提升工程。

## （二）特色农业强镇推动品质发展

以建设特色农业强镇助推农旅融合发展。2016年，浙江省粮食安全和推进农业现代化工作协调小组和农业"两区"办公室发布《浙江省农业产业集聚区和特色农业强镇建设实施方案》和《农业产业集聚区和特色农业强镇创建导则》。文件指出，特色农业强镇要以地方特色产业为基础，农旅融合发展为主线，依托生态资源优势和历史文化内涵，通过开发农业多功能，加快发展休闲、创意农业，促进生产、消费、体验互动，实现"三生"（生产、生活、生态）有机融合和"三农"（农村、农业、农民）统筹发展。在《实施方案》中，规定特色农业强镇的主要目标之一是"农旅融合"，要求休闲农业、创意农业等新型业态快速发展，建成2个以上有一定知名度的休闲农业观光点，年接待游客20万人次以上，休闲农业年总收入5000万元以上。计划到2020年，全省还将规划建设100个左右的特色农业强镇。

台州市黄岩区北洋果蔬农业强镇属于第一批省级特色农业强镇创建单位。通过三大产业融合的探索实践，台州市黄岩区北洋果蔬农业强镇把产业链、价值链等现代产业组织方式引入农业，打造了蓝莓庄园、生态农场等项目，促进种植、加工、流通、销售全产业链共同发展，推动区域传统农业向效益农业、观光农业转型。每到春节期间，蓝莓庄园每日人流量保持在2万人次左右，带动周边农家乐的营业额翻了几番。黄岩区计划投资20亿元，将该地升级打造为一个集农业生产、研发、技术推广、休闲、观光、度假于一体的综合性特色农业观光小镇，最终建成年接待游客50万人次以上的4A级旅游景区。

特色农业强镇建设是立足于地方特色农业，推进"农业＋旅游"共同发展的具体行动，在拓宽农业产业链的同时，带动了整个区域的产业增长，成为浙江省全域旅游建设中产业融合的一颗明珠。

## 二、旅游＋工业

工业旅游是将工业与现代旅游业有机结合，以工业生产过程、生产工艺、工厂风貌、工人工作生活场景以及工业遗址等为主要吸引物的旅游活动，可以使旅游者获得相关知识和体验，为工业企业带来工业之外的收益，产生更大的经济、社会和文化效益。浙江省是中国民营经济的先行区，经过几十年的发展，培育了一大批拥有较高知名度的品牌。这些品牌成为浙江省发展"新型工业化＋旅游"的良好基础。截至2018年，已有12个地市共101家工业旅游示范基地通过评定。当前，浙江省不少企业仍处于产业结构转型升级期，如何丰富优化产品、延长产业链条成为很多企业的共同课题。"工业＋旅游"的形式为企业的结构转型升级提供了新思路和新方法。一些地市结合旅游市场发展及消费者需求，创新工业旅游的产品，强化互动体验，涌现了达利丝绸、嘉善巧克力等一批工业旅游特色产业形式。

达利丝绸世界旅游景区是以丝绸文化工业旅游为主题的4A级旅游景区，隶属原国家旅游局公布的国家工业遗产旅游基地名录。景区将丝绸工业创意研发、文化体验与观光旅游相结合，打造了"文化园林＋博物馆＋工厂旅游＋生态体验＋休闲购物"于一体的全新旅游模式，为中国纺织行业转型升级提供新的蓝本。达利丝绸（浙江）有限公司副总经理张金珍指出，"做好工业旅游，首先要走出认知误区。工业旅游并非工业与旅游的简单叠加，不能只简单地开放厂区、矿区，让游客看看生产线、听听企业发展史等，要真正将工业企业文化、产品文化融入旅游过程。"达利丝绸世界旅游景区不断探索工业旅游发展之路，积极将文化创意设计与传统丝绸产业相融合，从丝绸文化入手，深挖丝绸精髓，通过将丝绸承载的历史性、传承性、文化性、故事性与当前丝绸产业的现代化、科技化、创新性、时尚性融合，推进"文化产业化、产业文化化"，实现由传统丝绸工业向丝绸文化旅游迈进。同时，该景区还紧抓城市改造契机，打造丝绸文化旅游精品项目，推进"工业＋旅游"进一步融合。

歌斐颂巧克力小镇位于嘉善县大云镇，是国内首家集巧克力产品生产研发、科普展示、游乐研学、亲子娱乐、休闲度假等功能于一体的特色小镇和创新经济综合体，小镇在规划设计、发展理念方面引进国外先进成熟工业旅游模式的基础上进行创新，从一般性的工业旅游拓展为巧克力特色小镇、巧克力文化主题旅游、巧克力文化创意相结合的特色旅游景区，它以乡村田园风光为背景，建成国际一流的巧克力生产流水线，以巧克力"文化创意"为核心，拓展巧克力文化体验、养生游乐、休闲度假等功能。歌斐颂巧克力小镇充分发挥在巧克力生产、巧克力文化普及方面的专业知识，向广大中小学生普及巧克力和可可相关知识，实现旅游与研学的完美融合。小镇先后被评为上海市民终身学习体验基地、上海市学生社会实践基地、浙江省中小学生研学实践教育基地、浙江省文化产业示范基地、浙江省生态文化基地、浙江省科普教育基地、浙江省成长型文化企业。作为嘉善巧克力甜蜜小镇的重点项目之一，歌斐颂巧克力小镇在2018年成功创建成为国家4A级旅游景区，2018年小镇接待游客人数首次突破100万人次。

## 三、旅游＋新生活方式

旅游与新生活方式的结合既可以满足人们"日益增长的对美好生活的需要"，同时也是旅游业自身提升内涵、转型升级的需要。在全域旅游的推进过程中，旅游风情小镇和民宿新经济成为浙江省全域旅游产业融合的亮点。

### （一）旅游风情小镇展露"风情"

随着消费的升级以及大众生活方式的改变，人们已不满足于逛景点式的观光旅游和固定行程的团队旅游，求新、求异、求体验逐渐成为人们新的生活方式和出游方式。离开常住地，体验自己未曾经历过的生活方式，成为当今旅游的潮流。旅游风情小镇正是契合这一趋势而出现的新事物。

旅游风情小镇从本质上讲是复合型开放式的旅游景区，是当地居民与游客共建共享的生活空间。在2016年浙江省政府办公厅发布的《浙江省旅游风情小镇创建工作实施办法》中，旅游风情小镇的打造首先是以拥有独特的自然风景、建筑风貌、节会风俗、特产风物、餐饮风味和人物风采为前提，以满足人们在出游过程中对"新、奇、特"事物的追求；其次是要以旅游休闲为主导功能，打造环境和谐、风情多彩、配套完整、保障有力的区块，以满足人们在体验过程中对于"便利、舒适、休闲"生活状态的需求。

旅游风情小镇能有效改变乡村生态面貌、经济社会发展方式、产业要素流动方向，有助于消弭城乡基建鸿沟。截至2018年，浙江省已通过首批14个、第二批28个、第三批37个旅游风情小镇。通过文化挖掘、文脉保护和旅游植入，浙江省旅游风情小镇使乡韵、乡土、乡愁、乡风得以有灵魂地延续和升华，不仅美在形，更美在魂。这些旅游风情小镇成为赴浙游客欣赏浙山水、品读浙文化、感受浙乡愁的重要目的地，也为浙江省着力打造"诗画浙江"中国最美旅游目的地提供重要助力。旅游风情小镇已成为浙江省全域旅游发展的主战场之一。

### （二）民宿新经济创造"新生活"

民宿的前身是农家乐，是伴随着乡村旅游的兴起，由农民利用自有房屋提供住宿功能的接待设施。随着市场对住宿条件要求的提升，民宿应运而生。"为一间房赴一座城"，是当前人们新生活方式的一种体现。在全域旅游时代，乡村民宿已不仅仅是乡村旅游的配套，其本身也成为极具吸引力的旅游吸引物，撬动"民宿＋"新经济发展。全域旅游思路下的城乡互动是浙江民宿发展的重要亮点，形成具有开篇意义的全域旅游民宿产业发展模式。民宿已成为浙江省旅游产业发展的一面靓丽旗帜。截至2017年年底，浙江省公安系统登记在册的民宿有16233家，全省民宿总床位超过15万张。统计范围内浙江省民宿经营前总投资192.6亿元，总营业收入53.5亿元，直接就业人员9.8万人。

浙江省率先探索出推动民宿经济有序发展的系列有效举措。2016年，浙江省发布《浙江省旅游条例》，在全国率先将民宿列入地方性法规范畴，并于年底发布《关于确定民宿范围和条件的指导意见》；2017年9月，原浙江省旅游局牵头起草首个国家旅游民宿行业标准，发布高于国家行业标准的《民宿基本要求与评价》浙江地方标准；2018年初，又组织开展首批浙江民宿等级评定，成立了省民宿产业联合会。2013年至今，浙江省11个市和63个县（市、区）陆续制定并实施了120个民宿相关政策文件。自2017年3月，原浙江省旅游局全面启动民宿统计和调研工作，开发"民宿管理信息系统"，走村入户调研纠偏，完成省域内一万余家民宿信息录入工作。通过民宿信息平台的搭建，浙江省旅游管理部门摸清了家底。2017年，浙江省70%以上的民宿取得了特种行业许可证，从政策上破解了民宿合法经营难题。2018年5月30日，浙江省发布国内首部民宿蓝皮书——《浙江民宿蓝皮书2017》。蓝皮书涵盖了浙江民宿发展概况、市场供需分析、发展重点话题、发展趋势与展望、浙江民宿政策、法规与标准、全年度重要事件等内容，深入阐释浙江民宿行业特点和发展趋势，剖析全省精品民宿发展的实践经验。

民宿品牌化发展推动了浙江省"旅游＋乡村"的融合发展由简单的"加法"模式向全方位的"乘法"模式转变，由粗放低效向集约高效转变，体现了全域旅游的发展精髓。民宿领域成为浙江省双创的巨大舞台，不仅有本地本区域居民参与，更有外来投资者以及连锁品牌的输入，实现了众创、众筹的联动效应。基于自身资源环境条件，浙江省注重民宿的错位发展，打造自然生态型、文化体验型、休闲度假型、高端体验型等民宿集群产品，从而满足大众旅游时代的多元化需求。如嵊泗县构建了金字塔式的民宿，体现了全域旅游的全面化发展原则：本地渔农户经营普通的家庭旅馆，返乡大学生或民居二代业主倡导主题个性民宿，外来精英则主要打造具有高雅文化品位与优质服务的精品民宿。此外，浙江省注重打造和培育特色民宿品牌，杭州西湖民宿、乌镇民宿、德清莫干山民宿等品牌有口皆碑，发挥出巨大的民宿品牌效应，极大地带动全域旅游的发展。

# 第三章
# 转型者的机制

从长期来看，全域旅游是一项复杂的系统性工程，必须把机制建设和创新作为主线。只有建立长效化的机制，才能充分发挥政府的调控作用，完善全域旅游的整体设计。

浙江旅游业坚持以"创新、协调、绿色、开放、共享"五大发展理念为引领，在改革创新中增强发展动力，在优化布局中推进全域发展，在平台建设中加快集群发展，在精准施策中做强乡村旅游，在融合发展中丰富产品供给，在行业转型中提升产业素质、在配套完善中提升公共服务，在品牌建设中扩大市场份额，在开发合作中加快发展步伐，在惠及民生中彰显社会功能，把全省当成一个大景区来规划布局，把旅游业作为全省发展的重点产业打造。

时至今日，浙江省已基本形成"结构围绕旅游调、产业围绕旅游转、项目围绕旅游造、功能围绕旅游配、民生围绕旅游兴、形象围绕旅游营"的全域旅游发展机制，旅游业作为全省战略性支柱产业的地位不断深化。

# 第一节 浙江"全域旅游"工作的推进机制

推进全域旅游，关键在于"规定动作做到位，自选动作求特色"。"规定动作"就是要按照创建工作指南和标准要求落实到位，"自选动作"则是要求创新、出经验。通过实践，浙江省在体制机制方面取得了符合发展实际而又丰富多彩的做法，创造出引领全国的典型示范，为全域旅游在机制保障方面提供了很好的浙江经验。

## 一、省委、省政府立意高远、统筹谋划

紧紧围绕"以大花园建设推动'全域旅游'，把浙江全省打造成为全国领先的绿色发展高地、全球知名的健康养生福地、国际有影响力的旅游目的地"的发展目标，浙江省委、省政府出台多项政策文件，完善法规条例，全力推进全域旅游发展。

浙江省委、省政府高度重视全域旅游的发展建设。省政府批复《浙江省全域旅游发展规划（2018—2022年）》，将"全域旅游推进工程"列入大花园建设五大行动。其中"四条诗路"和5A级景区创建工程列为大花园建设十大标志性工程，旅游厕所列入省政府民生十大实事。为了实施《浙江省大花园建设行动计划》，实现全面建成"诗画浙江"、中国最佳旅游目的地的发展新蓝图，浙江省、委省政府高站位统筹谋划，以规范和保障全域旅游各项工作的开展与落实。省政府相继发布《关于加快培育旅游业成为万亿产业的实施意见》《关于加快特色小镇规划建设的指导意见》《关于进一步促进旅游投资和消费的若干意见》《关于旅游风情小镇创建工作的指导意见》等政策文件，对全域旅游发展工作做出具有前瞻性、针对性的战略

部署与规范指导（表3-1）。

表3-1 浙江省政府发布的旅游相关政策文件

| 时　　间 | 政策文件 | 主要内容 |
| --- | --- | --- |
| 2018-05-22（批复） | 《浙江省全域旅游发展规划（2018—2022年）》 | 实现将"诗画浙江"打造成为中国最佳旅游目的地和有较大影响力的国际旅游目的地的总体布局、战略部署、系统规划等 |
| 2016-11-29 | 《关于旅游风情小镇创建工作的指导意见》 | 明确旅游风情小镇创建的总体要求、创建要求与程序等内容 |
| 2016-04-19 | 《关于进一步促进旅游投资和消费的若干意见》 | 部署改革创新促进旅游投资和消费工作 |
| 2015-05-04 | 《关于加快特色小镇规划建设的指导意见》 | 明确特色小镇规划建设的总体要求、创建程序、政策措施、组织领导等内容 |
| 2014-11-21 | 《关于加快培育旅游业成为万亿产业的实施意见》 | 对将旅游业培育成为浙江省战略性支柱产业和万亿大产业的任务要求与保障措施 |

作为国家旅游局确定的首批全国全域旅游示范省创建单位，浙江省秉承以旅游发展为重要推手的理念，将全域旅游工作推进融入全省"两个高水平"建设，奋力推动贯彻实现"四个'有所作为'"：在践行"绿水青山就是金山银山"理念上有所作为，在实施乡村振兴战略上有所作为，在加快供给侧结构性改革上有所作为，在满足人民日益增长的美好生活需要上有所作为。在省委、省政府的全心指导与全力支持下，浙江省以县为单位全面推进全域旅游示范县（市、区）创建工作，将全域旅游示范县纳入省政府表彰项目。省旅游局发布的《浙江省全域旅游示范县（市、区）创建工作实施意见》成为全域旅游领导小组的文件，统领工作推进与实施。浙江被列为全国八个全域旅游示范省创建单位之一，全省共有19个市县被确定为国家全域旅游示范区创建单位。在各地推荐上报基础上，25个县入选浙江省全域旅游示范县（市、区）创建名单。全域旅游示范区的创建有力推动了"两美浙江"建设和全省旅游业转型升级、提质增效、科学发展、全面发展，助推浙江省全面建成"诗画浙江"、中国最佳旅游目的地。

## 二、省级各单位通力协作、合力推进

在省委、省政府出台多项支持旅游政策和加大旅游重大发展方向研究的同时，省级各单位纷纷与省文旅厅协力联合推进，为全域旅游的创建发展保驾护航（表3-2）。

表3-2　浙江省级各单位开展的旅游联合工作内容

| 单　位 | 主要工作 |
| --- | --- |
| 省农业农村厅 | 积极推进全省万村景区化的创建工作和民宿经济的发展 |
| 省发展改革委 | 领头特色小镇培育工作，支持旅游规划与旅游项目 |
| 省财政厅 | 增加旅游投资，增加旅游发展资金 |
| 省国土厅 | 开展旅游差别化用地试点、坡地政策试点，保障旅游重点项目建设用地 |
| 省交通运输厅 | 协同推动旅游与交通的融合发展，构建打造快行慢游的综合交通网络体系 |
| 省统计局 | 协助开展全域旅游统计业务工作与统计改革 |
| 省环保、住建、水利、林业、商务、海洋等部门 | 共同培育旅游新业态 |
| 省公安、卫计、工商、质监等部门 | 加强旅游市场秩序和安全监管 |

省农办大力支持全域旅游建设，联合省旅游局制定了《浙江省A级景区村庄服务与管理指南》，推出100条"休闲农业和乡村旅游精品线路"，积极推进全省万村景区化的创建工作和乡村民宿经济的发展，共同指导全省乡村以全域旅游理念进行规划、开发、建设，切实提升乡村生活品质与乡村旅游品质。

省发改委领头设立特色小镇规划建设工作联席会议办公室，大力支持特色小镇旅游元素培育，狠抓质量、力求实效，扎实奋力推进高质量建设，积极支持全省旅游规划和旅游项目。

省财政厅增加旅游发展资金，设立了基本公共文化服务重点市县补助资金、文化遗产保护专项基金，扶持与补助公益性旅游项目建设，支持与奖励重点重要项目开发发展。

省国土厅积极开展旅游差别化用地试点、坡地政策试点，保障旅游重点项目建设用地。

省交通运输厅根据浙江省第十四次党代会的"大通道建设"决策部署，与省文旅厅联合出台《关于加快推进交通运输与旅游融合发展的实施意见》，签订《共推浙江万亿旅游大产业发展战略合作备忘录》，编制《浙江省旅游交通专项规划》，为加快浙江旅游交通发展和打造高水平旅游万亿产业提供纲领性的支撑以及方向性的指导，着力打造美丽经济交通走廊、构建美丽旅游交通网络体系，推动浙江全域旅游发展。

省统计局积极协助省文旅厅建立和完善适合浙江省情的旅游统计方法制度，协同制定了《旅游产业测算方案》《特色小镇统计监测方案》《乡村旅游统计制度》，大力支持全域旅游统计业务工作与统计改革。

省环保、住建、水利、林业、商务、海洋渔业等部门与省文旅厅共同抓好乡村旅游、海洋旅游、运动休闲、生态旅游、文化旅游、会展旅游、养生旅游等业态培育和发展；省公安、卫计、工商、质监等部门大力加强旅游市场秩序和旅游安全监管。

在省委、省政府高举全域旅游大旗的引领下，省级各部门、各单位充分认识到全域旅游发展的重大意义，主动谋划，积极参与，认真配合各项工作的开展，共同推进实现浙江省全域大花园建设的至美蓝图。

## 三、地方"一把手"工程：党政联动

浙江省全域旅游创建工作以县为单位全力推进。《关于开展"国家全域旅游示范区"创建工作的通知》显示，全域旅游示范区分为全域旅游示范县（含县级市）和全域旅游示范市（含地、州）。全域旅游的创建主体是各行政建制县、市（州）人民政府。浙江省申报地域尺度上以县为主，是全域旅游发展的空间保障，也是促进形成旅游发展的主体功能区。

各创建单位结合各地实际发展情况制订有针对性、实操性的发展办法和实施方案，探索殊途同归的全域旅游发展模式。各地的探索充满创新活力，因地制宜，突出特色，实事求是，大胆创新，在践行"绿水青山就是金山银山"理念的同时主动发挥主观能动性，走出各具特色的全域旅游发展路径，助力全省全域旅游的大发展。例如，地处浙江北部、坠在天目山下、嵌在太湖之滨的湖州市不断创新体制机制，积极探索乡村旅游驱动的全域发展模式。湖州市于2013年成立了由市长担任组长的专项改革领导小组，专门设立乡村旅游事业发展中心，并出台政策文件致力于乡村旅游发展体制机制、用地许可、业态引导、金融投资、管理创新等方面先行先试。在用地上，湖州市编制了《湖州市旅游用地专项规划》，通过盘活存量、农房改造等系列创新措施，推动旅游项目快速落地。在标准体系上，湖州市先后编制了《湖州市乡村旅游发展规划》《湖州市乡村旅游集聚区产业发展专项规划》等规划，制定了《湖州市乡村民宿管理办法》，出台了乡村旅游集聚区、示范村、示范农庄、示范专家和示范洋家等五项认定标准，并且提供逾2亿元的旅游发展专项资金，其中80%用于乡村旅游建设。

在打破制约全域旅游发展的核心掣肘方面，湖州市德清县走在全省前列。德清县坚定不移践行"绿水青山就是金山银山"理念，以打造全域旅游示范县为目标，县委书记、县长亲自挂帅，成立创建县旅游工作领导小组，召开创建动员大会，出台实施方案，对标对表、扎实推进，形成了全县上下合力创建的良好氛围。德清县率先开展"农地入市""坡地村镇"试点、宅基地"三权分置"等多项改革探索，破解了长期以来旅游用地规模大、供地难的问题；县政府与莫干山管理局建立联席会议机制，不定期召开专题联席会议，推动山上山下联动发展；出台国内首部地方民宿管理办法，创新实践民宿联合审批验收机制，破解民宿审批管理缺失问题；成立文旅产业招商组，由分管副县长任组长，对旅游投资项目实施预评价机制，把控项目引进质量；此外，出台了《德清县智慧旅游三年行动计划》，结合全县城市大脑建设工程，建设智慧旅游系统，实现旅游服务、数据采集、应急指挥、安全管理、智慧营销等功能的数据化、智慧化，用智慧化赋能全域旅游的发展。

### 四、管理制度改革创新

旅游业的发展壮大离不开众多行业，同时，旅游业的发展也带动了国民经济和社会各行各业各部门的发展。旅游行政管理体制如何适应旅游业综合性、跨界性的特点，是一个世界性的课题。对于如何解决"小马拉大车"的问题，浙江省提出了自己的思路，主要包括五个方面："一个班子"统筹、"一张蓝图"绘就、"一本规划"统领、"一盘棋子"的管理体制，和"旅游项目管理一条龙服务、旅游市场营销一揽子运作、旅游综合执法一竿子到底"的工作机制，从根本上缓解"大产业、小部门"的管理体制矛盾问题，推动了相关产业的融合发展壮大，适应了全域旅游发展的新形势、新要求。

#### （一）"一张蓝图"绘到底，多规合一

浙江省在全域旅游发展过程中坚持以旅游为龙头，推进多规合一。在省级政府一级事权下，浙江省将全域旅游规划作为区域顶层设计，强化区域经济和社会发展规划、城乡规划、土地利用规划、环境保护、文物保护、林地与耕地保护、综合交通、水资源、文化与生态旅游资源、社会事业规划等各类规划的衔接，确保"多规"确定的保护性空间、开发边界、

城市规模等重要空间参数一致,并在统一的空间信息平台上建立控制性体系,以实现优化空间布局、有效配置土地资源、提高政府空间管控水平和治理能力的目标。

各县市也积极布局谋划美好蓝图。杭州市桐庐县以"县域大景区"为工作蓝图,秉承"不以规模拼大小,而以精致论高低"的理念,优规划、护生态、美城乡多措并举,坚持旅游产业规划与县域总体规划、城市规划、交通规划、生态规划等多规融合,做到旅游元素、景点标准、游客需求与其他项目建设统一规划、统筹实施。2016年,桐庐县实现旅游休闲养生产业增加值55.55亿元,占GDP比重达15%。2017年,桐庐县荣获"全国旅游系统先进集体"称号,2017年全国全域旅游创建工作现场会在这里召开。

### (二)找准不同"发力点",协调推进

全域旅游不是简单的全域开发,而是一种综合性的开发模式,有其发展规律。浙江省在全域旅游创建发展中,坚持"循序推进、分步实施",针对不同类型区域,找准不同发力点,因地制宜找到不同的主攻方向。讲求发展质量,不急功近利,不急于求成,不搞一刀切、一哄而上。宁可"荒",也不能"慌"。在不同阶段、不同区域制订有针对性的发展目标与战略安排,是浙江省全域旅游创建发展过程中的一大特点,也是浙江省全域旅游创建工作取得较好成效的一大保障。

#### 1. 全域旅游推进乡村扶贫与美丽乡村建设

浙江省在地理空间上呈现出"七山二水一分田",山区面积较大。通过将全域旅游创建与扶贫攻坚有机结合,整合各类资源、资金,浙江省全面改善乡村地区基础设施和公共服务,促进贫困地区脱贫致富。通过此前数年合力重点推进,浙江省已基本完成"扶贫"阶段,正积极谋划乡村的提质、升级发展。牢牢秉承"绿水青山就是金山银山"理念,浙江省注重将

保护生态与科学布局有机结合，从"美化环境"等基本工作切入，做好"面子"工程。

### 2. 全域旅游引领新型城镇化建设

浙江省将全域旅游作为都市核心区提升优化的战略平台和实现路径，创建一批大都市旅游示范区，使其成为城市社区、文化区、旅游休闲区、产业集聚区、现代商业区等多功能叠加的发展空间。

### 3. 全域旅游驱动国际旅游休闲中心建设

作为全省乃至全国全域旅游发展的重要样板，杭州市近年来围绕"国际重要的旅游休闲中心"目标，结合国家全域旅游示范区创建，逐步全面推进旅游国际化、旅游全域化。从2002年西湖景区开放在国内外引发热烈反响，到2011年正式将"全域旅游"写入旅游发展"十二五"规划，杭州市走出一条政府市场齐发力、分步探索全域化发展的路子。此后五年，杭州市在"旅游空间全区域""旅游产业全领域"和"旅游受众全民化"三个层面持续推进全域旅游建设，桐庐、淳安、建德等县区相继提出全域景区化、县域大景区、全县景区化等概念。2016年，杭州市成功列入首批国家全域旅游示范区创建单位名单。2017年，杭州市入选世界旅游组织评选的全球15个旅游最佳实践样本城市。在全域旅游发展过程中，杭州始终以"建设国际重要的旅游休闲中心"为发力点，基于各阶段所处的具体社会经济环境，制订每个阶段的工作部署和发展目标，以市县分类推进、分步实施，成就了全域旅游发展的"杭州样本"。

## （三）坡地政策：点状供地破解发展难题

随着新型工业化、城市化的深入推进，浙江省经济发展、城乡建设与耕地保护、占补平衡之间的矛盾日益突出，耕地保护面临多重压力。浙江省"七山一水二分田"的资源禀赋，以及当前更加严格的耕地占补平衡政策和生态环境保护政策，决定了不能再走一方面建设占用平原优质耕地，另一方面在山坡和滩涂上造田造地的老路子，需要充分利用和开发较为丰富的山地特别是低丘缓坡资源，解决用地两难问题。于是在2015年，浙江省组织实施了"坡地村镇"建设用地试点工作，经过三年努力，探索建立"开发与保护并重，建设与环境融合"的坡地开发利用新机制，走出了一条统筹"保耕地、保生态、保发展"的生态型土地利用管理新路子。"坡地村镇"试点项目的实施，为地方经济社会发展和生态文明建设释放出制度红利，形成了山区农民、政府和投资者多方共赢的良好局面。试点相关政策也受到基层的普遍欢迎，各地普遍要求将相关政策在面上推开。

根据要求，"坡地村镇"项目要避占耕地，通过点状布局、垂直开发的利用方式，做到"避占耕地、少占林地（园地）"，实施生态建设。开发项目不得涉及饮用水源保护区等环境敏感区、地灾隐患点或高易发区等禁止建设区域，确保生态与安全。开发项目必须符合国家发展生态经济的要求，满足当地经济社会发展的需求，适宜在低丘缓坡地上开发建设，选择与新型城镇化、美丽乡村建设、乡村休闲旅游及养身休闲度假等新业态相融合的项目，促进乡村振兴战略的实施。截至2018年底，全省已核准实施的166个"坡地村镇"试点项目中，9487亩土地均不涉及耕地，累计节约建设用地指标20655亩，预期项目亩均投资将达到900多万元。"坡地村镇"试点政策已转化为常态、普惠政策。

**（四）1＋3＋N：综合监管机制改革创新**

全域旅游的系统性、复杂性，对监管提出了更高要求。浙江旅游发展管理由原先部门行为、政出多头向现在的综合统筹推进转变，形成了地方政府、旅游管理部门以及企业协会齐抓共管的综合治理局面（图3-1）。

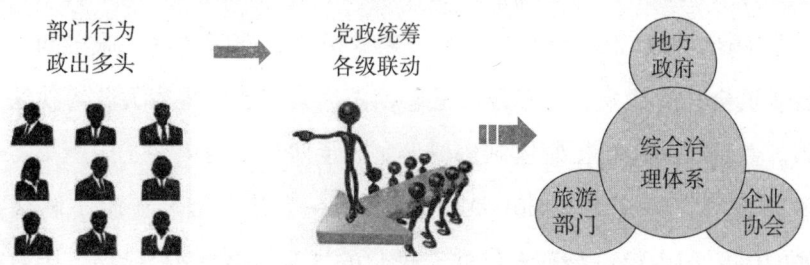

图3-1 浙江省综合监管机制转变图示

"1+3+N"模式的探索与实践，推动全域旅游市场的有序发展和有效监管。浙江省贯彻实施《中华人民共和国旅游法》《浙江省旅游条例》，不断完善旅游市场治理机制，加快依法治旅、依法兴旅进程，探索建立了"综合执法＋旅游警察＋市场监管旅游分局＋旅游巡回法庭＋N"的"1+3+N"五位一体的旅游综合执法体制改革，建立强化旅游市场监管，提高旅游行政执法效率，切实维护旅游者和经营者的合法权益。对涉及全域旅游创建的重要事项实行一事一议，围绕旅游综合产业和综合执法要求，创新旅游市场综合监管方式，高水平、常态化运行"1+3"管理体制，实现从景点景区围墙内的"民团式"治安管理向全域旅游依法治理转变，形成现代旅游管理机制新高地。浙江省持续开展旅游市场秩序整治"利剑行动"，加大对"一日游"旅游产品、不合理低价游、在线旅游产品等的监管查处力度，推进暗访制度常态化，营造良好的市场经营环境。此外，浙江省开展旅游系统最美行业创建工作，落实游客不文明行为记录制度。原浙江省旅游局为全国首发《诗画浙江文明旅游倡议书》，开展系列主题鲜明、形式多样的"文明旅游"宣传活动，以文明旅游主题活动为载体，配套新闻宣传，搭载互联网、新媒体传播，不断加强文明出行的宣传教育实践工作。此举有效抑制了旅游不文明的各种顽疾陋习，助力浙江省打造主客共享的旅游市场秩序，创造"景美、人美、心美"的旅游新环境。

各市县积极推进旅游综合监管体制改革。如杭州市积极推进"1+3+N"的旅游综合监管体制改革,实现市本级旅游巡回法庭、旅游纠纷人民调解委员会挂牌成立,推动淳安县、西湖风景名胜区警察大队等执法体制改革。并且,杭州在机制体制创新上实现了四个国内第一:国内第一个设置旅游委员会的城市(2001年),国内第一个建立常态化旅游联合执法(2009年),国内第一个整合组建全域化的行业协会(2008年),国内第一个实现亿元旅游扶持资金的城市。

### (五)"老统计"解决新问题:探索旅游核算体系改革

全域旅游发展中,旅游统计改革至关重要,备受重视。旅游统计改革首先要解决旅游统计的口径问题,这就要求构建起大旅游统计指标体系。

浙江省积极探索构建大旅游核算体系。第一,在统计内容及范围的界定上,突破原有景点景区旅游模式,向全域旅游模式转变,即从景区门票经济向旅游产业经济转变。浙江省成立了全省旅游统计工作协调小组,进一步加强全省旅游统计工作。第二,在统计主体上,强调横纵双向的综合管理与协调配合。各级旅游主管部门和统计主管部门在纵向上加强与上下级部门以及基层单位的沟通协调,横向上巩固和加强与农办、公安、交通、工商、商务等相关部门的协调配合,建立"资源互补、信息共享"的旅游统计工作机制,防止重复调查,避免"数出多门"。按照"统分结合"的要求,浙江省旅游统计工作实现省、市、县(市、区)、乡(镇、街道)、社区(村)五级联动,不断完善统一规范的旅游统计信息网络,共同推进旅游业统计工作。第三,在统计内容上,浙江省认真开展旅游产业测算工作,测算省级层面的旅游增加值等指标,指导各市旅游产业发展指标,核算县域生态旅游产业发展情况。并且,旅游统计测算领域不断拓展,开展实施了特色小镇、民宿等专项数据核算工作。

湖州市长兴县率先开展旅游统计改革。2015年7月,长兴县被确定为浙江省旅游统计改革试点县，开启探索统计改革的长兴经验。一是成立领导小组。长兴县加强对全县旅游统计改革试点工作的统一领导和宏观决策，组建由县领导担任组长，县旅委、统计、商务、交通等部门及乡镇（街道、园区）为成员的领导小组，明确责任分工，共同推进旅游统计改革试点工作开展。二是制定工作方案。制定了《长兴县旅游统计改革试点工作方案》，明确了完善名录库、建立数据库、核算增加值、建立统计体系等重点内容，确保各项工作按时有序完成。三是建立统计队伍。建立了由乡镇（街道、园区）、旅游企业、村三级人员组成的统计员队伍，开展旅游统计业务培训，实行旅游统计报送工作制度，确保数据报送渠道畅通有效。四是落实专项经费。县政府安排15万元专项资金用于旅游统计员补助、抽样调查等工作，充分调动统计员的积极性，也确保了数据来源的有效性。五是开展单位清查。根据国家统计局《国家旅游及相关产业统计分类（2015）》目录，以2014年的数据采集为依据，在长兴县第三次经济普查数据库的基础上，分类摸底、查漏补缺、更新信息，梳理完善形成旅游统计名录库共18897家。

浙江省率先构建智慧化旅游核算体系，着力实现智慧旅游全域化。原浙江省旅游局成立旅游大数据中心，着力构建全省域、全覆盖的旅游基础数据体系，打造智慧旅游管理服务平台，实现旅游行业监管从传统的被动处理、事后管理向过程管理和实时管理转变。通过对数据有效地分析，结合数据大应用服务系统，支撑区域旅游智慧化管理、精准化营销、精细化服务，为浙江省旅游经济的宏观调控和微观监管提供有效的决策支持。此外，开发移动终端服务信息交互功能，实现全过程、互动式的虚拟旅游体验，加快建设"一机在手，全域全知"的智慧旅游服务体系。

## 第二节 政府数字化转型的经验探索

数字政府是建设数据强省和数字浙江的重大标志性、引领性工程，是深入贯彻习近平同志在浙江工作期间部署实施数字浙江建设的重要举措，是促进政府治理体系和治理能力现代化的重要内容。浙江的数字政府建设已经走在全国前列，特别是聚焦"最多跑一次"改革的"互联网＋政务服务"取得了突破性进展，随着线上线下互相融合的一体化政务服务体系扎实推进，群众的获得感、幸福感和安全感得到显著提升。作为数字化转型的代表，"诗画浙江·全域旅游信息服务系统"被纳入首批21个政府数字化转型项目清单，浙江文化旅游系统的数字化转型步伐持续加快，成为构建推动浙江全域旅游高质量发展体制机制的着力点和突破口。

### 一、打造诗画浙江·全域旅游管理与服务平台

诗画浙江·全域旅游信息服务系统是浙江率先打造的全国首个省市县互联互通和跨部门数据充分共享的全域旅游信息服务平台，该平台利用大数据、移动互联等技术，深入挖掘和共享旅游与其他横向部门的数据资源，通过建立流程再造模型和数据共享模型，为游客提供高质量的公共服务，对"诗画浙江"品牌的有效推广和对旅游业的高效率管理起到重要作用。

诗画浙江·全域旅游信息平台的一大亮点是将服务理念贯穿始终。例如，在客流高峰时段，信息平台可以对游客量、车流量、旅游资源、视频监控、OTA数据以及ETL调度情况进行实时监测与检查，当景区游客量到达预警值的时候，系统会自动发出红色预警，技术人员会马上跟景区沟

通,提示他们进行相应的疏散、救援工作。此外,为更好地服务游客,游客可以不用出具任何票证直接刷脸进入景区。平台还会在当地旅游微信公众号上提供人流量信息、旅游舒适度指数、旅游交通、旅游厕所、气象、空气质量等多维度数据,方便游客随时查阅及调整行程,极大提升游客的旅游便利度和舒适度。平台还在传统人工应答基础上增加人工智能应答,建立互联网采集＋人工采集的旅游直属库,结合旅游大数据,为游客提供旅游推荐和资讯。信息系统的有效运行不仅从根源解决人流拥挤的情况,也方便了政府部门随时对景区实施调控。

诗画浙江·全域旅游信息平台通过一体化数据共享,带动多方共同参与建设和互利共享。以衢州为例,全域旅游信息平台不仅整合了衢州全市涉旅单位的资源,也打破了数据壁垒,实现了跨部门、跨系统、跨地域、跨层次的高效协同合作。数据壁垒的打破让衢州市全域旅游信息平台成为一个开放的系统,使得其拥有无限的延展性,通过接入其他产业的数据并对这些数据进行深度挖掘为旅游业创造了更大的发展空间和更多的发展机遇。如以旅委与公安系统的数据对接为例,双方以共享数据、共同保障社会安定为共识,经过两个多月的精准化对接并最终实现了共享。

## 二、推进核心业务的应用项目建设

### (一)构建省市县三级联动的应用项目体系

为更好地推进政府数字化转型进程,实现旅游领域的全面覆盖,浙江各级政府旅游部门顺应信息时代发展潮流,争相推出核心业务的旅游应用(表3-3),其中省级应用4个,市级应用13个,县级及以下应用16个,构建了省市县三级应用联动体系,可全面提升政府的服务水平。

表3-3　旅游应用项目

| 省级（4个） | 市级（13个） | 县级及以下（16个） |
|---|---|---|
| 浙江旅游<br>浙里好玩<br>浙江旅游数据采集<br>浙江旅游门户 | 杭州旅游、杭州导游 | 萧山旅游、临安旅游、桐庐旅游、西湖导游、灵隐寺导游 |
| | 宁波旅游 | 宁海智慧旅游 |
| | 湖州旅游、湖州旅游智慧监管平台App | 安吉旅游 |
| | 台州旅游 | 天台山旅游 |
| | 温州旅游 | 泰顺旅游、乐清旅游 |
| | 嘉兴旅游 | 乌镇旅游、乌镇导游 |
| | 绍兴旅游、绍兴导游 | 上虞旅游、诸暨导游 |
| | 智慧金华 | 义乌旅游 |
| | 舟山旅游、舟山智慧旅游 | 普陀山导游 |

以省级应用为例，"浙江旅游"是浙江旅游智慧门户，能够及时发布浙江省旅游的最新信息，可提供方便快捷的服务；"浙里好玩"则有效整合浙江全域旅游资源和产品，为目的地以及企业搭建产品推广及线上交易平台，实现了服务的无缝链接；"浙江旅游数据采集"则以大数据为主，采集浙江省旅游行业相关基础数据，用于旅游基础数据展示和旅游大数据的分析，为政府部门决策提供基础；"浙江旅游门户"则是专门为客户定制开发的一款企业服务App，包含产品展示、信息中心、供求商机等内容。

各市级应用功能则类似，为游客提供最新的旅游资讯和详细的景点门票、交通、住宿、商店等实用信息，有的还能记录游玩的足迹并生成游记或攻略分享以吸引更多游客。值得一提的是，很多市县为方便散客自主游览开发了导游App应用，可以让游客走到哪里听到哪里，增加了游客对游览地的了解，同时提高了旅行过程的体验。

省市县三级应用的开发，构建了完整的旅游领域的数字化系统，不但为游客提供了极其便利的信息获取渠道，还为政府提供了更加准确的决策依据，体现了数字化政务的优势。

## （二）应用项目助推市场监管和公共服务

随着大众旅游时代的来临和全域旅游的不断推进，旅游市场不断拓展，市场乱象行为有所抬头，综合监管难度进一步加大，政府作为市场秩序的维护者，承担着安全监管的职责，这也是对政府服务水平的挑战，要求政府提高数字化政务能力。为解决市场监管问题，原国家旅游局决定于2017年7月率先在包含浙江在内的六省市启用全国旅游监管服务平台二期工程功能模块工作。浙江作为试点省份，各县市纷纷积极响，以净化旅游市场，塑造良好的旅游目的地形象。此系列应用项目的推出对于提升市场监管和公共服务水平都有显著的效果。

全国旅游监管服务平台在浙江省推广后，湖州市积极响应并在全市范围内推广，包括导游管理、旅行社资质管理、团队管理、电子合同管理、投诉管理、权限管理六项功能在内的监管平台上线，可线上完成80%的申报审批业务，实现政府、企业、群众办事"一网搞定"。同时湖州市旅游监管部门大力推出湖州旅游智慧监管平台App，平台内提供企业备案、企业自检上报、企业抽查上报、整改督办审核操作、通知公告的发布等功能，实现涉旅企业质量安全监管的过程管理，可以对旅行社服务、导游资质、电子合同等加强管理，有效增强湖州的旅游综合监管服务能力。监管平台的全面使用不但能缩短旅游业务的审批时间，也能提升旅游市场监管水平，将监管融于服务，以服务助力监管，充分体现旅游行业监管工作快速向法治化、市场化、信息化转变，助力政府的数字化转型。

为适应新形势下的要求，温州搭建了智慧监管平台以提升文化执法"三个能力"。利用"千里眼""搜查犬""报警器"三个法宝提升了执法巡查能力、案件查办能力和风险防范能力。"千里眼"涵盖文化场所、文物视频采集点1000余处。执法人员通过平台或手机移动终端对各场所经营管理情况实时监控，凭借"千里眼"成倍提升市场巡查效率，通过高科技手段来推进文化市场综合执法正规化、法制化、智慧化建设。利用"搜查犬"曾及时制止了偷盗国家保护文物的违法犯罪行为，并将犯罪嫌疑人抓捕归案，确保全市文化领域安全稳定，受到了国家文物局的肯定。实时"报警器"的存在则可以大大提升文化市场风险防范能力。智慧监管平台的建立不仅提升了公安部门的"智慧执法"能力，还确保了文化旅游市场的安全和稳定。

在宁波，则有12301智旅通平台为智慧旅游市场监管添助力。宁波将全市58家重点旅游企业列为第一批试点单位，当有旅游投诉发生时，智旅通平台能在第一时间将投诉信息推送到被投诉企业和属地旅游质监部门，旅游企业能在第一时间与投诉游客进行沟通协调，旅游质监部门也可以监督旅游企业及时介入与游客的纠纷处理，争取将投诉纠纷化解在第一时间、第一现场。12301智旅通平台的开通，进一步强化了宁波旅游质监部门与旅游企业间的信息互通，有效发挥企业投诉处理"主体"责任人的作用，切实提升游客满意度。

公共服务方面，2017年浙江省旅游综合服务平台"浙里好玩"上线，它是由浙江旅游信息中心有限公司运营开发的国内首个集合咨询、电商、公共服务等相关功能于一体的区域性综合服务平台，通过对旅游资源和信息进行系统深度化整合、筛选和开发，服务于政府、公众、企业。平台对一系列浙江精品线路、精品消费的深度挖掘和全新包装，将进一步强化旅游目的地和客源市场的精准对接，形成与其他电商、OTA平台不同的生命力，以其创新优势服务于全省智慧旅游新发展。

绍兴智慧旅游起步早、发展较好，为其他县市提供了经验。绍兴在景区管理、旅游营销、电子商务等方面都充满"智慧"，二维码、LED导览屏、智慧旅游地图随处可见，旅游中的分享、翻译、导游、食宿点评及地图工具等功能全部通过移动互联网发送到游客手中，旅游变得越来越智能化。

县域层面的全域旅游信息化综合服务平台的标兵则要数"畅游普陀"。"畅游普陀"平台以其强大的服务功能全面助力舟山全域旅游发展,内容涵盖了景区门票、酒店住宿、餐饮美食、特产购物、休闲娱乐等,首批精选近70家商户入驻,入驻商家提供的产品价格均不高于OTA价格,给游客提供实惠。通过平台提供的地图导览、热门景区、旅游攻略等功能,游客可提前熟悉景点情况,规划旅游线路,还可以在线预订景区门票、酒店住宿、享受线上特产购物、休闲娱乐等服务,进一步完善普陀区旅游服务体系,满足游客的出行需要,同时实现"一部手机畅游普陀",开启普陀全域旅游信息时代。

## 三、落实旅游系统的工作流程再造和数据共享

### (一)流程再造促数字转型

政府流程再造是在一定的政治环境下,对政务流程进行审视和再思考,通过对原有的流程进行清理、简化以及整合,以实现政务水平的显著提高,使政府适应信息社会的高效率和快节奏。为了适应政府数字化转型的需要,旅游相关部门也作出很多努力。2018年浙江省人民政府发布《浙江省深化"最多跑一次"改革推进政府数字化转型工作总体方案》,提出到2020年底,80%以上非涉密政务服务事项实现掌上办,初步形成纵向贯通、横向协同、上接国家、覆盖全省的数字政府体系;到2022年,"掌上办事"和"掌上办公"实现政府核心业务全覆盖,可以有力引领数字经济、数字社会发展,成为全国政府数字化转型的先行区、示范区,为全国数字政府建设输出浙江方案、浙江经验。

政务公开助推政府工作的流程再造。从2017年起为提升政务水平,浙江省推出了旅游局政务"五公开"制度,全面推进旅游决策、执行、管

理、服务、结果公开,从而强化政策解读,扩大公众参与,加强组织领导,确保权力在阳光下运行。随后2018年省文旅厅又加大了政务公开力度,明确了政务公开的主要内容和责任分工,进一步拓展公开载体、丰富公开形式、深化公开内容、完善公开机制,不断提升旅游政务公开工作的针对性、实效性。可见,政务公开的实施是政府实现工作流程再造的重要举措,可以切实保障公民的知情权、参与权、表达权和监督权,实现以公开强监督、以监督促规范,全面助力"最多跑一次"改革,为旅游业高质量发展营造良好政务环境。

### (二)数字转型需数据共享

《浙江省全域旅游示范区认定标准》明确指出,全域旅游建设必须包括"建立互联互通的旅游大数据中心"。全域智慧旅游平台的出现,正是数据互联互通、运营应用的最直观实践,也是政府数字化转型的必然要求。通过大数据后台,可以实时监控游客来源、驻留情况、消费偏好乃至用户群像,一方面起到提前导流的作用,使游客获得最大化的出游体验;另一方面,大数据的收集整理,也将为地区旅游未来的建设方向提供判断依据,将为提升浙江旅游品牌与形象,提升旅游产业监测能力、行业管理能力以及公共服务能力做出贡献。由此可见,数据共享通过从多方面了解旅游发展的态势从而提高政府决策效率。

杭州作为"中国最佳旅游城市",率先在全国启动旅游大数据中心建设。依托信息技术应用和大数据集成,依靠1个数据平台、3个支撑体系(数据采集、数据分析、数据应用)和3大应用服务(政府决策、企业运营、公众服务)平台,并先后与中国移动、中国联通、银联、百度、阿里云等单位合作,横向整合市交通、气象、环保等部门的涉旅数据,形成以游客的行前预订、行中行为和行后反馈为主线,面向产业主体、多元结构的动态数据采集体系。通过数据库的建库和数据资源层、应用支撑层、信息服层（展现层）等平台整体架构的构建，实现多源数据的接收整合、挖掘分析、形象展示，以支撑政府、企业和公众为中心的精准营销、营运优化、信息查询等应用场景。

**1. 智慧化实现多维运营**

抓全域旅游的发展重点就要抓改革创新不动摇，改革创新的首要是旅游信息化创新。浙江省将旅游信息化作为省全域旅游示范县（市、区）的申报条件之一，要求示范县（市、区）有便捷高效的旅游信息公共服务与咨询平台，有互联互通的旅游大数据中心、自媒体发布平台，以及智能化旅游服务系统。涉旅场所实现免费Wi-Fi、通信信号、视频监控全覆盖，重点旅游景区实现智能导游、电子讲解、实时信息推送，流量实时监控。在浙江省各地市的全域旅游示范区创建方案中，多个地市将智慧旅游全域化作为打造全域旅游示范区的重点工作来抓，其中具代表性的有湖州市的智慧旅游全域化和天台市的智慧旅游设施全覆盖。

在湖州市全域旅游示范区创建方案中，实现智慧旅游全域化是核心内容。湖州市推进旅游免费Wi-Fi网络建设，完善智慧旅游多维运营综合平台功能，努力使"一机在手、畅游湖州"成为现实。湖州市完善智慧旅游信息和营销服务平台，推进旅游咨询公共网站建设，建好"湖州旅游e卡通"服务运作平台并逐步向"湖州市民卡"发展。充分利用现代信息技术，围绕门禁系统、票务系统、指挥系统，全力推进全市智慧旅游管理平台建设，推动实现旅游监管全覆盖。在全市4A级以上旅游景区（点）安装闸机和自动售票机，收集、整理旅游统计数据，针对旅游业发展情况进行旅游统计分析、统计预测和统计监督，以大数据采集平台为依托，建立集视频监控、客流分析、客源分析、指挥调度、呼叫服务和安全保障等多功能于一体的旅游指挥系统。

在全域旅游天台样本中，天台县提出智慧旅游设施全覆盖。天台县智慧旅游设施体系建设包括建立游客信息服务体系，加快天台山智慧旅游二期工程，大力开发运用基于移动通信终端的旅游应用软件，研发网上预订、移动支付、电子票入园、景区地图导航、自助式导游等终端，实现全过程、互动式虚拟旅游体验。构建智慧旅游营销网络，建立广播、电视、短信等传统渠道和移动互联网、微博、微信等新媒体渠道相结合的全媒体信息传播机制，实现精准、定位、互动式旅游营销。推进旅游服务中心、旅游景区、乡村旅游点免费无线网络覆盖。强化与知名互联网企业、在线旅行商的合作，实现线上和线下资源共享，打造旅游O2O新模式。

**2. 大数据助力科学决策**

大数据为全域旅游装上了智慧大脑。2016年4月，浙江省旅游数据中心在原浙江省旅游局正式亮屏，这是综合利用大数据智慧管理规划省内旅游产业发展的一次重要实践。大数据中心一期工程（2016年10月）已完成流量监测景区达157家，其中5A景区14家，4A景区143家。在视频接入方面，共接入景区88家，其中5A景区13家，4A景区75家。

作为浙江省重点打造的智慧旅游项目，浙江省旅游数据中心计划在实现应急指挥、安全预警等功能的基础上，进一步加入科学决策、行业管理、产业监测、市场营销、公共服务、共享交流等功能，为旅游管理部门与旅游企业提供游客的消费习惯与个性偏好的可视化印象，从而帮助省内旅游目的地实现产业链的调整、旅游产品的精准营销与旅游资源的主客共享。

2016—2017年，浙江省旅游数据中心在总结浙江旅游微博、微信的成功经验基础上，探索出浙江旅游微信的"服务+营销"模式，并相继在奉化、临安、仙居、黄岩等地策办系列线上营销创新活动，效果十分明显。利用数据优势，浙江省旅游数据中心承办了温州网络旅游节、台州东海文化旅游节、浙江（丽水）互联网+全域旅游高峰论坛等大型线下活动。线上线下互动营销，有效提升了"诗画浙江"的品牌形象。

此外，浙江省旅游数据中心围绕提高来浙游客满意度，提供游前、游中、游后全方位一站式的浙江旅游大服务，基于浙江旅游微信公众号打造旅游综合服务平台，"全域智游"系列产品，创造"互联网＋旅游"的浙江样板，真正实现"一码扫遍浙江，一机游遍浙江"。

浙江省各地市也在旅游大数据方面进行积极的探索。一方面，旅游数据中心成立时，率先实践省、市、县一体化战略，建立了省、市、县三级纵向交换共享、横向数据汇聚的数据中心体系。另一方面，部分地市在旅游大数据统计和数据运用方面取得了良好的成效。例如，杭州全域旅游示范区创建方案中首先推进建立旅游大数据中心，推进杭州旅游实验室建设。围绕建设集"事前预测预警""事中引导分流""事后精准营销"于一体的杭州旅游大数据平台，有效整合来自OTA、移动运营商、银行卡结算平台、手机App服务商等多个数据源的覆盖游客行前、行中、行后与外界产生的各类交互数据，进而通过系统数据库的建立和计量模型、机器学习算法等多种数据挖掘算法库的构建，进一步提升旅游大数据的挖掘能力。利用大数据资源的开发利用，准确分析评估杭州旅游发展综合态势，为产业政策制定提供及时、有效的旅游经济运行数据与信息。最后，努力推进数据共享开放。在一期设计WEB应用操作界面的基础上，开发基于IOS系统和Android系统的旅游大数据终端应用App，并接入市政府决策支持分析系统，供市领导随时查询。同时，利用App、微信公众号等平台，通过接口对接、推送发布、协同查询、智能回复等手段构建形式多样、使用灵活、方便快捷的数据共享开放平台，实现对政府决策、企业运营以及游客服务等三大应用平台的多元化数据服务。

## 第三节 构建全民化、国际化的协同共享

### 一、全民化的主客共享机制

在全域旅游概念中,游客与居民并不是非此即彼的关系,其市场主体不局限于外来游客,也包括基于休闲需求的居民。所以全域旅游不仅要为外来游客提供优质的服务,同时也要充分考虑"生于斯、长于斯"的本地居民的利益,才能真正意义上实现"主客共享"。为此,浙江推行了一系列体现主客共享理念的好政策,如通过景区免费开放让所有人民获利,用厕所革命解决刚需,利用文化共享营造良好的主客共享环境,推动美丽乡村建设提高居民幸福感等,获得全社会一致好评,让浙江成为践行主客共享的典范省份。

#### (一)用共享促和谐

景区开放成为践行共享发展理念的第一步,让普通群众和游客可以一起享受共享经济带来的福利,促进旅游经济的发展以及旅游业的转型升级。杭州从2003年开始对西湖景区率先实行免票政策,现在杭州西湖大约有71个旅游景点,其中73%实现了免票参观。这样的政策,让杭州市民平日里能更好地享受城市风光,节假日外来游客大量进入,市民让湖于游客,很好地解决了当地居民与旅游者资源共享的问题。同时,所得收益远高于门票收入,也促进了当地服务、餐饮、交通行业的发展。与杭州"还湖于民",类似衢州也在2017年围绕旅游惠民目标,致力"主客共享",推出了"还景于民"的"全球免费游衢州"活动,实行核心景区面向全民免

费开放的活动，共有59天核心景区对外免费，占全年的五分之一。有效促进了衢州旅游的品牌营造、整合营销、产品打造、产业转型，实现了较好的改革价值。"全球免费游衢州"自实施以来接待游客量是往年同期的10倍以上，受此带动，非免费开放日时景区人数也大幅度增长，全市旅游总接待人数和全市星级饭店平均客房出租率增长约18%，多项增幅数据位居浙江省前列，衢州旅游品牌度迅速提升。同时，衢州也成为浙江省坚决落实全域旅游发展观、深入践行主客共享理念的代表地市之一。

厕所革命是践行主客共享的"一号工程"，从都市到乡村，从局部到全域，从旅游行业到全社会，从保障男女厕数量充足到专门为特殊人群设立"第三卫生间"，厕所革命不断提档升级，上升为涉及面广泛的文明工程和民生工程，有效提升了社会文明尺度。杭州作为浙江厕所革命的典范，在2016年被评为"厕所革命"创新城市，目前主城区已基本形成"10分钟如厕圈"。为了方便游客更快找到厕所，杭州上线了涵盖4个语种的"杭州找厕所"微信小程序，成为杭州提升旅游公共服务的点睛之笔。此外，"厕所智能化"成为杭州旅游"走心"服务的新标配。厕所内配置了智能引导系统、智能洗手液供给设备、人脸识别厕纸机、蹲位自带低位排风系统、新风除臭系统和环境智能检测系统以及"潮汐厕位"，就连Wi-Fi上网系统也配备齐全，不仅实现了"有手纸、无异味"，更体现了政府"走心"的服务意识。旅游厕所的改革如此迅速和全面，不仅仅是为了贯彻国家政策，更是为了真正服务于居民和游客。

文化共享成为新时代主客共享的新要求。文化设施的开放不仅能提高居民的文化素质水平，还能营造一种良好的城市文化氛围，推动公共文化共享服务体系建设。湖州是践行共享理念的重点城市，启动了美术馆、"城市书房"、市非遗馆建设项目，完成了市图书馆借阅一体化改造，启用了24小时自助图书馆，吴兴区文体中心和南浔区文化馆、非遗馆、图书馆新馆，德清县文化馆和安吉图书馆新馆等场馆建设正有序推进……为进一步普及公共文化产品和服务的供给，市、县各级公共图书馆、文化馆（站）对居民和游客全面推进"免费开放"。2017年，湖州文化馆举办全民公益艺术课堂150班次；市图书馆以经典作品诵读、讲座等系列读书活动推广全民阅读，全年图书借阅量超300万册，数字资源访问量近50万人次，游客和居民可以共享优质文化大餐。

交通设施建设将游客引进来，也方便居民走出去。2017年，浙江省交通集团完成交通基础设施投资达513亿元。其中，高速公路建设项目11个，完成投资232亿元，铁路及轨道交通建设项目13个，完成投资281亿元。一年完成这么大体量的交通投资，对一个省级交通基础设施投融资平台来说前所未有。一大批新的铁路、高速公路项目正在加紧建设、落地，如此迅速和高效的交通建设行动，是浙江践行"绿水青山就是金山银山"理念、便民利民的好政策。

美丽乡村建设是主客共享发展的重要抓手。2003年，浙江省委作出实施"八八战略"重大决策部署，时任浙江省委书记习近平提出要进一步发挥浙江生态优势，在全省启动了"千村示范、万村整治"工程，十余年来，浙江历届省委、省政府坚持一张蓝图绘到底、一任接着一任干，全力推进乡村环境整治，构建美丽乡村，取得显著成效。2015年浙江全面消除家庭人均收入4600元以下的贫困现象，26个原欠发达县全部摘掉了"欠发达"的帽子，乡村旅游发挥了不可替代的巨大作用，真正让旅游发展"全民参与、惠及全民"。淳安等26个原欠发达县2015年乡村旅游经营总收入达41亿元，直接带动农副产品销售10.4亿元。在浙江，从浙北到浙南，"开发一个景、富了一个村""开发一处资源、富了一个乡镇"的典型事例不胜枚举。淳安县枫树岭镇下姜村作为改革成功的代表，通过村民们努力配合政府的改革，成为政策的受益者。从改革前的"穷得只够半年口粮"，到2017年全村实现经济收入5109万元，农民人均纯收入21902元，比2001年增长了10倍多。以前村民从没想过在家乡的好山好水里足不出户就能挣钱,快速发展的旅游业吸引了越来越多的年轻人回到家乡经营农家乐和民宿,赚的钱并不比城里白领少,日子过得红红火火。万千浙江儿女沿着习近平总书记绘制的蓝图,在建设宜居宜游美丽乡村的道路上昂首前进,共享绿水青山带来的发展红利。

### (二)用共建促发展

居民、游客不仅是全域旅游的获利者,也应是全域旅游的建设者。浙江省全域旅游通过全民共建的理念和机制增强了当地居民的主人翁意识和获得感,同时又让前来的游客感受到了浙江人民的热情。

杭州的全民共建机制,便是通过发动杭州各部门和全体群众的积极性,让旅游发展不只是旅游部门的职责。自西湖景区免费开放以来,杭州西湖风景名胜区管委会充分组织发动社会力量参与景区的保护、管理和服务等工作。不仅设立了文明建议热线,还设立了一支由热心市民等组成的文明督导员队伍,景区的建设也充分听取民意。例如,双峰插云景观恢复设计方案出炉,杭州市西湖风景名胜区管委会为3个设计方案举行公展,并设立问卷向市民、游客收集建议和想法。如此这般尊重市民和游客,发挥大家的主人翁意识,调动市民自觉维护和建设城市的主动性,全域旅游的推进自然更顺畅。

在安吉,为了发展全域旅游,充分释放旅游红利,政府推进了乡村游憩地、慢行绿道、旅游厕所、生态停车场、休闲广场等设施建设,使城乡居民的生态家园变成了休闲公园,群众足不出县就能享受舒适宜人的品质人居。在台州,全面共建机制也具有普遍的示范作用。2017年,台州市在浙江率先提出打造全市域文化共建共享品牌,启动实施了以"日日有活动、周周有演出、月月有项目、季季有节庆"为目标的"台州文化年"系列文化惠民活动,不仅扎实推进了该市国家公共文化服务体系示范区创建工作,也为建设"山海水城、和合圣地、制造之都"创造了良好的文化环境。此外，台州非遗馆、黄岩博物馆、临海博物馆、三门大剧院等一批重点文化设施相继建成，文化与科技互促共进的活力同时也逐渐展现，致力于高水准的艺术演出、全方位的地域覆盖、精准化的惠民措施，让人民真正共享台州文化发展新成果，不断提升人民文化获得感和幸福感。

## 二、积极完善区域协同机制

在全国旅游市场竞争日趋激烈的背景下，浙江积极完善区域协同机制，通过与其他省市联合融入更大的区域旅游合作圈来提高自身的竞争力，在资源配置、线路设计、联合营销、日常管理、信息交流等多方面积极合作，并与旅行社、交通等相关部门密切配合，从而加快浙江旅游产品的品牌化建设，形成规模竞争优势，为全域旅游的推进提供了保障。

一是力推长三角区域合作，加快一体化进程。由于地理位置的优越性，每到周末和小长假，苏浙皖通常都是上海市民首选的旅游目的地。为进一步深化长三角区域旅游合作协同，加快旅游资源统筹和高效利用，充分放大中国国际进口博览会的溢出效应，2018年6月，上海、浙江、江苏、安徽三省一市旅游管理部门达成《长三角地区高品质世界著名旅游目的地战略合作协议》，通过六个方面20条合作内容联手打造长三角一体化旅游市场，构建高品质世界著名旅游目的地。此协议涵盖六方面总计20个合作项目。合作的重点项目包括长三角地区公共文化服务发展论坛、长三角地区公共文化服务产品采购大会、长三角地区全民阅读推广活动、长三角地区公共文化数字平台建设、长三角地区"城市书网"服务模式推广等。此次合作协议的签订，将重点推进旅游发展专项规划对接逐步实现一体化。

二是三省一市将共同编制长三角旅游一体化发展规划，联合推进区域旅游重大项目建设。通过深挖"中国文化、江南韵味"内涵，围绕长江、大运河等水系和历史文化名城、精品民宿等独特资源，打造区域旅游精品项目。其次，建立统一的区域旅游品牌形象，共同制作统一的旅游宣传品，共同开发"一程多站"区域旅游精品线路，推出"高铁＋景区门票""高铁＋酒店"等系列快捷旅游产品。此外，还瞄准旅游新消费、新体验趋势，放大资源互补优势，联手打造跨区域特色旅游线路。2017年7月，浙江省委书记、省人大常委会主任车俊，省委副书记、省长袁家军率领浙江省党政代表团赴安徽考察时，浙皖两省以政府名义签订共同打造世界旅游目的地合作协议，为浙皖两省的旅游合作奠定了坚实的基础，推动两省旅游协同发展。

三是优势互补，加强与中部省份的合作，共同打造优秀红色文化根据地。2018年6月，浙江省旅游局与江西省旅游发展委员会在嘉兴签署红色旅游战略合作框架协议。根据双方签署的协议，浙赣两省将坚持"优势互补、互利互惠、共同发展"的原则，本着政府主导、市场运作、企业参与的推进方式，充分发挥两地红色旅游资源优势、地缘优势和品牌优势，相互拓展客源市场，共同打造红色经典品牌，共促两地红色旅游长效合作，促进经济社会的共同发展。近年来，浙赣两省在红色旅游发展中都走出了独具特色的路线，此次签约能够进一步加速两省在红色旅游方面的合作，携手传承红色元素，共同发扬红色文化。此外，浙江还和红色文化大省陕西签订了《陕浙红色旅游战略合作框架协议》，进一步助推两省红色旅游的合作与发展。

# 第四章
# 开拓者的示范

浙江省全域旅游建设可概括总结为跨领域、跨部门、全域协同推进的"五大三小四路"发展模式;"五大"即"大花园"全域旅游创新理念、"大旅游"统筹推进保障机制、"大产业"空间业态发展格局、"大品牌"文化统筹诗画浙江、"大景区"共享群众美好生活;"三小四路"即以"风情小镇、景区小村、小微民宿"和四条诗路为全域旅游发展载体,实现浙江省旅游业在高质量发展中进行创造性转化、创新性发展,为全国全域旅游发展作出新的示范。

## 第一节 浙江全域旅游发展模式的核心内容

### 一、立足大花园建设的全域旅游创新理念

浙江省全域旅游推进工程是大花园建设的五大行动之一,大花园建设又是浙江省省域城乡一体化的三大重要板块之一(大花园、大湾区、大通道)。因此,立足于大花园建设的全域旅游创新理念推高了浙江省全域旅游

的战略作用，成为一次跨领域、跨部门，全域协同、协作发展的重要尝试。

### （一）大花园建设的全域旅游理念来源于高质量平衡省域发展的诉求

各地市虽然在如火如荼地开展全域旅游建设，但从全省范围来看，东西差异、城乡不平衡的现象仍较为严重。山区经济长期滞后，与全省发达地区的差距一度出现变大的趋势。生态优势突出与经济发展滞后，是山区发展的双重性，这也决定了山区必将走一条与沿海地区截然不同的发展道路。基于此，浙江省委、省政府站在全省的高度，立足省域一体化、东西平衡发展，从省域层面提出全面推进浙江省全域旅游发展的战略，此次提升着力于顶层设计。在此目标指引下，浙江省于2018年发布了《大花园建设行动纲要》与《浙江省全域旅游发展规划》，从全省空间、经济发展的角度对旅游业进行总体布局与规划，为后续具体市、区、县、镇、村的旅游发展提供了依据与基础。

### （二）大花园建设的全域旅游理念服务于高质量建设"诗画浙江"的需求

"诗画浙江"是浙江省的金名片，新时代要高质量打造"美丽浙江"和"诗画浙江"。大花园建设与大湾区、大通道建设为一个有机整体，共同对全省空间格局进行总体考虑，是统筹生产、生活、生态空间的顶层设计。谋划建设大花园，是省委、省政府深化"八八战略"、践行"绿水青山就是金山银山"理念、推进绿色发展，加快打造"诗画浙江"鲜活样板的重大举措，是自然生态与人文环境的结合体、现代都市与田园乡村的融合体、历史文化与现代文明的交汇体，是全省统筹保护与开发、推进绿色发展的新载体。

### (三) 大花园建设的全域旅游理念着力于高标准推进全域旅游的要求

总体来看，旅游业已成为浙江省服务业的龙头产业和国民经济的重要支柱产品，浙江旅游经济处在全国领先水平，旅游经济强省已经基本建成，但浙江省旅游发展也存在发展布局不够平衡、旅游产品业态的创新步伐滞后于旅游消费需求、旅游公共产品的供给不足、优化旅游目的地市场秩序的长效机制尚未形成等问题。大花园行动中要求全域旅游发展需发掘"珍珠"、打造"珍珠"，更要串珠成链，变盆景为风景，加快创建全域旅游示范省，全面建成"诗画浙江"最佳旅游目的地。

## 二、建立"大旅游"战略的统筹推进机制保障

浙江省全域旅游令人振奋的发展态势孕育于"大旅游"战略下的统筹推进机制。从顶层的政策体制保障机制到落地的产业融合机制，从强劲的大项目带动机制到细致的数字化服务机制，从全民化、国际化的共享协同动力机制到多管齐下的旅游营销机制，浙江省全域旅游发展迈出了坚实步伐。

### （一）多方合力的政策法规体制

浙江省委、省政府将全域旅游推进工程列为浙江省大花园建设的五大行动之一，奠定了全域旅游建设的坚实基础，也拔高了全域旅游的建设地位。省文旅厅、省农办、省发改委、省财政厅、省自然资源厅、省交通厅、省统计局等部门积极出台支持旅游或与旅游融合发展的政策，从各层面对全域旅游的推进给予保障。浙江省以县为单位的全域旅游创建工作，使各县市结合本地实际情况制订更有针对性和实操性的发展办法与实施方

案，确保全域旅游的创建与发展。在管理制度上，各地将全域旅游创建列为"一把手"工程，坚持"一张蓝图绘到底"，创新改革监管机制，避免政出多头，实现多规合一，确保全域旅游的顺利推进实施。

### （二）百花齐放的产业融合机制

浙江省以"旅游＋文化""旅游＋信息化"和"旅游＋新生活"为主要内容的"旅游＋"产业融合，是旅游业迎合市场需求、满足人们对幸福生活向往而进行的主动融合。横店影视城、宋城演艺，如火如荼的红色旅游，旅游风情小镇和遍地开花的民宿产业，以及无处不在的大数据，都在向全国讲述着充满活力的"旅游＋"产业融合的故事。"农业现代化＋旅游""新型工业化＋旅游"和"新型城镇化＋旅游"为主要内容的"＋旅游"产业融合，则是各产业在寻求转型升级过程中所探索的一条顺应时代潮流和自身需求的重要路径。田园综合体、特色农业强镇、工业旅游示范基地和旅游小镇等建设，则是浙江农业、工业和城镇化发展的重要动力。

### （三）大项目带动机制

浙江省旅游大项目建设得到了政府的高度重视，政府将旅游大项目建设作为带动旅游发展的首要因素。同时，浙江省全面深化旅游投融资机制改革，设立旅游投资基金，鼓励投资主体多元化。在大项目的建设中，各地市县以基建、民生为主阵地，将特色小镇、旅游风情小镇、旅游度假区等作为项目投资的主平台，引进长兴龙之梦、桐乡乌镇濮院、舟山普陀观音文化苑、德清开元森泊等重大标杆项目。

### （四）政府数字化服务机制

浙江省投入运行了全新开发的全球免费游电子门票系统、私人定制系统、旅游头条系统三大旅游大数据应用新模式。"诗画浙江·全域旅游信息服务系统"被列入首批21个政府数字化转型项目清单,并于2018年在衢州试点。浙江省各级政府也争相推出免费旅游App,在市场监管、应急管理和公共服务等方面发挥了积极作用,为旅游的健康发展保驾护航。

### (五)全民化、国际化的共享协同机制

在主客共享方面,景区免费开放、厕所革命、交通设施投资、文化设施共享以及带动居民致富等内容,构建了良好的主客共享机制;发挥社会力量为旅游发展建言献策,参与景区保护、管理和服务等行动,激发了全民共建的热情。在区域协同方面,浙江省积极融入长三角,利用资源市场的互补需求,与上海、江苏、安徽、江西等周边省市建立紧密的合作开发关系;通过海外旅游推介会和国内主要客源地旅游推介会等形式,建立了持续的合作推广机制。

### (六)多管齐下的旅游营销机制

首先,通过统一"诗画浙江"品牌、智慧化利用旅游大数据、开展专业的微信和微博等平台运营以及着眼于全球的营销视野,构建了"诗画浙江"立体营销体系。其次,通过政府的全媒体品牌推广以及借力美景、美食、交通的专项推广,结合知名旅游企业的品质化和全域化思路建设,配合公众在幸福感、满意度和文明程度的表现,同心同力讲好浙江故事。

## 三、实现"大产业"多路径的空间业态发展格局

浙江省全域旅游的发展路径扎根于万村景区化、小镇旅游化、县域示范化的"点"的基础。继而串点成线,搭建了大花园的空间骨架,并从文化、交通、景观、旅游服务等多个维度保障了大花园旅游线路的优良品质。最后以面聚能,聚焦大花园建设主战场"衢丽"和全域旅游的核心区

都市圈，形成全域旅游面状核心区。"点、线、面"共荣的发展模式实现了"多路径"并进的空间大产业发展格局。

### （一）以点突破，多头并进，探出多条路

首先，万村景区化激发了乡村经济的活力。通过合理谋划、规划先行，高效推进了万村景区化进程；通过鼓励创新、多方探索，有效积累了万村景区化的经验；通过因材施策、特色频出，使万村景区化工作取得了显著成效。

其次，小镇旅游化搭建了城乡联动的关键纽带。一是凝聚特色产业，融合旅游优势，高标准建设特色小镇；二是挖掘地域特色，借力旅游功能，高水平创建风情小镇；三是通过县域示范化，整合了县域城乡旅游体系，从"村、镇、县"三个层次推进旅游设施的建设和景区、景点的打造，至在全省形成星罗棋布的旅游节点，全域旅游的基础得到了夯实。

### （二）以线串点，织线成网，高标准协同

一方面，浙江省全域旅游在"点"建设的基础上，以水脉、文脉为线，搭建了大花园旅游线空间骨架，形成了历史文化引领型的唐诗之路黄金旅游带、大运河（浙江段）文化带、佛道名山旅游带，山水生态引领型的浙西南生态旅游带、海湾海岛旅游带，以及"旅游＋特色产业型"的浙中影视文化旅游带和浙北精品旅游带。

另一方面，高起点打造现代交通，紧实旅游线路网络，通过机场、高铁、高速公路、通景公路、骑行绿道等各级别交通枢纽的建设，支撑和服务全省大花园的建设。此外，浙江省通过文化、交通、景观、旅游服务、产业等多个维度，高标准协同推进大花园各旅游发展带的建设，保障大花园旅游线路建设的优良品质。

### （三）依托于面，抓主战场，聚能核心区

一方面，主抓"衢丽"，聚焦大花园建设主战场。以衢州、丽水为核心，充分发挥生态优势，高标准建设休闲度假、养生养老、森林旅游、民俗风情等旅游基地，打造古堰画乡、世界竹海公园、江郎山—廿八都和"国际慢城""雁南飞"等一批知名生态旅游景区，培育"衢州有礼""丽水山居"等区域文化旅游品牌。同时结合两市实际情况，进一步细化建设大花园核心区的行动计划，将全域大花园建设落到实处。

另一方面，携手都市圈，聚能全域旅游核心区，将全域旅游建设积极融入省域城镇体系格局中，以都市圈建设为契机，进一步整合全域旅游的空间资源，浙江省提出以杭州、宁波、温州、金义四大都市圈为依托，发挥中心城市的核心带动作用，加快发展东西两翼的海洋海岛旅游和山区乡村生态文化旅游格局，进一步优化空间组织秩序，打造浙江省全域旅游目的地体系。

## 四、构建"大景区"共享的群众美好生活

旅游业已成为浙江省服务业的龙头产业和国民经济的重要支柱产业，旅游经济处在全国领先水平，旅游经济强省已基本建成。但人民群众对美好生活的向往与发展不平衡不充分的矛盾在旅游领域依然比较突出，浙江省全域旅游通过"大景区"共享，助力实现人民群众对美好生活的向往。

浙江省全域旅游的发展坚持以人为本、创新引领、全面统筹、绿色发展和融合发展的原则，率先将浙江省建设成为全国全域旅游示范省、旅游改革创新引领区和旅游业带动乡村振兴的样板区，使"诗画浙江"成为名副其实的中国最佳旅游目的地和有较大影响力的国际旅游目的地，以做强做优旅游经济作为群众美好生活的根本保障。

## （一）通过优化目的地空间布局，优化群众的生活空间

浙江省围绕"一核两翼四圈多点"的旅游业布局，切实发挥中心城市的核心带动作用，着力构建以都市圈为依托的省域旅游目的地体系，加快发展东西两翼的海洋海岛旅游和山区乡村生态文化旅游，优化空间组织秩序，提高空间运行效率，使游客和当地民众都享受到更为便捷的游览和生活空间。

## （二）通过优化目的地产品体系，增加群众的创收和消费渠道

以万村景区化为基础全面实施的城、镇、村"万千百"工程，构建起了海洋旅游线路品牌和海洋旅游产品，以及文化旅游、森林旅游、体育旅游、红色旅游、研学旅游等多样化的旅游产品，既满足了游客不同层次、不同内容的消费需求，也丰富了旅游从业者多种产品、多个内容的创收渠道。

## （三）通过完善旅游公共服务体系，提升群众体验感

浙江省全域旅游以游客更加满意为导向，大力推进交通与旅游深度融合，大力推进旅游厕所革命，不断完善公共服务设施，全面构建高品质、人性化的旅游公共服务体系，进一步提升旅游公共服务水平，提升游客的旅游体验满意度。

## （四）通过提升旅游市场绩效，增加群众获得感

浙江省全域旅游的发展坚持以市场为导向，以绩效为导向，努力推进全省旅游系统上下联动、资源共享、优势互补，同打浙江牌。创新旅游营销体系，不断拓展旅游业的市场空间，有效提升全省旅游业的市场份额，既做大了蛋糕，又增加了群众参与旅游经济发展的获得感。

### （五）通过路径实施的保障措施，提升群众安全感

通过加强综合治理、强化要素支撑、推进依法治旅、加强人才建设四个方面，切实保障旅游目标和发展路径的有效实施，使民众在参与旅游经济建设和参加旅游活动中感到安心、安全，满足人民群众对幸福生活的向往。

## 五、形成"诗画浙江"文化旅游品牌

"诗画浙江"文化旅游品牌的提出，为浙江省文旅产品提供了鲜明的区域形象。为树立品牌形象，浙江省以旅游大数据、智慧旅游服务系统等智能科技作为分析基础，使"诗画浙江"文化旅游品牌的推广具备精准度；以微博、微信等网络渠道作为营销主战场，使"诗画浙江"文化旅游品牌的推广拥有广泛性；以国际盛会、世界旅游联盟等作为窗口，使"诗画浙江"文化旅游品牌的推广更加国际化。精准度、广泛性和国际化使"诗画浙江"文化旅游品牌的营销推广变得立体。

除了立体化的营销格局外，浙江省从政府、企业、公众三个层面，同心同力为讲好浙江故事而努力。政府方面通过全媒体品牌，借用交通、美食、美景等多要素开展"诗画浙江"文化旅游品牌的推广，成为品牌推广的主力；企业方面通过创新营销，构建核心旅游产品，创新"县、企"旅游合作模式，成为品牌推广的动力；公众方面通过文明行动、幸福度和满意度的展现，成为品牌推广的助力。

在文化滋养和旅游体验中，"诗画浙江"文化旅游品牌以"春风化雨"的方式，潜移默化地弘扬社会主义核心价值观和浙江"中国革命红船起航地、改革开放先行地、习近平新时代中国特色社会主义思想重要萌发地"这三个"地"精神。

## 第二节　浙江省全域旅游的未来建设之路

浙江省全域旅游的未来建设之路，就是要以习近平新时代中国特色社会主义思想为指导，全面贯彻党的十九大和省第十四次党代会精神，聚焦与服务于"两个高水平"建设，努力在践行"绿水青山就是金山银山"理念上更有作为，在实施乡村振兴战略上更有作为，在加快供给侧结构性改革上更有作为，在满足人民日益增长的美好生活需要上更有作为，早日实现建成"诗画浙江"中国最佳旅游目的地的目标。

### 一、在践行"绿水青山就是金山银山"理念上更有作为

"绿水青山就是金山银山"理念基于长期实践和经验教训而提出，在伟大实践中形成和发展，得到实践验证和社会认同，有着深厚的实践基础和深刻的现实意义。这一理念有力地推进了物质文明和生态文明的共同发展与有机融合，对社会发展和变革产生了广泛而深远的影响。

实现浙江省到2020年高水平全面建成小康社会的目标，离不开生态文明的建设。小康全面不全面，生态环境质量是关键。生态文明建设的成效，既影响小康程度，也制约小康进程。生态文明建设仍是浙江省全面建成小康社会的突出短板和主攻战场。践行"绿水青山就是金山银山"理念，就是要做强生态弱项、补齐生态短板、增进生态福祉，使生态文明建设的内涵更丰富、外延更拓展，生态惠民的动能更强劲、成效更彰显。

从全域旅游建设的角度来看，就是要牢固树立"绿水青山就是金山银山"理念，加快打开"绿水青山"和"金山银山"的相互转化通道。要推动生态产业化，将生态建设与全域旅游、山区综合开发、脱贫攻坚、美丽

乡村建设紧密结合，发展海洋经济、林业经济、生命健康、休闲旅游、生态农业等绿色产业，培育发展新动能。通过实施生态攻坚，优化生存环境，增添人们的安全感和舒适感；通过搭建实践平台，让更多的人参与生态文明建设与创业，创建美丽家园，创造美好生活，增添人们的自豪感和成就感；通过推进绿色惠民，发展生态产品、绿色产品和生态文化，扩大人民生态福利，增添人们的获得感和幸福感。

## 二、在实施乡村振兴战略上更有作为

党的十九大报告提出实施乡村振兴战略，坚持农业农村优先发展，加快推进农业农村现代化。在实施乡村振兴战略过程中，产业振兴是基础、是关键。实现"乡村振兴"需要好的载体，首要目的是让农村发展，让农民受益。以全域的视角统筹乡村发展，把乡村作为全域旅游的重要平台，通过发展全域旅游最终实现乡村振兴的目的。浙江省多年来的实践证明，发展乡村旅游是实现乡村振兴的重要力量、重要途径、重要引擎。产业兴，旅游兴，农村兴。浙江以"乡村+""农业+"、一二三产融合发展的思路，促进了农业转型和乡村旅游产业升级。

从全域旅游、特色风情小镇，再到万村景区化，浙江省正在将"大景区""大花园"的蓝图进一步走向纵深，将一个个村庄变成游客能旅游、爱旅游的目的地，将人流带到乡村，有了人气，乡村便会焕发活力，便可以走向振兴。

乡村旅游振兴乡村之路，路漫漫而修远。在实施乡村振兴战略上更有作为，就是要通过一系列针对性措施，促进旅游精准扶贫、旅游富民和乡村振兴。

一是要以"旅游+"和"+旅游"为路径，将乡村社区、田园风光、民风民俗、特色种植业等社会和产业资源，甚至荒山、荒坡、荒滩等闲置资源，进行整合开发，实现"旅游化"发展，将乡村资源盘活，形成高附加值的现代乡村和农业旅游产品体系，为农业增产、农民增收提供"旅游化"路径。

二是要在市场的引导和政府的主导下，推动旅游发展的空间全域覆盖和产业之间的全域融合，包括旅游公共服务的全域贯通和旅游环境的全域优化等。

三是要在"绿水青山就是金山银山"理念的指导下，实现"绿色发展"，优先打造乡村生态环境、提升乡村景观水平、提高乡村环境质量，使乡村生态更加优良，乡村景观更加优美，整个乡村环境更加宜居、宜业、宜游、宜养，最终发展成为休闲、度假、康养、研学等综合性的乡村旅游目的地。

### 三、在加快供给侧结构性改革上更有作为

习近平总书记指出："旅游是综合性产业，是拉动经济发展的重要动力。"2018年，浙江省接待入境过夜游客456.8万人次，国内游客6.8亿人次，旅游总收入10005.8亿元。可见，旅游业不仅是能为供给侧结构性改革提供重要支撑的动能产业，也是能够满足广大人民群众日益增长的消费需求的实体产业。

#### （一）围绕供给侧结构性改革大局推动全域旅游发展

当前，全域旅游正在成为旅游业内外的普遍共识和推进新时期旅游业发展的重要理念，尽管发展全域旅游本身就是供给侧结构性改革的有机组成部分，但全域旅游仍然需要与供给侧结构性改革的关键点结合来推进。

一是把全域旅游的融合发展与产业结构升级结合起来，以提高产业附加值为导向的产业结构升级是供给侧结构性改革的内在要求。融合发展是

全域旅游的重要特征，它要求以"旅游＋"和"＋旅游"的方式，引入增量的旅游市场来激活存量的闲置资源，进而创造出不同类型的旅游新产品、新业态。浙江省在全域旅游发展过程中，要进一步重视融合发展，推动旅游业与其他相关产业深度融合、相融相盛，形成新的生产力和竞争力。

二是把全域旅游目的地建设与新型城镇化结合起来。全域旅游的发展理念要求以开放的思维，将旅游业发展从传统景区（景点）拓展到整个区域，进而形成城市旅游、小城镇旅游协调发展的格局。新型城镇化既可以增加消费人口，又可以通过产业适度集聚增加有效供给，是供给侧结构性改革的重要途径。浙江全域旅游的未来发展，需要抓紧推动完善城市旅游基础设施建设和旅游服务功能配套，提高城市旅游承载力，大力发展各具特色的都市旅游；并在特色小镇的总体发展布局中推动建设一批规模适度、生态良好、体验丰富的特色旅游小镇和旅游风情小镇。

### （二）提升全域旅游发展的质量和效率

提高供给质量是供给侧结构性改革的主攻方向。随着游客收入水平的提高和旅游经历的增加，必然会对旅游供给有更高的要求。在全域旅游时代，质量和效率的提升将成为主要的关注点。

一是要在技术运用上下功夫。和其他产业一样，提高旅游产业运行效率，降低旅游产业运行成本，离不开技术进步的推动；除此之外，就旅游业而言，丰富游客的体验，也需要游艺技术、VR技术等的辅助支撑。浙江全域旅游的未来发展，应加快推动旅游领域的科技创新，形成旅游业发展的科技引擎，特别是要加强旅游智能化的建设，通过大数据技术等现代技术全面改造旅游业传统的运行方式。

二是要在提升服务上下功夫。旅游业最本质的特征是人对人的服务，不管技术如何进步，提高旅游服务质量都是全域旅游发展永恒的主题。要从旅游公共服务和旅游企业服务两个方面入手，提高旅游服务水平，不断提高游客满意度。首先，要加强旅游交通体系建设，特别是要形成完整的自驾游服务体系；要建立旅游集散咨询服务体系，规范完善旅游引导标识系统，为游客提供丰富、准确、及时的旅游资讯；要加强旅游安全保障，力争实现旅游安全预警、旅游安全救援、旅游安全保险的全覆盖；要积极开展旅游志愿服务，组织和鼓励市民提供文明引导、游览讲解、信息咨询和应急救援等服务。其次，要加强旅游服务标准化建设，引导更多旅游企业通过贯彻落实旅游标准，提高旅游服务的整体水平；要适应旅游需求个性化的要求，鼓励和推动更多旅游企业通过优化管理、人才培养等方式培育优质的服务品牌。

三是要在文化解码和文旅融合上下功夫。文化是旅游的灵魂，也是衡量全域旅游发展质量的重要标准。增加旅游业的文化内涵，不应局限在单个文化旅游景区的发展上，而应该下大力气挖掘、研究、阐释优质"文化基因"，为文化建设和文旅融合发展提供前提条件、夯实基础。重点通过文化现象研究，实现文化要素提炼，加强文化质量评价，推动文化传承和利用，以挖掘提炼出来的优质文化基因为原材料，传承和开展文旅融合工作，着重打造一批文旅IP和文旅融合改革试验县（市、区）。

### （三）优化全域旅游发展的结构

能否通过发展全域旅游来解决结构问题对旅游业的发展具有至关重要的作用。优化全域旅游发展结构，一方面需要淘汰旅游业的过剩产能。当然，旅游领域的过剩产能和工业领域不太一样，不能简单地关停并转了事。比如，过去一些地方政府粗放式地发展旅游业，将一些优质旅游景区以极低的价格承包出去，但由于经营者长期没有后续的投入和提升，使得许多旅游景区后续发展不力，造成了旅游资源的极大浪费和旅游产能的闲置。这些问题都需要下力气加以解决。另一方面，需要加快培育适应旅游需求升级变化的旅游新产品、新业态。具体而言，优化全域旅游结构，主要涉及四个方面的问题。

一是要优化旅游消费环节结构。旅游活动涉及吃住行游购娱各个环节，鉴于刚性消费增长的空间有限，因此要通过发展全域旅游，不断增加购物、娱乐等弹性消费的比重，提高旅游业发展的效益。

二是要优化旅游市场结构。尽管我国仍处在大众旅游时代，但是在长三角区域客观上已经形成了高、中、低端的旅游市场，鉴于庞大的人口基数，中高端旅游市场的相对数虽然不一定很大，但是绝对数却不小，因此浙江省发展全域旅游，在满足广大人民群众一般性旅游需求的同时，也要形成更多对应中高端市场的旅游产品。此外，还要根据家庭旅游、老年旅游、研学旅游、疗休养旅游等不同的市场特点，形成更为科学的旅游供给结构。

三是要优化旅游产品结构。旅游产品主要包括观光、度假、特种、商务等类型。从全域旅游的未来发展来看，需要整合自然、文化、社会等各类资源，为游客提供更为丰富的旅游体验。因此，着重发展以静态休息为主的度假旅游产品和以动态运动为主的特种旅游产品就显得尤为必要。未来，实现以观光旅游为主向观光、度假、特种、商务旅游并重的产品结构转变，是浙江全域旅游发展的重要任务。

四是要优化旅游组织结构。全域旅游需要各种规模企业的协调发展，要形成少数"顶天立地"的旅游大企业与"铺天盖地"的旅游小企业相结合的组织结构。

## 四、在满足人民日益增长的美好生活需要上更有作为

高水平全面建成小康社会、高水平推进社会主义现代化建设，离不开高质量的全域旅游发展。一方面，旅游业快速增长，对国民经济的综合贡献越来越高；另一方面，人民的旅游需要已发展成为更加广泛、更加多

样、更加多层的美好生活需要，旅游发展的不平衡、不充分，已成为满足人民旅游美好生活需要的主要制约因素。

浙江省实施的大花园建设，其本质正是人与自然和谐共生，目的是不断满足人民日益增长的美好生活需要。从全域旅游发展的角度来说，需要准确把握高速旅游增长阶段转向优质旅游发展阶段的发展路径，坚持走特色内涵式旅游发展之路、坚持走高渗透融合发展之路、坚持走依法治旅之路、坚持走科技创新发展之路、坚持走全方位开放开拓之路，不断满足新时代人民的旅游美好生活需要。同时要以人民日益增长的旅游美好生活需要为统领，更加注重综合功能的发挥。

一是坚持走特色内涵式旅游发展之路。增强价值内涵，让社会主义核心价值观融入旅游发展各环节，成为广大从业者、游客的基本遵循。坚持人与自然和谐共生，走协调发展、绿色发展道路，告别GDP崇拜，大力倡导绿色旅游，加大生态系统保护。增强制度内涵，创建和完善优质旅游发展制度环境，加快形成推动优质旅游发展的指标体系、政策体系、标准体系、统计体系、评价体系。增强产业内涵，加强旅游产品的创新力和丰富度，加大文化挖掘力度，推动邮轮旅游、自驾车房车旅游和低空旅游等新业态新产品发展，推动形成传统旅游产品精细化创新版，如农家乐升级版、民宿旅游升级版等。强化品牌意识和营销意识，培育产业发展品牌资产和竞争优势。增强服务内涵，树立起"浙江优质旅游服务"闪亮招牌，各旅游企业、经营单位将"服务"视为生命一样去维护，提升人性化、个性化、特色化服务内涵。有效提升组团游，不断优化自助游，大力发展定制游，鼓励志愿者导游，鼓励老年专家、退休学者等参与旅游服务。

二是坚持走高渗透融合发展之路。以"旅游＋"和"＋旅游"推动形成多产业融合发展新格局，努力增强融合渗透质量和效果，切实丰富旅游内涵，延伸旅游产业链条。不断创新旅游业体制机制，优化配置旅游市场

资源，提升旅游产业总体水平和品质发展活力。推动旅游共建共享，注重在旅游发展中保障和改善民生，落实乡村振兴战略，实施旅游扶贫、旅游富民工程。

三是坚持走依法治旅之路。主动适应旅游业改革发展需要，为优质旅游创造更好的法治供给环境。在维护旅游市场秩序上持续发力，严格执法，以更大力度依法打击"不合理低价游"等市场顽疾，推动建立现代旅游市场综合监管体系。在全省开展整治媚俗、破坏性开发旅游人文资源的专项行动；淘汰不符合优质旅游发展要求的A级景区，重点是5A级、4A级景区，对不符合旅游质量、安全要求的实体进行综合治理；构筑旅游安全保障网；强化普法宣传，提高旅游部门依法行政、旅游企业依法经营、旅游者依法维权的意识和水平。

四是坚持走科技创新发展之路。通过大平台、大网络、大数据来推动旅游发展数字化转型，打破信息孤岛，实现数据共享，实现旅游服务、旅游管理、旅游营销、旅游体验、景区流量调控智能化，真正让游客"一机在手，说走就走，说游就游"。通过高新技术产业与现代旅游业的耦合，有效延长和增容旅游产业价值链。通过运用现代高新科技开发旅游资源，积极采用新技术、新工艺、新材料等，提高旅游商品研发制作水平。通过利用生物技术、信息技术、航天技术、新能源技术等，开发兼具文化内涵、科技含量的旅游新产品，不断提升旅游的吸引力、体验性和互动性。

五是坚持走全方位开放开拓之路。以更大的气魄、更大的决心，彻底打破"一亩三分地"画地为牢、无所作为、墨守成规的封闭守旧意识，认真梳理并进一步清理妨碍旅游有序开放竞争的不合理规定和做法。

## 五、在绿色发展的道路上更有作为

浙江省时刻践行习近平总书记提出的"绿水青山就是金山银山"理

念，开辟了地方实践的新局面。根据中国人民大学国家发展与战略研究院发布的《中国经济绿色发展报告2018》，浙江省绿色发展指数位居全国第一，是美丽中国发展战略的先行者和示范者。浙江省将始终以"八八战略"为纲，积极推进全域旅游绿色发展。

一是以绿色建设为根本。绿色建设以科学发展观为指导，以保障人民群众环境权益为出发点和落脚点，以改革创新为动力，扎实推进并不断拓展提升各类绿色创建活动，弘扬生态文明理念，增强全社会生态文明意识，努力构筑共建共享生态文明的良好格局，把浙江省建设成为全国生态文明示范区。强化生态化设计理念，加大节能、低碳、绿色环保材料在旅游项目建设中的推广应用，建设一批以循环经济为特色的生态旅游景区和企业，为各地区和景点创建典范，及时总结和推广试点创建经验；通过提高全民生态建设意识，配以各种相关创建活动进一步增强绿色建设的群众基础，如绿色社区创建来增强居民环保意识，让群众在生活中自觉养成良好的生活习惯，同时又可影响前来观光的游客，让游客感受到浙江人民浓厚的生态保护氛围。

二是以绿色行为为引领。绿色行为是指符合绿色理念的社会组织或自然人的活动。在全域旅游的建设过程中，游客的绿色行为是建设文明景区和文明城市的关键，是未来全域可持续发展的基础。全域旅游的建设把浙江省打造成一个全方位开放的大景区，面对持续上涨的游客接待量，在提升游客环保行为的同时，景区的管理也需要进一步加强。景区或城市可改变管理思维，如对游客的绿色行为给予奖励，对参与的绿色行为进行记录并制订认定体系。经认定的绿色行为记录可兑换相应的奖品或虚拟货币用以实际旅游消费，以这种方式来引导和激励居民和游客的绿色行为，"变堵为疏"，从根本上治理旅游不文明行为。

三是以绿色消费为导向。与游客人次多少、旅游收入高低相比，能否坚守"绿色底线"、不触碰"生态红线"成为衡量旅游业发展的重要指标，也是全域旅游发展的重要理念。旅游业因能源消耗较低、污染环境较少，被称为"绿色经济"，但这并不意味着旅游业不会带来环境问题，而是相比于其他产业而言，旅游可以带来更加生态和健康的收益，是未来社会发展的方向。政府可推行有关政策来平衡旅游业发展的经济效益、社会效益和环境效益，采取相应措施推动游客的绿色消费，将旅游发展对环境的破坏降到最低。如取消酒店"六小件"、提升节假日公共交通便利度、推出绿色消费服务指南标准（不强制执行）等，都是提升绿色消费的可行措施。这些措施可以在保障游客基本权利的情况下，最大化地鼓励游客履行相应的社会环保义务，有效引导游客建立绿色出行方式，树立绿色旅游消费观。浙江省通过积极倡导低碳旅游，推行绿色消费，使旅游业真正成为资源节约型和环境友好型的生态化产业，旅游成为实现"绿水青山就是金山银山"理念的重要载体，有力助推美丽浙江建设。

# 下 篇
# 浙江样本

# 第五章
# 典型案例

## 湖州市：全面践行"绿水青山就是金山银山"理念 全域旅游全民共享

近年来，湖州全市上下始终牢记习近平总书记对湖州提出的"继续照着'绿水青山就是金山银山'这条路走下去"等重要指示，坚决贯彻落实党中央、国务院和省委、省政府决策部署，按照"全景式打造、全季节体验、全产业发展、全社会参与"的思路不断探索全域旅游发展之路。2016年，湖州市成为首批国家级旅游业改革创新先行区和国家全域旅游示范区创建城市，经过三年的不断探索与实践，湖州逐渐理清了全域旅游开展和实施的方向，按照构建"一四六十"工作体系和打造"湖光山色入画来"国际化生态滨湖旅游城市的总体要求，坚持补齐短板、融合共享、全域覆盖，以"绿水青山就是金山银山"理念为指引，以文化为引领，以融合为主线，加快文旅融合，推进全域旅游发展。目前全域旅游已经成为湖州经济转型升级的主战场，对外树立形象的主战场，融入国家重大战略的主战场。

## 一、湖州市开展全域旅游的工作路径

### （一）抓规划，强目标

湖州市一直以来牢固树立"全域景区"理念，高起点抓好各类规划的编制实施，切实强化规划战略引领和刚性约束作用。一是优化发展规划，先后制定了《湖州市旅游业发展总体规划》《湖州市休闲旅游业发展"十三五"规划》《湖州市全域旅游规划》3个总体规划，编制出台了《湖州市城市旅游发展专项规划》《湖州市滨湖旅游产业发展专项规划》《湖州市乡村旅游发展规划》等7个专项规划，以"3+7"多规合一旅游发展规划引领一张蓝图绘到底。二是优化空间布局，打破行政区域概念，通过"点、线、面"结合，引导全域旅游差异化、特色化、一体化发展。三是优化要素配置，以《湖州市旅游交通专项规划》《湖州市旅游用地专项规划》为牵引，建立旅游项目预评估制度，推动土地、资金和人才等要素向全域景区精准布局。

### （二）抓平台，强基础

全面加快旅游度假区、旅游景区、旅游小镇、乡村旅游产业集聚区、旅游综合体五大平台建设。一是旅游度假区。新创国家级和省级旅游度假区各1个，分别为灵峰旅游度假区和浪漫山川旅游度假区；莫干山国际旅游度假区创建国家级已正式上报文化和旅游部，世界丝绸之源度假区创建省级已通过资源评估。目前，湖州市已有省级以上旅游度假区7家，数量和质量均居全省第一，是全国唯一拥有两个国家级旅游度假区的地级市。二是旅游景区。安吉余村竹博园景区创建5A级，已正式上报文化和旅游部，4A级景区新增2个。目前，湖州市已有国家4A级以上旅游景区

21个，已通过4A级景区资源评估12个，数量居全省第一。三是旅游小镇。已创建省级旅游风情小镇4个，列入创建名单12个，列入省级旅游类特色小镇创建名单2个、培育名单3个，旅游小镇总量居全省第三。四是乡村旅游集聚区。长兴水口乡、德清莫干山创建为省级乡村旅游产业集聚区，数量居全省第一，这一产业平台为湖州市首创，为全国乡村旅游集聚发展走出了一条新路。五是旅游综合体。龙之梦、月亮酒店、东吴双塔等十大旅游综合体建设和运营初具成效。

### （三）抓产业，强主体

产业是全域旅游景区化建设的基础，湖州市牢固树立"大旅游"理念，扎实推进旅游业纵向延伸、横向融合，着力把旅游业打造成为撬动高质量赶超发展的主导产业。

一是做新业态。湖州市围绕构筑"311"产业体系，全力发展乡村旅游、滨湖度假旅游、文化旅游三大主导产业，提升发展生态旅游、工业旅游等十大重点产业，加快发展健康养生、研学旅游、温泉滑雪等十大新兴产业，着力培育复合型现代旅游产业。

二是做大外延。湖州市探索"旅游+"新模式，推动旅游发展从"围景建区、设门收费"向"景区一体、产业共融"方向转变。比如，结合实施乡村旅游振兴战略，打造美丽乡村升级版，统筹农业园区、观光农业等发展。

三是做强主体。湖州市全面实施旅游领军企业培育工程和旅游企业上市会战行动，去年全市营业额超千万的旅游企业达80家；引进了总投资251亿元的综合性文化旅游休闲度假区太湖龙之梦和"洋家乐"代表德清裸心谷等一批地标项目；"天下湖品"成为全省首个全市性统一旅游商标。

## （四）抓改革，强要素

一是在旅游用地上，会同市国土部门编制了《湖州市旅游用地专项规划》和《关于加强乡村旅游发展用地保障的指导意见》，积极推动坡地村镇、点状供地等政策落地，共成功申报坡地村镇试点项目36个，项目个数和获取指标数均列全省第二，国土部门每年还单独拿出300亩指标主要用于全域旅游重点项目。

二是在证照许可上，出台了《湖州市乡村民宿管理办法（试行）》，实行联合审批机制，并推动三县两区结合自身实际，出台了相应的管理办法。

三是在资金保障上，与财政局联合出台了旅游专项资金管理办法和奖励补助八条实施细则，与农办联合制定了3A级景区村庄以奖代补政策，与总工会联合建立职工疗休养基地奖励基金350万元。

四是在人才队伍上，出台了《湖州市休闲旅游产业人才发展规划》，有5位旅游人才入选全国万名旅游英才计划。

## （五）抓网络，强市场

牢固树立"游客为王"理念，坚持产品、网络、队伍三管齐下，统筹国内、国际、入境三大市场，加强精准营销，持续推进湖州全域景区化建设。

一是狠抓产品创新，加大资源整合力度，以全市200个职工疗休养基地为主体，推广"全域旅游卡"，搭建"全域旅游网"，精心培育"湖州2000——菰城之旅"等特色产品。

二是狠抓营销网络，加强活动营销、媒体营销、广告营销和专业营销，以国际乡村旅游大会和国际滨湖度假大会为重点，以"湖州旅游月月红"为载体，以市旅游推广与营销中心和20个旅游推广联络处为依托，倾力打造全市十大旅游节庆品牌，精心组织"旅游惠民进社区（进乡村）"

"湖州人游湖州"等活动。

三是狠抓专业队伍建设。深入实施以旅游企业总经理、乡村旅游人才、金牌导游、优秀营销员、服务明星和旅游专业人才为主体的"六个一百"旅游人才培养工程,抓好湖州旅游驻外兼职营销员、驻外媒体观察员和驻外重点客源旅行社组织员队伍建设;发挥旅游顾问和旅游咨询员的作用,组建乡村旅游研究院和全省首个地级市国际旅游学院。

## 二、湖州市开展全域旅游的创新做法

### (一)重试点,强突破

一是旅游模式、机制突破。结合大众旅游时代和市场消费升级的需求,创新地方政府资金、资源、规划、公共服务等引导旅游业发展的新模式和新机制,推进旅游供给侧结构改革。注重挖掘旅游消费新热点,加大对乡村旅游、滨湖度假、文化旅游三大主体业态和生态旅游、工业旅游、文化旅游等特色业态,以及健康养生、情感旅游、研学旅游等新兴业态的扶持力度,重视试点地区的发展。

二是旅游用地突破。探索创新旅游用地供给机制,建立以旅游部门牵头的旅游用地联席会议制度,开展省级旅游产业用地专项改革试点工作。根据《湖州旅游用地专项规划》,制定旅游产业用地管理政策措施,明确旅游产业用地重点区域、一般区域和控制区域,推动土地差别化管理与引导旅游供给结构调整相结合。研究制定差别化旅游用地政策,鼓励支持集体建设用地参与旅游开发,优先保障旅游重点项目用地供给。对政府投资符合规划的旅游集散中心、旅游咨询中心、公共停车场、旅游厕所等与旅游配套的公益性城镇基础设施,可以采用划拨方式供地。支持重点乡村旅游项目建设用地,适当增加乡村旅游项目出让土地比重。市(县、区)每年要安排一定比例的用地指标、农用地转用指标以保障旅游项目建设,对龙头性、带动性作用明显的重点旅游项目,以"一事一议"方式给予用地支持。

三是旅游统计突破。科学开展旅游市场统计分析和旅游经济运行监测工作,健全旅游经济运行和运营季度分析报告制度、市场运行监测点制度、统计数据直报制度,探索建立旅游经济运行动态监测机制;完善旅游统计指标体系;创新旅游统计机制,进一步完善接待国内游客人次、入境游客人次、门票收入、旅游经济总收入、过夜游客人次五大传统旅游指标体系,以及旅游业增加值占GDP比重、旅游业增加值占服务业增加值比重、旅游税收占地方财政收入比重、旅游业从业人员占全社会从业人员比重、旅游收入占农民年纯收入比重五大现代旅游指标体系;深化旅游产业贡献度统计、旅游统计新体系研究,升级调试旅游统计平台,完善旅游市场分析数据档案和客源市场数据库,形成相关调查表式。

## (二)重立法,强保障

湖州市牢固树立"一盘棋"理念,加强领导,健全机制,压实责任,不断汇集"把指成拳"的工作合力;科学编制了《南太湖文旅融合发展带规划》和《湖州市文旅融合发展概念性规划》,专门制定了《湖州市乡村旅游促进条例》《乡村民宿服务质量等级划分与评定》《2019年加快推进文旅融合发展示范行动方案》;在全省率先制定了乡村旅游集聚示范区、示范村、示范农家、示范农庄和乡村民宿、生态度假庄园、生态休闲农场等七大标准,许多标准为全国首创,特别是由德清县牵头制定的《乡村民宿服务质量等级划分与评定》标准已上升为国家标准。

与此同时,完善管理机制,在全省率先实现市县旅委体制全覆盖,构建了"统筹规划、统筹管理、统筹考核、统筹营销"的大旅游监管格局,实现了从单一的行业管理模式向一体化模式转换;完善执法机制,持续深

化"综合执法+旅游警察+市场监管旅游分局+旅游巡回法庭+N""五位一体"的执法体制改革,推动传统旅游综合执法向统筹指挥与集中执法、综合执法、联合执法转变,切实维护旅游市场秩序。

### (三)重乡村,强全域

一是形成四大模式。先后编制了《湖州市乡村旅游发展规划》《湖州市乡村旅游集聚示范区产业发展规划》,形成了以美丽乡村带动的"生态+文化"、以洋家乐带动的"洋式+中式"、以旅游景区带动的"景区+农家"、以休闲农庄带动的"农庄+游购"乡村旅游发展"四大模式",在三次全国乡村旅游发展大会上湖州两次作典型发言。

二是打造乡村十景。全面深化乡村旅游集聚示范区建设,2018年创建A级以上景区村庄180家,3A级景区村庄45家,累计A级以上景区村庄332家,3A级景区村庄64家,形成了以"上海村""星球村""台湾村"为代表的独具特色的"乡村十景"。以项目为主抓手、主引擎,按照"六项制度"和"五个一批"总体要求,推动旅游发展五大平台建设,并实现全域化。推进县区省级以上旅游度假区全覆盖,实现省级旅游度假区全域化。加快全市十大乡村旅游集聚示范区(慢生活体验区)建设,构建"村村是景点"的乡村旅游发展大格局,实现乡村旅游集聚示范区全域化。加快建立全域大景区平台,形成"处处有景区、步步是景点"的全域化大格局,实现A级旅游景区全域化。引导特色旅游小镇(风情小镇)建设贯彻景区建设理念,融合旅游元素,满足游客需求,确保特色小镇全部建成国家3A级以上景区,旅游产业类特色小镇以国家5A级景区标准打造,推进"镇区景区化、产业旅游化",实现特色旅游小镇(风情小镇)全域化。围绕旅游六要素,建设和培育一批特色鲜明、业态丰富的旅游综合体,实现旅游综合体全域化。推进五大平台互促共进,全面实现旅游平台一体化、产业化、标准化、品牌化和全域化的有机结合,有效丰富旅游产品,培育核心吸引物,为旅游全域化发展提供坚实的产业支撑体系。

**(四)重灵魂,强融合**

一是全域按景区标准统筹规划。注重各地区、节点间的差异化和特色化发展,通过点、线、面结合的方式,形成区域文化特色、功能特色、产品特色、业态特色、服务特色,避免同质化恶性竞争,增强整体竞争力。抓好度假区、乡村旅游集聚示范区(慢生活体验区)、景区、特色旅游小镇(风情小镇)和旅游综合体的打造;注重旅游道路建设,在打通点与点连接线的同时,将全市道路沿线全面建成景观带;在点线结合的基础上,把一村、一镇(乡)、一县(区)和全市作为一个大景区打造,实现全域内"处处是风景、路路是景道、乡镇是中心"。

二是促进产业融合。全面拓展"旅游+""+旅游"产业,推进旅游与工业、农业、体育等产业融合发展。目前,湖州市共拥有各类省级产业融合基地61家,其中工业旅游基地15家、老年养生旅游基地5家、文化旅游基地6家、中医药文化养生基地8家、运动休闲旅游基地5家、果蔬采摘基地20家、休闲渔业精品基地2家,位居全省前列。

三是实现品牌集聚。成功引进了裸心堡、悦榕庄、阿丽拉、JW万豪等国际国内知名酒店品牌27家,度假品牌酒店集群引领全国。

"绿水青山就是金山银山"理念的生动实践在湖州市每个角落上演,湖州因"绿水青山"而美丽,因"绿水青山"而闻名,因"绿水青山"而奋进。旅游成为湖州市重点培育的四大现代产业体系中首个突破"千亿"目标的主导产业,守护绿水青山,做大金山银山,湖州全域发生翻天覆地的改变,书写了旅游高质量发展的美好篇章。

# 安吉县：抓改革，重项目，优环境 全力打造长三角最佳休闲度假旅游目的地

安吉县是习总书记"绿水青山就是金山银山"理念的诞生地，位于浙江省西北部，黄浦江源头，县名取《诗经》"安且吉兮"之意，是中国美丽乡村发源地、全国首个生态县、联合国人居奖唯一获得县，面积1886平方千米，常住人口60万人。安吉历史上曾是古越国的重要活动地和秦三十六郡古鄣郡的郡址所在地，曾涌现出以吴昌硕、吴均、朱然、陈嵘等为代表的一批名家巨匠。安吉独特的山水特色和人文底蕴，成为打造休闲度假型旅游目的地的最大优势。

## 一、主要成效

### （一）业态不断丰富，产业体系趋于完善

安吉县的旅游业从单纯的景区观光旅游发展到休闲度假、乡村旅游、工业旅游、运动探险、主题乐园、研学实践、城市休闲、健康养生等综合性业态，全面覆盖了吃、住、行、游、购、娱六要素。2015年以来，全县重点旅游项目累计完成投入超过120亿元，品牌酒店、度假酒店和精品民宿全面发展，全县床位从2015年的3.8万余张发展到2019年的6万余张，安吉已成为国内旅游住宿接待设施体系最为完善的县之一。

### （二）发展不断加速，更加宜居宜游宜业

从2009年提出建设县域大景区，十年来安吉接待游客人次和旅游收入

分别增长了 5 倍、15 倍，2018 年接待游客达到 2504.5 万人次，旅游总收入 324.7 亿元，旅游产业增加值占 GDP 比重超过 13.5%，逐步走出了一条从"农家乐"到"乡村观光"到"乡村度假"再到"乡村生活"的休闲度假产业振兴之路。如今的安吉，天蓝水清，山明水秀，生态一流，民风淳朴，社会和谐，处处是景区，步步有景点，路路现风景，是长三角地区首选的乡村休闲度假目的地。

### （三）品牌不断提升，对外影响持续扩大

安吉县成功创建国家首批全域旅游示范县，以及国家级旅游度假区 1 家、省级旅游度假区 1 家、4A 级景区 7 家。先后获得全国首个休闲农业与乡村旅游示范县、国家乡村旅游度假实验区、国家旅游标准化示范县等荣誉。2018 年 12 月，国家文旅部在安吉召开"全国发展乡村民宿推进全域旅游现场会"，与会领导给出了"从高端民宿到大众农家，全国的乡村旅游发展都可以到安吉这里复制粘贴，安吉不愧于农村发展和乡村旅游发展的全部典范"的高度评价。

## 二、主要做法

### （一）创新体制机制，高定位统筹发展

一是持续优化体制机制。安吉率先在全国县级层面成立旅委并出台建设县域大景区的实施意见，统筹开展旅游行业管理和产业促进工作；在全省率先完成以"综合协调＋专项保障"为特征的旅委、旅游警察、旅游巡回法庭、市监旅游分局"1＋3"旅游管理体制改革；组建县文旅集团，走新型旅游改革发展路线，全面建设旅游服务产业；成立旅游行业协会、旅游行业党建联盟，促进行业自律和抱团发展。

二是政策保障不断加码。出台休闲旅游产业政策，近五年每年整合发改委、交通等各部门政府性涉旅资金8亿元以上，年撬动社会资金50亿元以上投入全域旅游；同时，争取国开行100亿元金融授信，县内金融机构与旅游部门开展银政战略合作，创新推出"门票贷""林权贷""农旅贷"等金融产品，助力全域旅游发展。

三是系统编制精准规划。县域总体规划、土地利用规划等均突出全域旅游重点，探索实施"点状供地、坡地村镇"等旅游供地模式，先后编制形成以全域旅游总规以及乡村旅游、运动休闲、水上旅游、重点招商等一系列专项规划；形成以主要中心城区为休闲度假旅游城，大竹海、黄浦江源、白茶飘香、昌硕—天子湖等特色生态圈构成的"一城四圈"战略空间规划，引领产业集群化与特色化发展。

### (二) 坚持项目引领，放大格局业态聚合

一是项目集聚化。出台了《休闲旅游项目投资与建设管理指导意见》，编制了《休闲旅游产业导向目录》，对项目"预审—竣工—评价"进行全流程管理。成功打造了一系列精品景区，如日本本土之外唯一落户海外的Hello Kitty天使乐园、亚洲最大的水上乐园欢乐风暴；引进和建成JW万豪、悦榕庄、地中海俱乐部、阿丽拉、温德姆等一批国际品牌项目。2018年，全县共有各类休闲旅游项目60个，总投资达447亿元。

二是产业融合化。重点打造浙江自然博物园、古城考古遗址公园等一批产业融合领头项目，推出滑雪漂流、农事体验、研学科普、低空飞行、森林康养等融合类产品，创成各类省级产业融合示范基地26家；挖掘昌硕文化、移民文化，建成"一中心、12专题馆、48村落馆"全国独创的生态博物馆群和一大批文化名村，以及全国最大规模乡村影剧院群和全国最大的竹文创旅游商品集散地；完善最美乡村图书馆群、最美文化主题民宿群、最美户外运动群、最美乡村文化礼堂群等"七大美丽文化集群"建

设;推出安吉竹乐、安吉竹叶龙等地方特色表演节目。

三是运营品牌化。打造"中国亲子旅游第一县·国际乡村生活示范地"的品牌形象,承办了30多场国际或国家级节会活动,如连续承办首届全国休闲农业和乡村旅游大会、第二届国际乡村旅游大会,连续五届承办国际无人机大赛等;定期举办玩水节、年味在安吉、亲子旅游节、美丽乡村走遍长三角等品牌营销活动;与携程、腾讯等OTA公司开展"直播+游戏+旅游"营销,重视在新兴媒体上营销安吉,如安吉旅游微信公众号长期位列全省旅游微信排行榜前三名。

### (三)强化要素配置,不断提升全域美丽

一是持续优美环境。坚持美丽乡村、风情小镇、优雅竹城三级联动,大力推进治水治气等"六治"行动,在全省首创矿产资源联合管理、生态复绿补植令,实施"五级河长"联动治水、森林地方公安联合执法等新模式。境内植被覆盖率75%以上,空气质量优良,出境水常年保持Ⅰ、Ⅱ类标准,打造了气净、水净、土净的"三净之地"。

二是完善基础体系。以"游运一体化"建设理念,创新实施"公路休闲驿站"建设,建成安吉大道、国家度假区浮玉大道等七纵七横全域旅游风景主干道以及覆盖乡村的网格化旅游道路。同时推动"厕所革命",形成景区、县城、城镇和美丽乡村旅游厕所全覆盖的格局。全域旅游美丽公路总里程达1440千米,新建改建旅游厕所181座。

三是规范服务管理。因地制宜制定了《美丽驿站酒店评选办法》《漂流项目质量服务细则》等地方标准或办法。探索建立起县、乡镇(街道)、村、企业四级旅游质监网络,靠前解决各类旅游投诉纠纷。截至2019年,全县共设乡镇(街道)旅游质监站15个,村级质监室30个,有旅游企业质监员61人,近3年来共处理旅游投诉876件,化解率100%。

## 三、经验启示

通过发展全域旅游，旅游"一业兴百业旺"的效应在安吉得到了充分体现，成为安吉县践行"绿水青山就是金山银山"理念最完美的诠释。在发展中我们深刻体会到：

党政统筹是推进全域旅游的不二法则。旅游业是个长线产业，推进全域旅游工作，党委、政府必须统一思想，统筹实施，将全域旅游工作作为县域综合治理的一项主要抓手，始终保持战略定力，持之以恒抓到底。要定期地重点研究旅游工作，主动地关心旅游工作，经常为旅游事业"鼓与呼"，引导全县上下都关注旅游、支持旅游，形成全域旅游发展的良好氛围。

改革创新是实施全域旅游的动力之源。安吉人在探索全域旅游的过程中，实施了一系列针对县域旅游发展切实有效的体制机制改革创新举措，如旅委的体制改革、旅游部门直接审核安排政策资金、牵头乡镇休闲经济考核、部门涉旅重点工作考核、旅游招商引资牵头及项目预审评估等，使得旅游部门的话语权逐年提升，对规划统筹实施的掌控力越来越强，确保安吉旅游近年来始终走在高质量发展道路上。

精准定位是实现全域旅游的成功之道。立足长三角区域中心的区位优势，安吉把发展全域旅游的目标定位为打造国际化生态型休闲度假旅游目的地，通过实施项目带动战略，注重项目引进的品牌影响力和融合带动力，打造了一系列衍生产品，延伸了旅游消费链，推动了从门票经济向产业经济的转变，成功实现了从景点景区旅游向目的地旅游的转型。

# 宁海县：以文化和旅游深度融合 促颜值与气质相得益彰

宁海是《徐霞客游记》开篇地、"中国旅游日"发祥地，也是践行"绿水青山就是金山银山"理念的示范地，绚烂的人文积淀和秀美的自然风光相得益彰，文旅融合为宁海发展全域旅游开辟了全新的角度和路径。

## 一、基本情况

宁海位于浙江东部沿海，是宁波市辖县，陆域面积1843平方千米，海域面积275平方千米，户籍人口63万，现有旅游景区（点）30余个，其中4A级3个、3A级4个，省级旅游度假区1个，旅游业从业人数5.1万人。2018年游客接待人次和旅游总收入分别达到1629.0万和158.4亿元。

### 1. 拥山抱海的区位禀赋

宁海县濒临三门湾、象山港两大港湾，接壤天台山、四明山两大山脉，森林覆盖率达到63%，水质和空气优良率均在90%以上，是宁波的"水缸"和"绿肺"。近年来宁海县的生态综合效益不断放大，相继成为国家生态县、国家循环经济示范县、中国天然氧吧、浙江省美丽县城试点县。

### 2. 包容四海的人文底蕴

1700年的建县史、900年的晒盐史、600年的围垦史，形成了"大气、硬气、正气、和气"的宁海精神，走出了天下读书种子方孝孺、左联五烈士之一的柔石、国画大师潘天寿等名家大儒。宁海拥有宁波最多的中国历史文化名镇和传统古村，有平调耍牙、十里红妆婚俗、泥金彩漆、前童元宵行会等国家级非物质文化遗产。

## 二、主要做法及成效

### （一）顶层融合，构建全域旅游新格局

一是深化体制改革。文化部门作为全域旅游工作领导小组的重要成员单位，始终在文化资源转化、旅游品质提升、旅游商品开发等方面发挥着举足轻重的作用。随着机构改革的推进，文旅部门合二为一，实现"编合、事合、人合、心合"，下属单位和乡镇（街道）综合文化站、图书分馆、村落文化宫、旅游办等基层专业管理力量进一步配齐配强，文旅融合助推全域旅游的凝聚力更加强大。同时，宁海县加快投融资改革，积极组建县文化旅游集团，通过划拨优质资源、开展资产并购重组，促使公司资产进一步壮大，投融资平台作用进一步显现。

二是强化规划引领。深入实施《宁海县文化发展"十三五"规划》《宁海县文化产业发展三年行动计划》，把人文优势转化为产业优势，把文化软实力转化为经济发展动能；坚持旅游全域化理念，发布实施《宁海县全域旅游发展总体规划》，有序推进城市休闲中心和温泉度假、古镇文化、滨海休闲、乡村旅游四大特色板块建设，加快形成"栖谷经济"发展新格局。同时，全面摸排家底，推动文化和旅游资源普查工作，并成为全省试点，积极谋划文化旅游发展十四五规划，助推文化和旅游健康融合发展。

三是加大政策支持。加大文旅产业扶持力度，出台了《文化产业发展扶持办法》，重点扶持引进和培育新兴、特色文化产业，积极引导扩大文化消费；调整出台《旅游业发展扶持政策》，加快推进全域旅游建设和乡村旅游发展，出台A级景区村庄、旅游厕所补助办法，充分激发了各乡镇建设高品质景区村庄、高等级旅游厕所的热情。加大专项资金投入，依托文化发展专项、旅游发展专项、涉农资金整合等资金池，加大公共文化服务、

旅游基础设施建设支持力度。

## （二）文旅赋能，注入全域旅游新内涵

一是以"节"为载体塑旅游品牌。宁海人"十年磨一剑"，推动徐霞客开游日5月19日成为中国旅游日，并持续推动霞客游线申遗，一手创办的徐霞客开游节从2002年开始已举办十七届，并从一个地方节庆活动走出浙江、走向全国，成为宁海旅游的"金字招牌"。"天下旅游，宁海开游"的口号响彻中华大地，宁海成为全国各地旅游人的朝圣地。同时，依托传统农事节庆，大力实施"一镇一品一节"工程，以"文"为媒，以"旅"引客，宁海湾文化旅游节、深甽十月半、葛洪文化节等30余个特色节庆品牌遍布全县，分布四季，年均吸引60余万市民和游客，以节兴旅、以节促消费成效显著。例如，力洋镇海头村通过打造菊花观光休闲基地，举办菊花节，年直接经济效益达180万元，一举摘掉"集体经济薄弱村"的帽子。

二是以"文"为内核助产业升级。把文化作为推动旅游产业升级的重要引擎，大力发展十里红妆婚庆产业、工艺美术、民俗旅游、研学旅游等特色产业，为传统文化产业插上"旅游"的翅膀。如十里红妆文化园是宁海斥巨资精心打造的集"十里红妆"文化展示、体验为一体的杰作，开园即成为文化旅游新地标，最高峰时一天接待9000人次左右。前童古镇开发以"活着的古镇"为目标，不搞大拆大建、居民外迁、过度商业化，而是发展特色精品民宿。许家山石头村、龙宫古村、宁海古戏台等独具地域特色的文化资源逐步成为游客的"网红打卡点"。

三是以"道"为链条串精品线路。宁海有全国首条500千米的国家登山健身步道和充满历史沧桑的50千米徐霞客古道，覆盖全县所有乡镇、街道，沿线风景优美、移步换景。以此为纽带，宁海县全力挖掘周边文化旅游资源，精心谋划推出"静城宁海·品质生活"系列精品线路20条，将全域美景、美食、美宿串珠成链，满足游客的多样化需求，尤其是红妆黛

瓦、静养温泉、缑城游学、海誓山盟、霞影西游等5条精品文旅线路受到游客追捧，年均接待长三角地区游客800万人次。

### （三）融合创新，释放全域旅游新效能

一是做好"文旅＋农业"文章。坚持农文旅融合发展，着力打造以特色文化为肌理、以精品民宿为支撑、多种业态为补充的乡村文旅产品体系。通过"文旅＋农业"模式，宁海农民从"卖田地"到"卖生态"、从"卖资源"到"卖风景"、从"卖特产"到"卖文化"，全县形成了绿色休闲、银色养老、古色文化、碧色山泉、蓝色海湾、彩色田园、特色民宿的"七色"美丽经济。近三年乡村旅游人次年均增长30%，带动农民人均可支配收入年均增长9.5%。例如，桥头胡街道双林村发展农家乐近50家，年接待游客30多万人次，纯收入达1000万元。

二是做深"文旅＋体育"文章。作为中国运动休闲大会永久性会址和国家体育产业基地，宁海多维度打造户外运动之城，推动文旅体共荣。依托丰富的文旅资源，培育特色体育休闲业态，引进帆船、帆板、皮划艇、海钓等海洋休闲业态；安岚跑马场、许家山房车公园、胡陈户外运动基地、王干山露营基地等项目相继建成营业；成功举办亚洲山地户外运动挑战赛、"千里走宁海"等10余项国家级大型户外品牌赛事及活动，形成了以山水为特色、以文化为内核、以大众为支撑的"文旅＋体育"发展模式。

三是做透"文旅＋生活"文章。写好文旅融合、惠享生活文章，从文旅基础设施提升、惠民服务优化两方面着手，提高市民游客生活幸福感和获得感。潘天寿艺术中心、红妆文旅特色小镇等一批综合体项目进展顺利，旅游厕所、旅游标识系统、通景公路、图书馆分馆、市民公园、博物馆等公共文化旅游设施品质不断提升。大力发展群文活动，常态化举办正学讲堂、百姓大舞台、戏剧节、群众文化艺术节等品牌文化活动，丰富群众文化生活；推出"惠享生活"文旅惠民消费季活动，让市民共享文旅发展红利。

## 三、经验启示

**（一）文旅融合是旅游发展战略的新选择**

文化是旅游的灵魂，旅游是文化的载体。在全国县域层面，宁海属于自然资源和历史人文俱佳的城市，文旅融合的最大优势就是让"沉睡"的文化资源重新焕发生机，提升旅游的内涵和品质。宁海探索出的文旅融合之路对全国其他类似城市具有极大的借鉴意义。

**（二）文旅融合是丰富旅游业态的新路径**

随着国民素质提升，文化旅游的吸引力与日俱增，博物馆旅游、游学产业不断兴起，寓教于乐成为年轻一代出游者的刚需，故宫博物院成为"网红"即是最好一例。用文化去提升旅游产品，孵化新型业态成为市场必然趋势。

**（三）文旅融合是打造城市品牌的新方向**

在旅游业发展初期，拥有名山大川的城市占得先机，黄山、九寨沟、张家界等一批大IP率先崛起。但是，并不是所有城市都有名山大川，只要深入挖掘所在地文化中蕴含的丰富内涵，同样能发挥优势，打造独特的文旅IP，提升城市知名度和美誉度。

**（四）文旅融合是创造美好生活的新动能**

随着时代发展，人民群众的物质生活日益丰富，对文化体验、艺术享受的要求越来越高。深化文旅融合，发展全域旅游，创造美好生活，是环环相扣、紧密相连的。赋予公共文化服务、群众文化活动旅游属性，不仅可以提升一个城市的宜居程度，更可以增加旅游消费，提升游客满意度。

# 江山市：世遗示范　全域打造　以高品质景区带动全域旅游发展

江山地处浙、闽、赣三省交界，是浙江省西南门户和钱江源头之一，素有"东南锁钥、入闽咽喉"之称。近年来，江山市把促进全域旅游发展作为推动全市经济社会发展的重要抓手，从区域发展全局出发，整合资源，统一规划，差异发展，尤其是将旅游景区作为全域旅游的增长点和扩散极，推进市域景区化建设，打造以全域旅游牵引浙江省大花园核心区建设的江山样本。

## 一、基本情况

在全域游和大众游双重背景下，江山市充分发挥旅游景区，尤其是世界自然遗产、5A级旅游景区等高品质旅游景区在全域旅游中的带动引领作用，在集聚要素、创新供给、优化配套等领域主动作为，取得较好成效。江山市被国家文化和旅游部公布为首批国家全域旅游示范区，2018年旅游业增加值占GDP比重由三年前的8.5%上升到9.29%，旅游经济总收入更是连续三年保持20%以上的高速增长。

## 二、主要做法及成效

### （一）突出景区集聚，擦亮全域旅游底色

江山坚持以核心景区集聚带动、牵引市域景区化建设，初步形成了

"星罗棋布、众星拱月"的全域旅游壮美画卷。

### 1. 聚焦核心景区

按照"挖掘一方文化,塑造一个景区"的理念,整理"清漾毛氏文化、江郎山世遗文化、廿八都古镇文化、仙霞关古道文化及村歌文化"区域"4+1"特色人文,成功打造世界自然遗产地1处、国家5A级景区1处、国家级风景名胜区1处、4A级景区2处、3A级景区12处,全面建成江郎山、清漾、廿八都、浮盖山、仙霞关5大核心景区。推动旅游重大项目向5大核心景区集聚,招商引进"江郎山居"田园文旅颐养小镇、城北旅游综合体等一批强链补链项目。同时,以城区景区化理念,实施城市品质提升、城市精细化管理和城市畅行工程三个三年行动,先期将西山、亲子和须江三大公园串联打包争创国家A级旅游景区。

### 2. 聚力精品线路

按照全域旅游理念,以五大核心景区为主要节点,串联全市95个中国幸福乡村,集中资源打造世遗江郎风采线、七彩保安风情线、古镇养生风韵线、幸福乡村风光线、村歌文化风俗线、醉美碗窑风行线六条精品线路,形成"古道溯源、最江南、世遗江郎、光伏小镇、七彩保安、古镇养生"六大景观片区,形成"景区+农村"发展格局。仅去年一年,六条精品线路完成涉旅项目投资31.5亿元,同比增长66%,沿线53个村实现景区化提升,真正把散落着的景区村庄串点成线、串珠成链,形成旅游精品线路。

### 3. 聚拢旅游资源

启动国家级文化旅游资源普查试点。风景区内执行最严格的农房管控办法;所有涉旅重大项目招商全部要求按4A级以上旅游景区标准建设,提高准入门槛,避免旅游资源低端无序开发。开展跨区域旅游合作,联手福建方面,推动大浮盖山景区联合开发共创5A级景区,努力将该项目打造成浙闽赣皖国家生态旅游协作区建设的启动项目。

## （二）推进全域融合，提升城市发展格局

依托核心景区带动，全面调整旅游供给结构，提高旅游供给质量，培育旅游全新动能。

### 1. 做强景区村庄，发展美丽经济

自2009年开始，江山市持续不断创建中国幸福乡村，先后被评为省首批美丽乡村示范县，并成功承办全省美丽乡村和农村精神文明建设现场会。近年来，以乡村景区化为抓手打造幸福乡村升级版，于2016年在浙江省率先开展美丽乡村景区村创建，成功打造省A级景区村庄128个，其中3A级景区村庄22个，数量居浙江省第一。同时，积极推进A级景区村庄向国家3A级旅游景区转化，培育国家3A级景区12个。

### 2. 做精运动休闲，打造城市名片

在核心景区积极发展赛事IP，连续承办全国新年登高健身大会、全国举重锦标赛、全国啦啦操比赛、江山100国际越野跑等60多场国际国家级赛事节会，成功策划世界顶级翼装飞行大师杰布·克里斯飞越江郎山一线天、奥地利"蜘蛛侠"迈克·凯米特徒手攀爬江郎山等极限挑战活动。积极推进运动休闲由核心景区向全市域拓面，积极打造体育福地，先后以赛事为媒，与欧洲著名山地休闲度假目的地法国圣日尔韦市缔结友好城市关系。每年春节，江山128个景区村庄自发举办新春农民运动会，已连续举办14年，被国家体育总局称为"体育现象"，得到中央媒体聚焦。

### 3. 做深文旅融合，唱响幸福村歌

积极开展景区村庄的"文化基因解码"，探索把村歌作为农民唱响幸福生活和发展全域旅游的"同心曲"，赋予全域旅游更多内涵和灵气。目前，全市所有景区村庄拥有自己的村歌，作品累计荣获国家、省级荣誉20多项，江山村歌多次唱进全国人民大会堂，并入选G20杭州峰会"国礼"。3A

级景区村庄大陈村固化演出大型实景剧《你好江山》，游客如织、好评如潮，丰富了文旅融合产品，为该村带来更多人气、商气、财气。

### （三）优化全域配套，践行人民中心理念

坚持把基础设施和公共服务配套从景区拓展到市域，补齐全域旅游短板，并按照打造中国营商环境最优城市标准，全力打造全域旅游主客共建共享的"有礼"之城。

**1. 打破政府景区"围墙"**

开展"全球免费游江山"活动，全市5大核心景区年均免费开放时间超240天，虽然让利门票收入3000万元，但随之带来的是旅游人数增长56%，客房入住率超70%，旅游经济总收入年均增长20%以上，旅游从业人数保持年均15%增长。打破政府围墙，在所有黄金周、小长假期间中餐时段，面向游客开放重点景区所在地乡镇政府食堂，并向游客开放22个政府办公地点停车位。

**2. 打开区域发展"命脉"**

着力构建外联内畅的综合交通体系，谋划推进杭衢高铁、杭长高铁、京台高速、沿江公路、通景公路等重大交通项目。打造"4轮＋2轮"旅游交通模式，建成EVcard电动车租赁点102个、EZbike高端自行车租赁点12个，投放共享新能源电动车400辆、运动休闲自行车250辆，覆盖中心城区和主要旅游景点，实现游客"落地自驾自由行"。

**3. 打通共建共享"通道"**

破数据瓶颈，首创将旅游大数据中心与基层治理体系"四个平台"相结合，实现公安、交通、气象等涉旅数据全网互通。目前，全市1万多个"天眼"为旅游大数据中心5万条旅游信息提供基础支撑。化解厕所痛点，创新对普通旅游厕所、A级及以上旅游厕所、示范性旅游厕所进行分类管理，持续推动全市237个旅游厕所改造提升，并实现旅游厕所"最多

找一次"。相关工作得到多位省部级领导的肯定,并两次登上央视新闻联播。

## 三、经验启示

从江山发展全域旅游路径来看,全域旅游的发展并非意味着旅游景区的消亡,而是要更加突出高品质旅游景区的培育和发展。作为景区带动型创新示范的代表,江山始终坚持创新第一抓手,大胆探索以核心景区集聚引领全域旅游创新发展,积极推进"核心景区向全域景区"发展、"景区产品向全域产品"升级、"景区服务向公共服务"延伸。先后通过19个乡镇生态文旅办、128个A级景区村庄旅游站的全域覆盖,"景区＋乡村""景区＋体育""景区＋村歌"等业态产品供给结构的优化,并按照高等级旅游景区标准,实现基础设施和公共服务配套向全市域延伸,推动"门票经济"向"产业链经济",最终向"全产业链经济"转变,走出了一条"低成本可复制、长效化可坚持"的富有江山特色的国家全域旅游示范区建设道路,努力在全国形成典型示范。

# 德清县：改革破冰促进全域旅游走在前列

德清县地处长三角腹地，东望上海、南接杭州、北连太湖、西枕天目山麓，素有"鱼米之乡""丝绸之府""名山之胜""竹茶之地""文化之邦"的美誉。境内有中国四大避暑胜地之一的国家级风景名胜区莫干山、国家湿地公园下渚湖和素有"千年小上海、江南百老汇"之誉的新市古镇。德清是洋家乐的发源地，是中国国际乡村度假旅游目的地，先后被评为全国休闲农业与乡村旅游示范县、全国首批乡村旅游创客示范基地、浙江省旅游经济强县等。

2018年德清县共接待游客2250.54万人次，同比增长13.44%，旅游总收入260.17亿元。2019年上半年，德清县文旅项目计划总投资33.71亿元，实际完成投资20.26亿元，总投资10亿元以上项目7个，新引进100亿元以上项目1个。

近年来，德清县坚定不移走"绿水青山就是金山银山"的发展道路，扎实推进全域旅游建设工作。县政府积极开展"三服务"活动，通过建立县领导联系文化旅游项目制度，定期召开专题项目推进工作协调会；对列入县"重大项目百亿工程"的旅游项目，强化督查考核。

## 一、勇于改革，加强项目要素保障

通过破解用地难题，多项改革事项释放红利。德清县是改革大县，承担了省部级以上改革事项76项。其中，农业供给侧结构性改革和"多规合一""农地入市""坡地村镇"试点，以及宅基地"三权分置"等多项改革均涉及旅游领域，强化了旅游项目的土地要素保障。

例如，全国著名的裸心谷项目是全省第一个点状供地项目，醉清风度假村是全省第一宗农地入市项目，这两个项目破解了长期以来旅游用地规模大、供地难的问题。县政府出台了《德清县重大旅游业项目用地管理办法》《德清县农村宅基地管理办法（试行）》《德清县工业用地"退二进三"暂行办法》等多个涉及旅游业的专项政策文件，一系列的改革持续释放红利，强有力地推动了德清的全域旅游高质量发展。

## 二、积极探索，创新旅游管理制度

在旅游管理机制方面，德清成立县旅游工作领导小组，统筹指导全县旅游发展。县政府与莫干山管理局建立联席会议机制，不定期召开专题联席会议，推动莫干山山上山下联动发展；率先成立旅游巡回审判庭、旅游警察大队、市场监管旅游分局，实施民宿安全网格化管理，构建了"1＋3"旅游综合执法体系；出台了国内首部地方民宿管理办法，创新实践了民宿联合审批验收机制，破解民宿审批管理缺失问题；对旅游投资项目实施预评价机制，从源头上把控，提高项目引进质量。

在旅游体系构建方面，德清县建立了"1＋N"旅游政策体系，出台了《关于促进旅游业加快发展的若干意见》，在强化旅游发展举措、加大旅游资金支持、优化旅游发展环境等方面明确政策保障，设立每年不少于3000万元的文化旅游专项资金，为全域旅游发展提供政策支持。

## 三、争先织网，建立智慧旅游系统

德清县出台了《德清县智慧旅游三年行动计划》，结合全县城市大脑建设工程，建设智慧旅游项目，投入480万元建成全县旅游大数据中心、微信小程序；在全省率先建立旅游企业安全管理智慧系统，下渚湖景区投入

700万元，地信小镇景区投入200万元，建设智慧景区系统，实现旅游服务、数据采集、应急指挥、安全管理、智慧营销等功能。"e游德清"微信小程序、"诗画德清"微信公众号等均已上线运营。全县主要涉旅场所实现Wi-Fi、监控设施等全覆盖。

### 四、多规合一，落实全域旅游规划理念

德清县结合"多规合一"试点工作，将全域旅游总体规划与县域总规、土地规划、环保规划等充分衔接，积极落实全域旅游发展理念。同时按照"名山、湿地、古镇"全域旅游格局，编制了《莫干山风景名胜区总体规划》《莫干山国际旅游度假区总体规划》《下渚湖湿地风景区总体规划》、新市古镇规划等。为加强规划管控，德清县政府还专门编制了《德清西部地区保护与开发控制规划》并由县人大审议发布，进一步推动了全域旅游的可持续发展。

### 五、产业升级，构建全域旅游产品体系

一是围绕"原生态养生、国际化休闲"主题，狠抓项目建设，陆续建成了裸心谷、裸心堡、郡安里度假区、法国山居、久祺雷迪森庄园、Discovery探索极限基地、下渚湖度假村、开元森泊度假乐园、芝麻谷等一批深受市场欢迎的高端休闲度假项目。悦榕庄、温德姆、开元、诺富特等知名酒店品牌陆续进驻。下渚湖改造提升、新市古镇旅游开发、田博园、青马部落等一批重点在建项目加快推进，计划总投资达300多亿元。

二是以"旅游＋"的思路，积极推动旅游与工业、农业、体育、美丽乡村等融合发展。全县拥有国家级中医药养生示范基地1家，省级工业旅游示范基地3家，省级休闲运动示范基地3家，省级果蔬采摘基地2家，省

级休闲渔业示范基地2家。结合地信小镇4A级景区、通航小镇3A级景区创建，开通了德清至横店、德清至舟山低空旅游航线，开展空中游览莫干山低空体验项目，引进了无人驾驶体验等新业态。召开全省首届户外运动大会，大力发展山地运动，丰富业态内涵。积极探索"村＋企业""村＋创客团队"等村庄经营模式，累计创建A级景区村庄78家，其中3A级景区村庄17家，打造了五四村、二都村、三林村、仙潭村、庙前村、沈家墩村等一批景区村庄亮点村。

## 六、文旅融合，培育德清全域旅游品牌和IP

争创两大"国字号"品牌。莫干山国际旅游度假区作为全县三大产业平台之一，正在争创国家级度假区，下渚湖景区启动国家5A级景区创建。目前德清县拥有国家4A级旅游景区3家，争创新市古镇、地信小镇等两家4A级景区。

### 1. 积极打造文旅IP

围绕大运河黄金旅游文化带建设，推进新市古镇三个半岛等运河文化要素打造。打造莫干山、洋家乐等5个德清文旅融合金名片，莫干山、欧诗漫珍珠小镇等7个文旅融合IP，莫干山景区等5个文旅融合型景区。中初鸣良渚文化制玉作坊遗址群已入选2018年"全国年度考古新发现"20强，莫干山镇获批全省首批旅游风情小镇，并入选全省最受关注的旅游风情小镇TOP10。

### 2. 做好"百县千碗"品牌打造

开展了"德清县地方特色菜大赛"，评选出了"德清十大碗"，打造了鱼汤饭、羊肉黄酒、杀猪饭为代表的"吉祥三宝"，确定了一批能够体现德清文化底蕴和民俗风情的地方特色菜肴，为推进全域旅游的多元化发展打造了一张新的"金名片"。

## 七、民宿领跑,打造中国民宿第一县

以"提质控量"为主线,壮大发展以洋家乐为特色的民宿经济。2007年在德清莫干山脚下诞生了第一家洋家乐裸心乡,至今德清县已有农家乐和洋家乐700家以上,其中以洋家乐为代表的特色民宿150多家,外来投资项目有150余个,拥有白金宿1家,金宿级4家,银宿级6家,县精品民宿29家。裸心、西坡、大乐之野、芝麻谷等一批高端民宿品牌响亮。

德清县的民宿发展还创下了多个"第一":出台了全国首部地方民宿管理办法、制定了国内首个民宿地方标准,开办了首家民宿学院,成为全国首批乡村旅游创客示范基地、全国首个服务类生态原产地保护产品。

## 八、全面发展,构建全域旅游公共服务体系

### 1. 通景公路全域覆盖

新三莫线、莫干山绕镇公路、莫干山上山道路、下仁公路等通景公路建设完成,打造了环莫干山异国风情景观线、水乡古镇景观线等十大美丽乡村景观线。

### 2. 打造全县绿道系统

编制了绿道专项规划,建成滨水、森林、城市、田园等各类型绿道,累计长度291千米。其中异国风情观光线绿道和余英溪绿道获得全省"最美绿道"称号。在旅游集中区设置公共自行车租赁点172个,投放公共自行车3000辆。

### 3. 完善旅游集散网络

完成莫干山旅游集散中心、下渚湖景区游客中心、仙潭村游客中心等项目建设,在莫干山国际旅游度假区入口规划建设杭州二绕互通2个,开

通高铁站至主要景区旅游巴士,实现游运一体化。

**4. 深入开展厕所革命**

四年来累计完成改建、新建厕所368个,新建第三卫生间30余个,20座旅游厕所被评为旅游示范厕所,建设旅游服务驿站6个。

目前,洋家乐等民宿经济新业态的发展,吸引大量外来资本投入与返乡青年回乡创业,积极带动了当地金融、客运、餐饮、建筑装修、农副特产等产业发展。据初步统计,仅民宿产业吸收县内直接从业人员4800余人,间接带动就业超过10000人,人均年收入为4.5万元,真正做到了让"叶子"变"票子",实现了美丽乡村向美丽经济转化,切实提升了老百姓的幸福指数,"2018年中国幸福百县榜"上德清位居第23位。德清全域旅游的发展为德清县践行"绿水青山就是金山银山"理念,打造样板地、模范生,提供了生动的实践。

## 嘉善县：长三角一体化背景下多维融合，跑出全域旅游"嘉速度"

嘉善县始建于明朝宣德五年（1430），素有"鱼米之乡""丝绸之府""文化之邦"的美誉，区域面积506平方千米，户籍人口39万，是全国唯一的县域科学发展示范点。嘉善东邻上海市青浦、金山两区，南连平湖市、嘉兴市南区，北靠江苏省苏州市吴江区和上海市青浦区，位于江浙沪两省一市交界处，是长三角一体化、长江经济带、沪嘉杭G60科创走廊等战略实施的重要节点城市，先后获得"全国文明县城""国家卫生县城""国家生态县""国家园林县城""全国文化先进县""全国休闲农业与乡村旅游示范县""浙江省森林城市""浙江省旅游经济强县""最受欢迎的浙江旅游目的地TOP10"等荣誉。

2017年，经国务院审定、由国家发改委批复的《浙江嘉善县域科学发展示范点发展改革方案》明确提出，嘉善要创建成为"国家全域旅游示范区"。2019年2月，嘉善被浙江省人民政府授予首批"浙江省全域旅游示范县"称号。

近年来，嘉善深入践行新发展理念，以创建"国家全域旅游示范区"为目标，积极构建"产业围绕旅游转、产品围绕旅游造、结构围绕旅游调、功能围绕旅游配、民生围绕旅游兴"的全域旅游发展格局。向内，苦练内功，不断促进产旅融合发展；向外，精准发力，努力寻求外部发展新空间，同步"打通"游客与景区之间的壁垒环节，不断完善交通、厕所、绿道、智慧平台等旅游公共服务配套，以主客共享，实现旅游惠民富民为最终目标，全力快速推进全域旅游发展。

## 一、制度创新强保障

### （一）坚持制度创新，强化顶层设计，构建全域旅游新机制

**1. 加强组织保障**

建立由书记、县长任双组长的全域旅游创建工作领导小组，出台创建实施方案，并将全域旅游工作列入对乡镇、部门的年度目标考核；建立县领导直接联系重点旅游投资项目工作机制，推动旅游项目建设；建立旅游安全委员会，多部门联合开展常态化旅游市场检查和安全生产监督工作；同时，县财政每年安排不少于3000万元的旅游发展专项资金并逐年增加。

**2. 完善旅游综合监管体制**

2017年成立旅游发展委员会，2019年成立文化和广电旅游体育局，并在此基础上建立旅游警察、旅游巡回法庭、旅游市场监管分局和旅游综合行政执法分局，组建县、镇二级旅游统计队伍，完善"1＋3＋N"旅游综合管理体制。

**3. 加强行业自律畅通投诉渠道**

成立相关行业协会，引导旅游企业诚信经营、文明服务，共同抵制违法违规行为。比如，西塘古镇设立民宿、酒吧协会，强化旅游自治能力；又如，大云统筹31家企业，成立大云旅游协会，积极做好相关协调工作。此外，建立并推行24小时电话及网络投诉机制、旅游志愿服务等，保护游客合法权益。

### （二）坚持行业自治，提升旅游秩序，构筑旅游环境"方向标"

充分发挥旅游协会自律管理，进一步引导规范旅游企业诚信经营、文明服务，共同抵制违法违规现象，抵制不合理价格行为。

*1. 充分发挥民宿协会自律管理*

截至2018年12月底,西塘镇民宿客栈协会有会员民宿787家,其中景区核心区会员588家,景区缓冲区会员199家,会员民宿覆盖率达75%以上。并通过《西塘镇民宿协会行业自律规定》,进一步明确民宿行业的自律条款、自律承诺及自律处罚等内容。

*2. 充分发挥酒吧整治及规范管理*

截至2018年12月底,西塘古镇酒吧协会拥有会员酒吧75家;并出台了《嘉善县西塘古镇酒吧协会违规处罚细则》,涉及扰乱旅游秩序、酒吧安全整治、有效投诉等三项29条处罚条款,并根据情节和违反次数对会员进行阶梯式处罚。

*3. 充分发挥其他社会团体组织管理*

成立旅游服务监督员队伍,涵盖了执法、行业和服务等多条线,涉及面广、人员多、队伍强,起到了互相监督、互相促进、互相提高的作用,提升了景区旅游服务水平,进一步优化了安全有序的旅游环境。

## 二、多维融合促发展

### (一)坚持规划引领,强化要素整合,推动全域布局"一盘棋"

*1. 多规融合引领全域发展*

与"十三五"经济社会发展规划以及城建、交通、市政、水利、美丽乡村建设等专项规划紧密衔接,编制出台全域旅游示范区发展规划、乡村旅游发展规划、乡村旅游用地保障的指导意见等。

*2. 做精做靓核心大平台*

顺应旅游产业发展和旅游消费升级趋势,全力打造江南水乡古镇、家庭休闲度假等核心产品。通过集中力量整治景区,集中资金美化镇区,集

中精力引进宋城演艺等合作伙伴，着力打造祥符荡区块，持续提升西塘古镇品质，形成北部"大西塘"的发展格局；通过丰富旅游业态、整合景区资源、提升休闲度假品牌，积极推进大云国家级旅游度假区创建，形成十里水乡、云澜湾温泉、巧克力甜蜜小镇等一系列重点特色旅游项目，一炮打响南部甜蜜大云旅游品牌；启用嘉善越里景区，通过城市修补、生态修复工程，启动"梅花坊"城市客厅建设，着力增强中心城区城市记忆。

**3. 差别化推进万村景区化**

结合美丽乡村建设稳步推动村庄景区化建设，配套主要景点打造景区村庄，从"历史"和"民间"，"景观"和"生态"，"农耕"和"农事"，"饮食"和"种养"中挖掘乡村文化，形成4条"春看""夏隐""秋动""冬恋"的四季游和乡村游精品线。

## （二）坚持三产融合，助推产业多元化融合，跑出全域旅游"嘉速度"

**1. 与一产融合，绿水青山变金山银山**

实施乡村振兴战略，把乡村旅游作为重点，注重农旅融合，形成了以碧云花园为代表的农业旅游；已创浙江省A级景区村庄28个，在创近20个，实现了镇（街道）景区全覆盖。农旅融合带动了群众需求和市场兴旺，使农民收入不断增加，集体经济不断壮大。

**2. 与二产联姻，旅游更精彩工业更闪亮**

重点打造歌斐颂巧克力小镇、归谷智造小镇等工业旅游，设计有较强吸引力的体验性、参与性项目，游览线路对应工业生产、工艺流程、建筑景观、科技成果等内容，具有独特魅力。

**3. 与三产互动，休闲、文化、商贸等产业快速发展**

大云充分整合"温泉、水乡、花海、农庄、婚庆、巧克力"等元素，从中提炼"甜蜜最大公约数"，以IP引领大云旅游品牌化建设，积极打造

"中国甜蜜度假目的地",2018年共接待游客293万人次,同比增长20%。拥有700年历史的文化古迹——吴镇纪念馆,是全国重点文物保护单位,融赏梅、观画、读碑、游园为一体,是江南著名的文化旅游胜地。万联城、银泰百货等城市商业综合体成为旅游购物的新去处。此外,被定义为"新江南美学街区"的嘉善越里景区将中国美学的情感模式、度假体验与当代艺术相结合,已成为城市旅游的新热点,正全力创建国家4A级旅游景区。

### (三)坚持项目为王,强化跨界融合,激发全域发展新动能

#### 1. 以项目为引擎助推产业发展

引进并加快建设恒天祥符荡文创产业园、西塘宋城演艺谷、梦幻嘉善、德国啤酒庄园、云野歌谣、拳王水街等一批影响力大、带动性强的旅游项目,加快实现旅游业从"门票经济"向"产业经济"转型。2018年,中国演艺小镇、达·芬奇科艺小镇、华策影视等项目相继签约,总投资达550亿元,其中西塘宋城演艺谷项目总投资达100亿元,打开了未来腾飞的翅膀。

#### 2. 以"旅游+"助推多元化融合

以旅游融合农业、工业、文化等元素,实现产业之间的联动与共兴。催生出以西塘古镇、碧云花海·十里水乡、云澜湾温泉、歌斐颂巧克力小镇、吴镇纪念馆为代表的"古镇旅游""农业旅游""度假旅游""工业旅游""文化旅游"等典型业态,并由此派生出"婚庆旅游""研学旅游""亲子旅游""红色旅游"等旅游业态。

#### 3. 以区域联动助推整体融合

以"+旅游"理念建设特色小镇、美丽乡村、文化街区以及城市绿道、骑行公园、慢行系统,通过全域旅游带动城乡统筹发展。同时,打好美丽嘉善建设、文明城市创建等组合拳,全面推进美丽县城、美丽城镇、美丽乡村、美丽通道建设。

## 三、主动融入拓市场

**（一）坚持长三角一体化，多措并举，形成推进嘉善旅游高质量发展的"新引擎"**

与上海市松江区旅游局签订同创国家全域旅游示范区合作框架协议；参与融入长三角一体化研讨会并签署长三角湖区旅游联盟合作备忘录，打造"青昆吴善"（青浦、昆山、吴江、嘉善）旅游协同发展核心圈，协办《湖区旅游》杂志；参与上海市旅游局主办的"苏浙沪旅游蓝页"的编撰；牵头编制1项长三角区域地方标准；拟联合创建环淀山湖国家旅游度假区。

**（二）坚持营销合作，强化市场开拓，唱响旅游品牌"最强音"**

1. 广开渠道，加大旅游营销力度

紧盯以上海为中心的长三角地区超过2.2亿人次旅游市场蓝海、万亿级旅游市场规模，通过"加大旅游宣传力度，推进营销对接""完善交通游线体验，推进客源对接""深化区域合作交流，推进精准对接"深度接轨上海。强化广告投放，在上海虹桥高铁站投放刷屏广告6期；在高铁12306系统（上海虹桥站）投放嘉善旅游推广短信20万余条；在上海4000辆出租车上投放车身广告。联合上海天籁打造嘉善旅游专题宣传片，春节期间在上海东方有线进行播放，不断提升嘉善旅游知名度。

2. 加强宣传，提升旅游整体形象

举办上海百家旅行商全域游嘉善活动，召开上海旅行商座谈会；举办中国"幸福之旅"旅游联合体联盟年会暨嘉善旅游产品分享活动，县旅游部门与联合体签订了"全域旅游"战略合作协议；举办嘉善旅游走进上海松江大学城推介会。组织旅游企业参加国家、省、市旅游部门组织的

2018中国会务与商务旅行论坛暨交易会（上海）、"诗画浙江"上海虹桥高铁站嘉兴主题日活动（上海）、上海世界旅游博览会等。积极推进文化旅游融合IP工程建设，持续打响"西塘汉服文化周""云宝六一周年趴"等节庆品牌，实现景区品牌化、品牌IP化。

## 四、主客共享，富民惠民

### （一）坚持主客共享，强化服务配套，营造全域旅游"嘉体验"

#### 1. 服务供给提质提量

开通直达浦东机场及萧山机场大巴、"嘉善—吴江—青浦"换乘班车；建成新能源汽车分时租赁网点103个，连通各交通枢纽和旅游景区，上线运营新能源汽车350辆，实现了"绿游嘉善"；建立包括大数据中心在内的全域智慧旅游"一中心四平台九系统"；建成绿道104.7千米、综合性公园2个，公园绿地27个，公共停车场7个，停车泊位近11000个；启用高铁南站嘉善旅游咨询中心新址，在全县范围内设置17个旅游咨询服务站点；累计建成旅游厕所123座，创成A级旅游厕所37座（其中3A级17座）。

#### 2. 标准化建设层层深入

以"全国旅游标准化试点单位"创建为抓手，及时制定实施方案、发展规划、管理办法等，主导参与《果蔬采摘基地旅游服务规范》等3个地方标准制定，且有望成为长三角旅游通用标准；开展"安全生产标准化评定"等工作，在全市推广嘉善景区反恐标准化工作经验。

#### 3. 旅游惠民创业创收

通过整合全县旅游资源，充分发挥主要景区溢出效应，支持乡村旅游和文化旅游创业；定期举办乡村旅游节系列活动，对特色农产品、优质淡水产品、地方文化等旅游资源进行推广，百姓收入不断增加，集体经济不断壮大，2018年村均集体经济经常性收入达256万元。

**（二）坚持富民惠民，扩展增收渠道，形成全域旅游惠及百姓的"催化剂"**

1. 打造富民旅游，藏富于民

嘉善践行主客共享理念，积极打造富民旅游，引导民间资本参与景区建设，积极探索建立让当地百姓合理分享旅游经营收益的机制，最大限度解决当地百姓就业问题。西塘古镇景区内已形成较完备的餐饮、住宿、娱乐、购物等商业业态，经营户约1850户，提供就业岗位超过10000个，形成"开发一处景区，带动一方经济，致富一方百姓"模式，赢得了本地居民的好口碑。

2. 打造涉农旅游，农民创收

全县涉农旅游要素活跃，催生了"嘉善十大特色农家美食"等响应"百县千碗"工程的本土名优品牌。结合景区村庄推出精品乡村游，2018年以来，嘉善县为巩固A级景区村庄创建成果，推出5条嘉善精品乡村一日游免费线路，各镇（街道）精心组织当地民俗文化节目表演，挖掘当地特色的农产品进行现场销售，带动农民创收。

3. 打造惠民项目，共建共享

推行嘉善全域旅游一卡通，实现年费150元畅游县内收费景区优惠。出台了《嘉善县推进全域旅游发展奖励办法》等政策文件，鼓励各类资金参与旅游开发，支持当地百姓发展民宿、农家乐，全县拥有各类民宿1000多家、各类商户超过2万家，使旅游成为惠民产业。在旅游景区、文化场馆进行文明宣传，按规落实相关人群门票减免政策。

未来，嘉善将更好地发挥长三角一体化示范区和县域科学发展示范点"双示范"作用，努力打造成为"诗画浙江"的嘉善样板、"中国知名江南水乡旅游目的地"和"国家全域旅游示范区"，建设成为践行习近平新时代中国特色社会主义思想的示范点！

# 遂昌县：全域共建，全业共融，全民共享 全域旅游绘就"绿水青山"转化新画卷

遂昌县拥有丰富的旅游资源，有4个国家4A级旅游景区，6个国家3A级旅游景区，高等级景区数量居丽水市首位，是自然旅游资源和人文旅游资源兼容并蓄的地区，涵盖地文景观、水域风光、生物景观、天象与气候景观、遗址遗迹、建筑与设施、文化旅游商品和人文活动等。遂昌县自然景观资源具有江南山水的一般特质，森林密布，生态优美，具有浙西南地区峡谷、森林、溪瀑等景观。遂昌县人文旅游资源品位高，主要有汤显祖文化、昆曲文化及黄金文化，其中汤显祖文化是遂昌县今后开发较高层次休闲旅游的重点。遂昌丰富的旅游资源为其打造以生态游、康养游、红色游、佛教游、农业游、研学游等为重点的大旅游奠定了良好的基础。

近年来，遂昌坚定不移走"绿水青山就是金山银山"绿色生态发展之路，把握全域旅游发展的时代脉搏，紧紧围绕打造"主客共享·全景遂昌"的目标，探索以"旅游＋"引领生态、文化、产业多元融合，旅游产品体系、旅游基础配套设施不断完善，旅游环境不断改善，旅游服务体系不断健全，全域旅游各项工作扎实推进，旅游业已成为全县第一战略性支柱产业。2018年，遂昌成功创建成浙江省首批全域旅游示范县。

## 一、创新引领，全力激发全域创建新动能

### （一）"优体制"革新

遂昌县成立了以县委书记、县长为双组长的全域旅游工作领导小组，

并实行专职常委负责制，全面统筹推进旅游发展。县文广旅体局（原县旅委）专门成立全域旅游创建办公室，组织专班人员专门负责全域旅游工作，各乡镇成立以书记为组长的全域旅游发展领导小组，并设立旅游专管员，高分值将全域旅游工作纳入部门和乡镇考核体系，对乡镇实行"十个一"考核机制。

实施旅游项目联席会议制度，由县文广旅体局会同县发改、建设、自然资源和规划、环保、水利、林业、招商等相关部门组成旅游项目准入评估小组，对意向开发业主提出的项目方案进行联合审查评估，同时大力推进"最多跑一次"改革，项目审批准入一次办结。

创新旅游综合管理体制，成立了旅游巡回法庭、旅游警察、工商旅游大队，形成"综合管理＋联合执法＋公安保障"的综合执法模式，切实增强旅游综合管理水平；实现农家乐（民宿）证照上门办理，全县农家乐（民宿）办理特种行业许可证430家，占丽水全市三分之一。

## （二）"全要素"保障

大力拓宽投融资渠道，成立县文旅投资发展有限公司，整合盘活全县优质旅游资源。积极帮助旅游企业对接资本市场，那然生命文化有限公司成为全市首家"新三板"挂牌旅游企业，遂昌旅游发展有限公司成为全国首家股改登陆"新三板"的县级国有旅游类企业，旅游"三化"工作走在全省前列。

巩固全国首批旅游标准化示范县创建成效，在全省率先出台《旅游特色村评定及管理办法》《关于确定民宿范围和条件的指导意见》等政策文件，创新性推出"农家乐公众责任险"，由政府和业主共同出资，实现农家乐意外保险全覆盖，优化旅游环境。

借助省级"坡地"项目试点，不断加大旅游项目用地保障，2018年在全县用地指标仅1290亩的情况下，旅游用地达到422亩，占比达32.7%。

专门设立了全域旅游发展专项资金，每年安排不少于3000万元的专项资金，并建立逐年增长机制，用于旅游投资扶持、旅游品牌建设、旅游企业激励等方面。

创新旅游人才引进、培训和奖励，设立了旅游专家智库，并与省旅职院等高校合作开展各类旅游人才培养，同时出台了县本土特色人才等级认证及培养管理办法和6个配套实施细则，通过实施旅游人才奖励政策加强旅游人才队伍建设。

### (三)"多维度"推进

在创建全域旅游示范县期间，县委书记亲自挂帅，出席推进会3次并多次调研指导全域旅游发展工作。实行"日动态、周例会、半月点评、月总结、动态督查"工作机制，累计发布日动态365篇，周报97期，月总结19篇，召开周例会61次，开展督查20次，发放宣传品20余万份，并通过电子屏、道旗等形式多样的方式宣传。在全县范围内组织旅游志愿者全天候为游客服务，营造浓厚的全域旅游氛围。在全市率先组建旅游志愿者服务队伍，出台党员干部参与旅游志愿服务激励政策，到目前累计参与志愿服务人员达3.2万人次。与浙江省职业旅游学院通力合作，连续九年开办乡村旅游、全域旅游专题培训班，进一步打响"微笑遂昌"服务品牌。

## 二、全域皆景，全力打造长三角休闲旅游目的地

### (一) 规划为先

按照"山水人文皆为景"的建设理念，把全县作为一个大景区来规划，构建"一心一廊六园"的发展格局，确立黄金省级旅游度假区、湖山旅游区等六大旅游平台。目前，已成功打造了4个国家4A级旅游景区、6

个3A级旅游景区，高等级景区数量居全市榜首。2018年，王村口镇成功创建省级旅游风情小镇，荣获"浙江省红色旅游教育基地"称号，遂昌参与《全国红色旅游示范小镇标准》起草工作。遂昌金矿国家矿山公园、独山村、王村口红色古镇获评研学教育基地，为遂昌旅游多元化助力。

绿道（古道）建设进展有序，遂昌出台了《遂昌县绿道建设三年行动计划》，共梳理绿道建设项目34个，计划总投资14.73亿元，建设里程386千米，全面建设最美风情环线，自驾车风情廊道加快实施，旅游通景公路加快建设，南尖岩、金矿、戏曲小镇等区块内为旅游而建的公路工程全面推进。

### （二）项目为王

坚持把项目建设作为加快旅游升级的主抓手，汤显祖大剧院、凯兴开元五星级酒店等项目建成并投入使用。谋划和推进瓯江山水诗之路遂昌段建设，打造遂昌黄金旅游带，加快推进汤显祖戏曲小镇、地心温泉、湖山旅游区、爱情谷等亿元项目，力争将汤显祖戏曲小镇打造成文旅融合发展IP工程，将关雎文化园打造为传统文化资源转化为文化旅游开发项目的先行试点项目。全力推进遂昌金矿创5A工程和长濂创4A工程，加快完工景区提升工程。2018年以来，遂昌县签约招商旅游开发项目13个，合同引资74.55亿元，截至2019年6月已开工项目5个，合计完成建设投资1.83亿元。湖山地心旅游综合体、兰台居文化工作村、横坑殿养生养老基地等项目进展顺利。

### （三）特色为要

深入推进"万千百工程"，推出黄泥岭音乐村、庄山慈孝村、淤溪耕读村、长濂状元村等一批特色景区村，景区村数量占全县行政村的30.2%。大力打造"浙西川藏线""华东最美自驾车风情廊道"，有效串联起沿线景区、景点、村庄。

全力培育旅游新业态，帐篷酒店、树上探险、高山滑雪、低空飞行、房车营地、玻璃桥、泡泡屋等新产品层出不穷，实现五星级酒店、商务酒店、精品民宿、特色农家乐等多层次住宿产品全覆盖，全县床位达26091个。

2019年8月，遂昌县连续第二年举办汤公音乐节，邀请国际国内多名知名音乐大咖，带来一场场音乐盛宴，让县城散发出浓郁的音乐气息，让遂昌旅游提升档次。

根据充分反映当地文化和旅游特色，浓缩文化精华，彰显旅游魅力的唯一性、标志性、公共性等相关要求，遂昌对全县名胜古迹、传统文化、业态产品等范围类别进行了全面摸排，已申报遂昌金矿国家矿山公园、汤显祖戏曲小镇两张浙江省文化和旅游金名片。

### 三、共融共建共享，全力建设美丽幸福大花园

#### （一）做深"多业融合"文章

打造"红色＋旅游"，开发干部培训、研学旅行、党员教育等主题产品，建设"浙西南干部培训中心"，王村口镇入选全国第二批红色经典景区、浙江省红色旅游教育基地、省级中小学生研学实践教育基地。

推进"文化＋旅游"，遂昌汤莎文化国际交流被列为全省对外开放十大新举措之一，汤显祖文化节已连续举办八届。2018年，遂昌高规格地举办了英国伦敦遂昌旅游推介会、汤公音乐节、星空音乐会等活动，汤显祖文化品牌影响力进一步提升。

同时，深化农旅融合、体旅融合、工旅融合、高旅融合（高速公路和旅游）等，开发旅游地商品100余种，成功举办全市首个国家A级赛

事——全国定向锦标赛，举办浙江马拉松接力冠军赛——遂昌100K、"红色古镇"王村口百里红军古道越野赛等体育赛事；成功创建省级工业旅游示范基地2家、省级养生养老基地1家，遂昌成为浙江省全域疗休养发展十佳县，入选国家第一批革命文物保护利用片区分县名单。红星坪村拟入选全国乡村旅游重点村名录乡村名单。

### （二）做实"共建共享"文章

不断完善旅游交通配套设施建设，加快推进衢宁铁路、遂江公路、新客运中心等综合交通项目，新增一批停车位、公交车、公交站点等，城乡客运一体化发展水平综合评价达到4A级。

大力推进基础设施旅游化，对通景公路、水利堤坝进行景观化改造，新建100余处公园、游步道、景观亭和城市小品，新建绿道137.18千米，完成32处林相改造，开放乡村旅游咨询服务中心为乡村客厅，提升公共设施主客共享率。

成功创建食品安全示范县，建成餐饮服务示范街1条，餐饮业服务水平明显提升。

高标准推进小城镇环境综合整治，投入资金5.9亿元，完成15个乡镇的小城镇环境综合整治，武术龙洋、甜蜜垵口、红色王村口入选省级样板。

### （三）做优"富民惠民"文章

切实发挥"乡村旅游+精准扶贫"的带动作用，持续推进富民产业提档升级，为打赢"消薄""增收"攻坚战打下坚实基础。高坪乡发展"避暑游"，全乡居民的存款十年间从500万元增加到1个亿；红星坪村发展民宿业助推"消薄"，村集体每年增收20余万元。

同时，遂昌县大力推动"乡贤回归""青年回流"，涌现出苏文一、周功斌、暖暖等一批新时代知识青年回乡创业典型，有效带动当地村民致富增收。此外,每年在安排"两山"项目资金时向扶贫重点乡镇倾斜,2019年上半年完成湖山乡红星坪村丛林穿越项目、珠村畈村旅游基础设施提升项目、蔡源乡周村景区村道路拓宽项目、大柘镇车前村村内旅游环境提升项目等4个"两山"项目的建设。项目落地无疑提升了各村的旅游基础设施质量,带动一批乡镇的乡村旅游业发展,为农民增收创造了良好的条件,给乡村振兴工作添砖加瓦。

2018年,全县旅游产业增加值占GDP的10.72%,旅游从业人员占全社会从业人员的10.85%,全县农民人均旅游收入占农村常住居民人均可支配收入的比重达23.4%,37个村通过发展旅游业完成消薄,遂昌也因此被列入全省首批三个农民旅游收入占比测算试点之一,旅游扶贫成为全国典型。

2018年4月,习总书记作出的"丽水之赞",为遂昌发展全域旅游、走绿色发展道路注入了强大精神动力。遂昌县将以创建国家级全域旅游示范县为新起点,全力攻坚大项目、构建大平台,培育壮大新业态新产品,努力把绿水青山蕴含的生态产品价值转化为金山银山,高水平建设"生态之窗·康养遂昌",高质量谱写全域旅游发展新篇章!

# 松阳县：文化引领，品质建设，全力创建全域旅游  助推山区国际化发展新道路

近年来，松阳县深入践行"绿水青山就是金山银山"理念，高度重视全域旅游发展，将其视为一二三产融合发展的黏合剂和乡村振兴的催化剂，始终坚持文化引领和品质发展，构建了以松阳古城和传统村落为核心的全域点位布局、以八条艺术创作路线和松阴溪绿道为主体的全域线位布局、以全县域乡村博物馆和全县域民俗文化活动为内容的全域文化布局，形成了全域谋划、全域推进的系统发展格局。通过几年的努力，松阳成功创建国家级水利风景区1个、省级旅游度假区1个、省级旅游风情小镇1个、国家4A级旅游景区3个、国家3A级旅游景区5个，并且成为全国传统村落保护利用试验区、中国传统村落保护发展示范县和"拯救老屋行动"整县推进试点县，先后获评"全国旅游创新发展示范地""全国最佳养生休闲旅游名县""茶旅融合竞争力全国十强县""浙江省休闲农业与乡村旅游示范县""浙江省全域旅游示范县"等称号。

短短7年时间，松阳文化旅游实现从破冰、起航到扬帆的华丽蜕变。从默默无闻、全市靠后，到如今在全省、全国乃至国际享有一定的知名度和美誉度。从2012至2018年，松阳县旅游收入增长了9倍，人均消费实现翻番，旅行社地接人次增长了175倍；旅游业增加值占GDP比重由2016年的7.76%增至2018年的9.15%。连续4年全市全域旅游考核一等奖，2018年一次性创建成省级全域旅游示范县、松阳老城旅游风情小镇和松阴溪国家4A级旅游景区。2018年，新华社、《人民日报》、中央电视台、《浙江日报》等主流媒体集中报道松阳全域旅游、乡村振兴等工作261篇。据不完全统计，2018年松阳旅游微信关注量5.25万人，阅读量126.8万次；相关抖

音号点赞数2000万＋，浏览量1亿＋；今日头条发起的有关"松阳旅游"话题，阅读量1500万＋。

## 一、始终做好"三篇文章"

**（一）古为今用，激活城乡价值，构建以松阳古城和传统村落为核心的全域点位布局**

一是坚持复兴历史文化名城。遵循"活态保护、有机更新"理念，实施"风貌控制、提升品质、疏通筋脉、人口疏导、激发活力"五个手法，保护修缮传统建筑62幢，梳理周边环境、文化、生活肌理，打通断头路，疏浚水系，出台民房保护修缮利用和扶持传统业态的政策，引入威尼斯驿站（侨资）、松阳文里等项目，重现老城风貌格局和商业活力，使老城成为传承历史、连接未来、慢享生活的重要场所。

二是坚持活态保护传统村落。坚持"活态保护、有机发展"理念，用最自然、最不经意、最少人工干预的方式，让星罗棋布的百余座古村落"复活"，成为全国"拯救老屋"行动的先行者。通过传统村落保护发展和"拯救老屋"行动，全县近200多座宗祠、20多座古廊桥、142幢老屋得到修缮保护，118个乡村植入了民宿、农家乐、生态农业、文化产业等新型业态，创成省A级景区村50个。近两年全县常住人口增加了4700余人，乡村开始出现蓬勃生机。全县累计发展民宿（农家乐）516家，床位4801张，云端觅境创成白金级民宿，过云山居、卓庐若家创成金宿级民宿。打造艺术家工作室，助推文旅产业发展，签约落地60个。利用"拯救"后的老屋，面向全世界知名艺术家广发"英雄帖"，力争到2020年建成各类艺术家工作室100个以上，并努力打造中国乡村书画交流中心和乡村艺术品交易中心。新引进翎芳魔境美食品牌，研发松阳红糖等系列美食，开展四季

美食培训。

**（二）点石成金，带动产业发展，构建以八条艺术创作路线和松阴溪绿道为主体的全域线位布局**

一是坚持品质发展。将工匠精神、品质意识贯穿于全域旅游各环节、全过程，把松阳打造成人人向往的品质之地。大木山茶室、黄圩驿站、石门圩廊桥、独山驿站、水文公园等一批项目成为网红打卡爆点，平田农耕博物馆获得"住建部第一届田园建筑优秀作品"一等奖，大木山茶室被《福布斯》杂志评为30个亚洲经典建筑之一。这些示范项目成为业界标杆，大大提高了松阳的知名度和美誉度，也成为后期其他项目建设学习模仿的榜样，大大提高了其他项目的建设品质。清露乡隐、大鲵康养小镇、椰树民宿综合体等一批重点文旅项目逐步成业成型。

二是坚持融合发展。不单一维度就旅游而抓旅游，而是做好"旅游＋农业""旅游＋文化""旅游＋民宿""旅游＋养生""旅游＋生态工业"等文章，在融合发展中模糊了产业界限和区域界限，形成了一二三产深度融合的发展格局。如大木山茶园以骑行为主题，融合观光、体验、度假等功能，创成全国首批绿色食品一二三产业融合发展示范园，实现了种植效益和景观效益的叠加，成为全省农旅融合发展的示范。同时，通过景区带动，涌现出小茶姑娘、草木堂·隐泉等精品民宿，吸引了大量青年回乡创业。以"何以兴农"和"阿郎"自然农法示范基地为引领，岱头"望祀山米"、上庄土豆、大荒田萝卜等农特产品转化为旅游地商品并实现优质高价。研发艺术创作交易、扎染刺绣、特色中药等十大文化业态和创意产品，将民宿打造成农产品的生产者、消费地、销售地，文化体验的交流平台，民风民俗的展示窗口和手工制作的场所。如陈家铺村集体和先锋书店、飞莺集成立运营公司，帮助村民销售番薯干，仅三个月销售总额14.4万元，22户村民均增收1800余元。"画家村"沿坑岭头村成为艺术家纷至沓来的艺术创作胜地，带动农民增收300余万元。此外，松阳县还打造了一批"旅游＋"融合发展示范基地，如云上平田获评中国乡村旅游创客示范基地、省级文化旅游示范基地，入选全国乡村旅游发展典型案例；又如，云顶仙坑源获评省级中医药文化养生旅游示范基地，中野生物科技有限公司获评省级工业旅游示范基地，大木山茶园、三都古村落登山步道、七沐山滑草场获评省级运动休闲旅游优秀项目等。

**（三）文化引领，激发片区活力，构建以全县域乡村博物馆、全年度文化展演为内容的全域文化布局**

一是推动产业升级，培育新型经济业态。开辟集经济效益、社会效益和文化效益于一体的乡村生产生活新空间，建成王景纪念馆、油茶工坊等13个全县域乡村博物馆（工坊），在建蚕桑研学中心、白老酒工坊等6个，谋划了砖窑博物馆等5个项目前期，打造具有松阳人文地域特色的展示空间、主客共享的开放空间、农副产品加工销售的发展空间。如：通过"红糖工坊"，樟溪红糖从原来每斤8元涨到每斤25元，亩均产值达到1.8万元以上；通过"豆腐工坊"探索混合所有制发展模式，将大东坝30个村的加工户吸收到合作社中，进行产品统一管控、统一销售，春节前订单量就达到2万千克。

二是推动国际化进程，讲好松阳故事。打造具有国际影响力的"中国茶乡、乡愁旅游目的地、中医药康养胜地、艺术创作交流胜地"的品牌目标，推动全县域永不落幕的民俗文化节和当代艺术展、永不闭馆的乡村博物馆、永不停歇的乡野运动场品牌建设。举办国际茶商大会、乡村振兴国际论坛、国际现代有机农业峰会、全国艺术高校校长论坛、北川富郎乡村旅游文化艺术交流、浙江省自行车公开赛、中国围棋甲级联赛、国际天空跑、半程马拉松赛等品牌赛事活动。在文化和旅游部的研培指导下，复活了"竹溪摆祭""端午龙舟赛"等60余台民俗节会。2018年以来，松阳县品质文旅项目入展德国 Aedes 建筑论坛、威尼斯国际建筑双年展、法兰克福书展、维也纳建筑展、首届联合国人居大会等世界级展示平台，不仅获得了较好的反响，还引来了新华社、《人民日报》、中央电视台等国内主流媒体的竞相关注，松阳的乡村振兴实践给世界提供了借鉴意义。

## 二、始终做到"三大强化"

### （一）强化人才保障

坚持"理念引才、理想引才、赋能引才"原则，为各类人才搭建事业平台。引进省千人才徐甜甜、台湾《汉声杂志》黄永松、清华大学罗德胤、香港大学王维仁、省古建院、浙越等优秀团队和人才全程参与文旅示范项目；携程、悉地国际等品牌落户松阳，为旅游发展带来积极的示范作用。每年举办导游讲解员大赛和外事礼仪培训，提升导游讲解员队伍整体水平；登山、礼仪口才协会和中英文讲解员等全年开展常态化活动和志愿服务；通过"拯救老屋行动""松阳工匠"助推乡村振兴系列技能大比武等活动，培育传统工匠近千人，组建传统工匠队伍30余支，成为2017年全国人才工作创新案例。

### （二）强化要素保障

县委、县政府主要领导任全域旅游工作领导小组组长，建立"5＋X"全域旅游工作机制，并将全域旅游工作纳入县直各单位和乡镇街道的年度目标责任考核，通过日汇报、月会商、季点评、年考核，全面形成工作合力。

整合3亿元资金用于村落活化利用，制定出台《松阳县加快全域旅游发展若干意见》，创新了"征用＋挂牌"等五种乡村旅游土地集约利用模式，破解了乡村旅游用地难题，经验刊发在《中国旅游报》《中国国土资源报》。全域资源围绕旅游统筹，有人管、有任务、有事做，形合力。

## （三）强化公共服务

以主客共享为导向，加快配套设施建设。以大交通微循环换乘方式，打造"快进慢游"的旅游交通体系，依托已建成的松阴溪滨水绿道、大木山骑行绿道、小港绿道等绿道项目，配置共享单车，推进快进慢行系统打造；建立"大巴车＋小中巴＋电动汽车＋电瓶车＋自行车"交通换乘体系，实现点与点之间无缝换乘，有效解决了旅游交通"最后一公里"问题。推进"四个百公里"绿道建设，累计建成各类绿道311.6千米；推进厕所革命，编制全域旅游厕所建设指南，利用灰铺等存量资源改建旅游厕所，累计建成旅游厕所64座，提升改造农村厕所587座；建成智慧旅游大数据中心，研发了"手游松阳"App、AR定向乐园等体验终端。

松阳已基本形成以传统村落保护发展为核心的休闲农业与乡村旅游、以文化创意产业为引领的文化旅游、以户外运动为引领的运动休闲旅游、以养生养老为支撑的休闲度假旅游、以历史文化名城为核心的城市旅游产品体系和"处处是风景""时时有服务""行行加旅游""人人都受益"的全域旅游发展格局。今后，松阳县将遵循游客、原住民、投资商融合共生理念，培育多元的旅游目的地产品体系，建立以高效生态农业为基础，农文旅体深度融合的内生性资源生长型经济体系，突出文化引领，坚持品质建设，全力探索符合生态文明理念的全域旅游高质量发展之路。

# 普陀区：产城融合，景城共生，主客共享 全力打造海岛全域旅游新高地

普陀区自开启全域旅游发展模式以来，立足海洋海岛特色，秉承"产城融合、景城共生、主客共享"发展理念，着眼"锻造精品、补齐短板"目标要求，融入"打造自由贸易先行区、海上花园会客厅"等中心任务，厚植美丽经济，高位谋划，多项并举，全力打造海岛全域旅游新高地。

## 一、纵深改革，构建全域发展格局

推进综合改革和专项改革纵深化发展，力求形成"1+X"的改革格局和统筹推进、综合监管、部门联动、协调高效的全域旅游发展机制。

一是建立党政统筹领导、部门联动发展机制，成立由区委、区政府主要领导、相关部门主要负责人分别担任组长和成员的区旅游产业发展工作领导小组，明确建立工作联席会议、涉旅项目联合会审等制度。

二是建立现代旅游管理模式，成立文化和广电旅游体育局，进一步强化综合协调、行政管理和产业服务能力，设立副科级事业单位海岛旅游发展研究中心，在规划统筹、政策研究、人才保障等方面强势推进，形成源长高效的海岛旅游发展智力支撑。

三是推进机制创新，探索"多规合一"，由区发改部门牵头编制《全域旅游发展规划》，突出旅游主导，统筹考虑与之配套的城乡建设和经济社会发展因素，形成景点、景线、景岛、景域相结合的开发建设格局。建立国内首个海岛旅游规划设计研究院，深化细化强化海岛旅游发展专项研究。建立海岛旅游联盟，深化"海陆普陀"、沿海地区互动合作。结合海岛特

色,健全城乡融合体系,深入探索"和美小岛+旅游小岛"改革模式创新,深化渔农村产权与经营制度改革,着力打造关系"和"、三生"美"、"小"而精、"岛"性足的乡村振兴海岛样板。

四是实施旅游统计改革,设立四级统计网络体系,与统计部门联合建立以旅游增加值为核心准确反映海洋海岛发展特征和综合贡献的统计指标体系,把传统统计与大数据相结合,全市率先亮屏海岛旅游大数据中心。

五是加大政策扶持与推动,出台综合性政策《关于进一步促进旅游投资和消费 推动全域旅游发展的若干意见》和以文化、健康、旅游为重点培育产业的招商引资政策。高标准编制《关于加快推进文化和旅游体育深度融合的实施意见》,实践"全域共建、全域共融、全域共享"的文化旅游体育产业发展新模式。出台《关于加快推进海岛民宿产业发展的实施意见》,大力引导海岛民宿规范化、特色化、集聚化发展。探索自贸区背景下影视产业、艺术品交易政策突破。以融合发展为原则导向,编写《普陀旅游融入长三角一体化》《海岛红色资源挖掘和开发利用研究》《重大项目对周边带动研究》《普陀海岛旅游国际化进程研究》等课题。

六是创新海岛旅游营销模式,在国内开创性举办了首个以海岛旅游为主题的国际化展会——海岛旅游博览会,开启国内外海岛旅游交流合作的新模式,连续三届创下线上线下3.4亿元的成交额。

## 二、产城融合,深化"旅游+"模式

以旅游业带动和促进经济社会协调发展及城市建设,最大化旅游产业拉动力、集成能力、产城旅一体化,推动构建以旅游为引导的区域综合发展模式。

一是实施精品倍增计划，加快创建旅游风情小镇、A级旅游景区、A级景区村庄和主题岛、景区镇、旅游小岛、"百县千碗"等多层次全域化核心产品IP，全力培育普陀海岛公园、蚂蚁红色小镇、东极旅游风情小镇和10个旅游小岛。攻坚文旅类特色小镇建设，目前，沈家门渔港小镇已创成4A级旅游景区，完成项目投资42.98亿元，朱家尖禅意小镇已启动4A级景区创建，累计投入33.19亿元，保利航空小镇已与设计公司达成协议，进入项目前期工作。建成铂尔曼、希尔顿等环普陀湾精品酒店群，加快推进观音法界、半升洞高端休闲街区、美丽海岛田园综合体等18个重点文旅建设项目，近两年，在建涉旅项目投资规模达279亿元，累计完成实际投资约160亿元，引进投资额50亿元以上旅游项目4个，30亿元以上旅游项目2个，旅游招商签约金额超450亿元。

二是做好跨界融合文章，推进"康养+旅游"，倾力创建国家医疗旅游先行区，积极争取保税医疗器械、药品特许准入、干细胞临床应用等领域政策突破，推进普陀国际健康产业中心建设，壮大普陀大健康产业园；推进"文体+旅游"，打造国际影视创新产业园，做好"普陀礼物""普陀村礼"旅游商品研发推广；推进"农业+旅游"，深入推进村庄景区化工作，探索出台普陀区精品景区村庄"七个一"标准。启动建设葫芦、柴山等旅游小岛10个，培育美丽庭院1000户，打造海岛美丽风景线。着力提升乡村旅游休闲体验产品，建设一批"岛居舟山"精品民宿，陌领佑舍、无问西东等一批品质海岛民宿开业运营，推动东极、展茅、白沙海岛民宿集聚区建设。精品打造河泥漕、干施岙、路下徐等旅游特色村。实施"百村百线百故事"工程，提炼"村味、村趣、村艺、村节、村居、村礼"核心元素，策划推广一批乡村旅游经典线路。推进"佛禅+旅游"，举办朱家尖禅意小镇文化艺术节暨禅意小镇发展指数发布会及佛事用品博览会，推进观音米产业链、桃花禅修文化民宿等重点项目，弘扬佛教素食文化，提升普陀山素斋品牌知名度，进一步推广佛茶、水仙、兰花等"佛"字系列特色品牌。

## 三、景城共生，勾画"海上花园"样板

续写"全景普陀"新篇章，持续打出护蓝增绿、坚守生态本底的环境整治"组合拳"。

一是深入开展四边三化、五水共治、三改一拆、小城镇环境综合整治、"污水零直排区"建设等环境大会战，推进"国家级蓝色海湾整治行动"，一以贯之打好城乡环境综合整治大会战，保持城市环境面貌常净常新，全力开展背街小巷、城区停车秩序、招牌标识、交通隔离设施等专项整治，攻坚景观提升、岸线整治、生态修复等多项工程。进一步构建点、线、面多层次的特色海岛公园体系，大力推进鲁家峙红石体育公园、鲁家峙文化公园、江湾公园、中央山体公园、沈院—武岭湿地郊野公园等综合性城市公园建设，基本实现城区居民出行"300米见绿地、500米见公园"。全力建设国家级海洋公园，以中街山列岛保护区为重心，探索保护与开发互促互进的国家公园体制。推进节能减排，防控大气污染，保护"普陀好空气"品牌。

二是实施"六进六美"行动，推动"全景"进田园、进家园、进社区、进村落、进园区、进交通，持续开展美丽村落、美丽田园、美丽庭院、美丽码头、美丽公路、美丽牧场系列建设，打造田园花海，构建风景交通脉络，持续做大美丽经济。

三是加大传统村落与文化资源保护开发，探索非遗文化、传统村落与旅游融合发展，扶持海岛乡村（民间）博物场馆举办展览、活动，启动沈家门渔港博物馆和气象博物馆前期工作，推进干施岙打造省级非遗旅游景区（民俗文化旅游村），培育一批海岛非遗文化传承人。

## 四、主客共享，打造"无阻碍"畅游体系

一是系统实施《普陀区旅游公共服务体系专项规划》，革命陆上，并进海上、码头、交通客轮、游船等场地与设施，主客共享推进城市公共服务和旅游公建配套设施相衔接，高标准建设配置旅游厕所、游客服务中心、旅游标识导览系统、观光巴士、数据中心、Wi-Fi服务、慢行系统等。继续打好综合交通大会战，深入实施"5355"工程，加快推进百里滨海大道（普陀段）、展茅至东港滨海美丽公路等基础设施建设及公共停车泊位、客船、观光巴士等公共服务设施完善，建成7条绿道、3条登山步道、3条风景道，累计总长174千米。实施"厕所革命"，截至目前提升改造旅游厕所55座，创建A级旅游厕所30座，探索形成"一岛一主题厕所"的建设格局，推出旅游厕所地图。铺建服务中心网点39个、整治旅游交通标识牌146套。全区涉旅场所、主要旅游交通船只免费Wi-Fi、视频监控全覆盖。

二是推进"数字文旅"建设，依托海岛大数据中心一期成果（6个应用系统、453万条数据、10大类基础数据仓、贯通5个横向部门），以"舟山普陀旅游"和"普陀文体"微信公众号为载体，建成"畅游普陀"公共服务平台和"普陀文体地图"，设置景区游览、餐饮美食、酒店住宿、休闲娱乐、文体设施及活动、非遗项目、文保单位等功能板块，为游客提供游前、游中、游后智慧一站式服务。整合文旅一张图，完善全域全景地图及景区二维码导览系统，上线百村百县智慧旅游地图。打造"移动支付城市"，启动"普陀海鲜e街"项目。

## 五、与民同在，营造"幸福和美"旅居环境

一是完善旅游综合执法队伍，成立全国首支海岛旅游警察队伍，启用

旅游警察示范岗，针对"海洋大区、陆地小区"实际，建立海上旅游警察巡逻机制，配备海上旅游警察巡逻艇，成立海岛旅游巡回法庭，为游客提供"水陆两栖式"执法保障。扩大旅游安全风险点范畴，将无人沙滩纳入监管。

二是加大专项整治力度，启动"公安＋城管"联勤联动机制，结合使用行政执法监管平台和"浙政钉"掌上执法系统，开展旅游市场秩序日常监管、"保健"市场乱象整治、"不合理低价游"整治、"非法经营旅行社业务"等各类专项行动，累计检查旅行社等旅游企业300余家次，出动执法人员3000余人次，查处未明码标价或标价不规范经营户40余家，处罚非法运营车辆20余起，劝离非法揽客人员200余人次，传唤违规人员80余人。

三是推进文明旅游建设，建立文明旅游统筹协调机制，加强文明旅游宣传教育活动，制作安装各类公益广告420余处，发放文明旅游宣传册5000余份，对旅游景区、旅游饭店、沿街旅行社、车站、码头等列检点进行督查暗访全覆盖。

四是狠抓富民惠民，培育"和美小岛"，实施农旅融合"十个十"工程，发展休闲渔业、渔农家乐，加快村庄景区化建设，引导海岛民宿高质量发展，打造普陀幸福购2.0版本，20天带动销售额破千万，以"一部手机游普陀"平台为载体，构建文旅企业销售新联盟，完善居民参与旅游发展利益共享机制，支持旅游企业为本地居民提供就业机会，促进渔农民转产转业、创收增收，实现全域旅游的经济兑现。

## 六、三全推进，提升全域旅游品牌影响

一是搭建"全要素"互联网营销平台，将"畅游普陀"全域旅游信息化综合服务平台数据，应用于旅游企业服务和营销，构建"旅游大数据服务＋目的地营销"新模式。

二是营造"全年化"互动氛围，打造节赛IP，做大做优舟山群岛马拉

松、海钓、环岛骑行等赛事活动和国际海岛旅游大会、海岛旅游博览会、国际沙雕节、佛茶文化节、东海音乐节等节庆展会，其中，舟马连续四届累计接待游客18.485万人次，创旅游收入2.06亿元，2018年赛事期间本岛区域酒店入住率达90%以上。开展"小现场大宣传"营销模式，持续做好"普陀好空气""浙江人游舟山""舟山旅游惠民季"等品牌小活动，新推出"百万沪上客自在舟山行"、中国旅游日、美丽乡村亲子自驾游、诗画浙江"华为"手机旅拍活动等系列小活动，提升普陀旅游知名度。

三是推动"全平台"形象提升，做好官方微信互动线上、线下有机结合，进一步扩大官方自媒体平台影响力，加强电梯广告、加油站广告及省内外各大媒体资源平台合作。深化山海合作，开展文化走亲营销活动。

## 天台县：五化驱动，打造全域旅游大格局

自2016年2月被列入首批国家全域旅游示范区创建单位以来，天台围绕"名县美城"总目标，坚持"文旅兴县"不动摇，全力创建、锐意创新，逐渐走出一条"五化驱动"的全域旅游新模式。天台先后被评为国家级风景名胜区、国家5A级旅游景区、国家生态旅游区、中国绿色发展与生态建设优秀城市、中国和合文化传承基地，被确立为省旅游统计改革试点县和旅游综合改革试点县。2018年天台县获评省全域旅游示范县和美丽乡村示范县，全年累计接待游客1902.06万人次，同比增长10.8%，旅游总收入209.65亿元，同比增长12.6%。

### 一、改革创新，党政统筹，推动旅游主业化

天台县把全域旅游作为富民强县、绿色转型的引领工程，着力激发产业发展的内生力。

一是高位谋划创建工作。天台县成立县委书记、县长任组长的工作领导小组，出台了《天台县关于加快推进全域旅游发展的若干政策》，每年安排旅游专项资金5000万元，三年统筹农、林、水、文、交通等各线资金12.5亿元投入全域旅游；将全域旅游示范区创建工作纳入乡镇（街道）、部门年度考核，突出考核指挥棒作用，营造合力抓落实的工作态势。

二是深入推进旅游体制改革。天台县坚持"一号工程"抓旅游，组建县四套班子主要领导，以及县委副书记、常务副县长、分管旅游常委参与的"7＋X"联席会，县长兼任旅发委书记，一名常委专职抓旅游，乡镇街道和旅游重点村分设旅游委和旅游办，强化旅游休闲集聚区项目"主战场"定

位,推进旅游集团现代化企业制度改革,全面构建"横向到边、纵向到底"的大旅游管理体制。四个"一号抓"成为全省县域统筹抓旅游的典范。

三是积极推进旅游专项改革。天台县编制了"多规合一"的全域旅游总体规划,建立重点项目联审准入制度,赋予旅游"一票否决权"。天台县打造了旅游统计的"天台样板",推动旅游业统计数据由"雾里看花"向"洞若观火"转变,名录库建库做法在全省推广。

四是创新打造"千个一批"项目。借势新一轮国家和地方机构改革,整合文化、旅游两大部门资源,着力打造一批主题文旅小镇、一批主题文化景区、一批主题文化酒店、一批主题文化民宿、一批主题文化博物馆、一批文创旅游纪念品、一批主题文化美食、一批主题文化厕所、一批主题文艺产品,推动文旅深度融合。

## 二、扬长补短,项目驱动,推动全域景区化

天台县坚持项目为王,把大旅游作为大花园建设的重要内容,实施项目大会战。

一是聚力"一心两区三镇",打造核心吸引力。新谋划"十三五"旅游项目116个,总投资额320亿元。重点是以高325米的天台山大瀑布为核心,打造道教唐诗主题的大琼台景区;在景城交融地带,搭建天台山旅游休闲集聚区平台,建成游客中心和旅游商业街,打造综合体验项目;以后岸村为核心,搭建寒山农旅集聚区平台,开发寒明岩景区,打造寒山田园综合体,获评省级乡村旅游产业集聚区;推进省级特色小镇和合小镇、省级旅游风情小镇唐诗小镇和寒山小镇建设,打造文旅综合体验项目。

二是首倡"八个全覆盖",完善旅游配套。推进旅游厕所、旅游停车场、旅游咨询服务、标牌标识、智慧旅游、旅游交通、游憩设施、A级景区建设,推动旅游要素全覆盖,补齐旅游设施配套短板。修改建旅游停车

场130个,旅游厕所275座,创成国家3A、4A级旅游景区14个。城区机关单位厕所全面对外开放,"所长制""专管员制"推动厕所建管并举,相关信息专报获省领导批示肯定。

三是实施"五美联动",擦亮生态底色。同步推进全域旅游示范区和美丽乡村示范县创建,美丽县城、美丽城镇、美丽乡村、美丽公路、美丽庭院"五美联动",深入环境革命,加强风貌管控,布局农作物景观,打造公路风景线、水上风景线和美丽乡村精品线,构建景城镇村四名一体格局。创成无违建县,获评省生态文明建设示范县、建成美丽乡村126个,四夺大禹鼎,首获大禹银鼎。

### 三、深挖特色,丰富业态,推动一业融五化

充分发挥"旅游+"功能,以融合发展推动旅游产业提质增效。

一是打造文化高地。推进三大文旅小镇建设,启动寒明岩、万马渡景区开发,复建桐柏宫、万年寺等历史建筑,编制唐诗研学(霞客古道)规划,推出《天台渡过》《天台遇仙》等旅游演艺节目,举办合文化论坛、济公文化节、浙东唐诗之路人文纪行等活动,着力推出禅修养生游、唐诗研学游。天台被列入全国中小学生研学实践教育基地名单,亮相第四季《中国诗词大会》,相关信息专报获市主要领导批示肯定。温泉山庄、济公缘公司获评省中医药文化养生旅游示范基地,动画片《小济公》获评中国文化艺术政府奖第三届"最佳动漫作品奖",和合婚庆、一根藤、小济公衍生品等文创产品推向市场。

二是打造农民致富基地。以"十个一"和"七个体验"为抓手(一条美丽公路、一个入口形象、一个停车场地、一批A级旅游厕所、一个游客服务中心、一套标识系统、一批游憩设施、一套智慧系统、一座文化礼堂、一处健身设施;有游览观光体验、有文化民俗体验、有农事生产体

验、有购物消费体验、有运动康体体验、有乡村旅居体验、有休闲游乐体验)，高质量打造A级景区村。推进土地流转和农房流转，支持发展家庭农场，保留有资源优势的下山移民村，推动非遗项目进村庄，打造民宿3.0（文宿），延长民宿产业链。推广后岸"四统一"公司化运营模式，拓展"景区＋旅行社＋合作社＋协会"的综合治理模式，使"全域大旅游"与"全域大农场"形成互动，重点推动后岸、塔后等四大片区集聚互补发展，打造乡村振兴的新标杆。创成A级景区村庄93个，其中3A级18个，获评休闲旅游示范村8个，获"金宿"级民宿2家、"银宿"级3家，初步形成寻佛问道、始丰溯源等8条乡村旅游精品线。共创共富的"后岸模式"获省主要领导批示肯定。

三是打造工旅示范基地。以袜业、汽车用品等优势产业、特色产业为依托，鼓励对接旅游市场，创新产品体系，发展工业旅游，加快培育一批特色旅游购物市场和观光型企业。以国家非遗"干漆夹苎"技艺为依托的国佛家园通过国家4A级旅游景区景观资源评审，新维士公司和白鹤袜业城获评省工业旅游示范基地。

四是打造体旅精品项目。连续举办7届国际女子围棋擂台赛、7届天台山全国山地自行车爬坡赛和4届天台山美丽乡村马拉松赛，落地绿城四季冰雪乐园项目，拓展高山滑翔、峡谷漂流、玻璃滑道等新兴运动项目，丰富旅游产品业态。

五是推动景城一体。启动赭溪区块改造，完成城市客厅始丰湖公园建设，全面布局驿站、绿道和健身步道网络，打造"百里河道生态廊、百里和合唐诗廊、百里沿溪休憩带"，加快建成一个格局完整、风貌独特、内涵深厚的历史文化名城和山环水绕、水秀城美、城景融合的绿色水韵山城。始丰溪绿道（城区段）获第一届"浙江最美绿道"称号。

### 四、精准发力，制造爆点，推动营销智慧化

紧扣时代潮流、社会热点，统一策划抓营销，着力做到既有宣传爆点，又有消费热点。

一是打好组合拳。"国清景区免票"举措，通过持续热点发布信息，腾讯新闻弹窗和中央四台滚动播出，引领全域旅游发展新潮流，相关信息专报获省市主要领导批示肯定。在上海、杭州集中投放社区电梯电视广告，开通"天台山号"唐诗之路主题地铁专列，获得市场热烈反响。天台山景区入选全国5A级景区综合影响力50强。在浙江文旅数时代大会上斩获"最受关注的浙江旅游景区TOP10""最受欢迎的旅游美食TOP10""浙江旅游头条号TOP10"三项大奖。

二是打好节庆牌。连续举办21届天台山云锦杜鹃节和8届"中国旅游日·首游天台山"主题活动，实行"一乡一品一节"，打造特色企业和特色产品的集中展示平台。泳溪"香米节"登上新闻联播头条，南屏"红枫节"登上央视第一时间栏目，雷锋"柿文化节"被选入中国农民丰收节，《中国旅游报》发表评论员文章肯定天台高质量办节理念。天台获评"美丽中国旅游首选目的地"。

三是打造"网红景"。充分发挥全国电商发展十佳县优势，天台山智慧旅游全面对接同程、携程、驴妈妈等OTA线上网站，部门微信公众号同频共振，拓展微信接力、抖音直播等方式，打造云锦杜鹃、天台山大瀑布、龙穿峡玻璃栈道等网红景观。

### 五、共建共享，标准引领，推动服务品质化

推动旅游基础设施向公共服务转变，着力打造最有温度的旅游目的地。

一是全员化培训。设立旅游培训学校，倡导"全民导游、全员服务"，县四套班子领导带头考导游证、做志愿者，广大干部群众一起当"文化人"、当"宣传员"、当"义务工"，共培养持证导游505名，其中国家级导游245名，建立约600人的志愿者队伍。

二是标准化服务。推行"游客至上"理念，引进开元、雷迪森、华美达等一批高端酒店并建成开业，推动农家乐集聚村改造提升，实现游客中心、旅游厕所等配套设施的规范运营。委托浙旅院"家·天台"服务标准，并把服务培训范围覆盖至所有A级景区村。"泰和国际大酒店获评省金树叶级绿色旅游饭店，远洲庐境度假酒店获评省金鼎级特色文化主题酒店，交通旅游游线公司获评市四星级品质旅行社，"家·天台"全域旅游服务业标准化试点被列入国家级服务业标准化试点项目。

三是常态化监管。创新"1+3+X"旅游综合管理体制改革，组建旅游安全专委会，把"假日办"延伸至乡镇街道，完成天台山智慧旅游工程，创新"景区啄木鸟"监管机制，实现全面全时查摆问题，全域全程快速联勤联动。天台山景区入选中国优质服务景区100强。

下一阶段，天台县将紧抓全面建成小康的时代机遇和杭绍台高铁全线开建的现实机遇，咬定目标、凝心聚力，着力打造"诗画浙江"的中国最佳旅游目的地和全省大花园建设的标杆县。

# 新昌县：坚定"生态立县"，实施"三百"工程，激发全域旅游新动能

新昌县位于绍兴市南部，旅游资源丰富，素有"东南眉目"之称，有天姥山国家级风景名胜区和大佛寺、十九峰、达利丝绸3个国家4A级旅游景区，4个国家3A级旅游景区，是浙江省首批全域旅游示范县、大花园典型示范建设和培育单位，绍兴市首个国家全域旅游示范区创建县。2006年10月，时任浙江省委书记习近平莅临新昌调研时，提出了"在发展过程中，我们要处理好人与自然、人与人之间的和谐"重要课题。这些年来，新昌县政府谨记习近平同志的嘱托和期望，深入贯彻"八八战略"，积极践行"绿山青山就是金山银山"理念，坚定走"生态立县、旅游富民"之路，紧抓国家全域旅游示范区创建契机，推进文化与旅游融合发展，把旅游业作为现代服务业引领产业来抓，大力实施"三百"工程（百村成景、百业增效、百姓致富），走出了一条科技强、产业兴、生态好的发展新路。

## 一、创新机制抓创建

以"坚守生态底线、咬定富民目标、实现融合共享、规范发展路径"为原则，构筑"旅游空间全区域、旅游产业全领域、旅游受益全民化"的全域旅游新格局，成功创建首批国家生态文明建设示范县、全国休闲农业和乡村旅游示范县、全国文明县城、浙江旅游经济强县。

### （一）创新发展机制，坚持政府主导

新昌县第十四次党代会确定打造"全域旅游体验区"的发展战略，把

旅游发展提到了前所未有的高度。县委、县政府编制了《新昌县全域旅游发展规划（2018—2022年）》，制定了《新昌县创建国家全域旅游示范区实施意见》，党政主要领导挂帅，抓好全域旅游规划体系优化，建立全域旅游示范区创建工作督查机制，以及县领导和部门联系帮扶省旅游风情小镇、省A级景区村庄制度，做到任务项目化、项目清单化、清单责任化，加强督导考核，将全域旅游工作列入对部门和乡镇（街道）考核及干部年终考评的范畴，全面协调旅游与文体、工商、农林、交通、环境等行业的关系，最大限度发挥政府在旅游业发展中的"主导"和"导向"作用，举全县之力助推全域旅游发展。

一是坚持党建引领。成立县委书记、县长为组长，50个县级部门一把手为成员的领导小组，在农村开展以党建星、富裕星、美丽星、和谐星、文明星和3A级景区村为主要内容的"五星达标、3A争创"行动，通过党建引领把涉农的规划、项目、资金等工作真正"统"起来，大力发展乡村旅游，全方位激活乡村旅游活力，该工作机制荣获中国十大社会治理创新奖。

二是坚持全员参与。充分发挥干部、党员、乡贤"三支队伍"的力量发展乡村旅游，党员干部带头挨家挨户做工作，包干领养搞建设，在外乡贤出资出智谋发展，百姓群众不等不靠齐出力，涌现了尚诗堂、巧云居等一批助力家乡旅游发展的精品民宿，先后被央视新闻、财经等频道专题报道。"三支队伍"建设的经验做法得到时任浙江省委书记车俊两次批示肯定，绍兴市委组织部出台相关实施意见，向全市推广新昌做法。

### （二）创新经营机制，鼓励入股经营

开发"经营主＋村集体""经营主＋农户"等模式，鼓励村集体或村民以土地、山林、闲置房等资源折价入股参与旅游经济。如班竹村实施"人人参股，户户分红"模式，兼顾村集体、村民、公司股东利益，开拓村集

体和村民增收致富渠道。

一是推进共建共享。探索投资管理公司、网络公司、村集体、村级管理员四方主体团队合作、分工经营、成果共享经营模式，以镜岭镇安山村为代表的"共享自助小院"初具雏形。如东茗乡后岱山村在党支部书记王国洋的带领下，发动村民不等不靠、自建自创，不到半年时间就将后岱山打造成"网红"村，做法经验得到了《人民日报》等中央媒体肯定。

二是创新多元经营。引进专业化管理团队，带动民宿、农家乐向集聚化、精品化、规范化、标准化发展。如石下坑村引进旅游投资管理公司建设运营，将村集体统一收储的69户黄泥房，打造成集吃、住、娱于一体的"倒脱靴乡村公园"。在乡村旅游的推动下，全县44个经济薄弱村已提前消除。

### （三）创新保障机制，理顺工作机制

推进旅游管理体制改革，组建文广旅游局和旅游集团有限公司，成立县全域旅游发展中心，定编4人，着力解决"小马拉大车"的问题，探索符合新昌实际的旅游综合执法机制，设立全域旅游综合执法站，维护市场秩序。

一是落实资金保障。新昌县出台了《2019年乡村振兴配套政策》，统筹农业农村、水利、文化旅游等15个部门资金37.23亿元，打造29个旅游重点村，同时兼顾面上A级景区村庄建设。完善全域旅游发展政策，每年安排1.5亿元专项资金聚焦文旅融合发展，对景区村庄建设项目给予投资额80%的补助，并安排1000万专项资金对全县A级景区村庄创建工作给予考核奖励；安排1亿元PPP项目和5000万元省财政"一事一议"奖补资金，选择重点村创建省3A级景区村。

二是加强资源保障。探索土地政策改革。用活用够增减挂钩、以租代征等土地政策，加大土地流转力度，确保有限土地资源优先落实到旅游项

目上。引导有条件的景区村进行农房收储，开展闲置农房整村激活，带动村内土地和山林资源全面盘活。全县已激活整体闲置农房25万平方米，盘活土地、山林资源2000多亩，已利用闲置农房200余幢发展农家乐民宿119家。

三是加强人才引育。建立县、乡、村三级文旅发展队伍和工作机制，每年开设专家讲座、组织县内外培训等活动30余次，组建全域旅游智库，计划在新昌技师学院举办旅游管理专业，培养专业导游和旅游管理方面的人才，提升文旅工作水平。

## 二、突出重点抓创建

坚持项目为王，重抓项目招商，以市场换项目，以资源换项目，新昌县引进了韩妃江安岚度假酒店、梅溪湖民俗文化园、开元芳草地乡村酒店、山涧堂等一批适合新昌旅游发展的大项目、好项目，总投资额度达70亿元；重点打造"六个目的地"（唐诗之路精华地、礼佛之旅福缘地、摄影写生全景地、天姥山居体验地、运动休闲目的地、农特产品品购地），努力实现"六个景区化"（城镇、乡村、道路、河道、森林和田园景区化）。产业旅游化，旅游产业化，产业融合、文旅融合为新昌旅游业注入了新鲜活力，各行各业以充满活力的姿态迎接八方来客。

### （一）景区游引领

发挥核心景区标杆作用，丰富旅游产品业态，带动周边村民致富，引领全域旅游发展。新昌县投入2.5亿元争创国家5A级景区，其中大佛寺景区被评为全国厕所革命先进单位、浙江省优质旅游经典景区，"智慧旅游""点点文化"（小和尚"点点"卡通形象）全省闻名；十九峰景区玻璃栈道成为全国网红景区，目标是打造成为"似桂林、赛丽江"的全省标杆型4A级景区。2017年，两大景区旅游收入突破1亿元，增长150%（其中十九峰收入6684万元，增长595%）。

### （二）工业游点亮

新昌县深化产业融合，助力全域旅游，发挥先进制造业基地优势，做亮"工业＋旅游"，实现"企企有项目，厂厂是景观，行行成基地"，打造全省工业旅游新标杆。其中，达利丝绸工业旅游景区年接待游客达220万人次，被评为"国家工业遗产旅游基地"；计划投资55亿元的万丰航空小镇（已完成投资41.36亿元）、计划投资75亿元的智能装备小镇（已完成投资59.33亿）等工业旅游基地发展势如破竹，万丰航空小镇列入全国首批16家通用航空旅游示范单位，通用机场已对外开放，争创国家4A级旅游景区，智能装备小镇已建成3A级景区。

### （三）文化游诠释

"一座天姥山，半部全唐诗"，千古绝唱《梦游天姥吟留别》传唱至今，新昌是浙东唐诗之路的首倡地，是唐诗之路、佛教之旅、茶道之源的精华所在。新昌县按照"一年有声、三年有形、五年有效"的目标，加强唐诗之路精华地的保护、规划和传承，挖掘约90华里"霞客古道"的人文资源，做好文旅融合文章，做活"文化＋旅游"，举办"浙东唐诗之路"大型咏诵交响音乐会，建成鼓山唐诗主题公园及班竹、横板桥等唐诗文化风情村和天姥山旅游摄影基地，形成了一条保存较为完好的三驿九铺浙东唐诗之路精华地段。

### （四）乡村游覆盖

新昌县实施乡村旅游三年行动计划，截至2019年，已完成投资2亿元，重点培育东茗乡、沙溪镇、镜岭镇等3个省旅游风情小镇，建设霞客古道、盐帮古道、安山古道、潜溪绿道、黄金和道等5条主题游线，带动沿线20个村庄的景区化提升。建成外婆坑村、下岩贝村、董村等A级景区村106个，让乡村成为农村人自豪、城里人向往的"大花园"。馨馨养老家园、世豪中医药养生基地、房车露营基地、共享小院等创新业态应运而生。

## 三、优化配置抓创建

全域旅游要发展，基础配套需先行。新昌县政府始终把生态环境作为全域旅游的基础性工作来抓，发挥生态优势，补齐发展短板，实现旅游服务全面提升，旅游要素全域配套。

### （一）净化生态环境

从2016年开始，新昌县每年坚持在全县开展"三治一提升"行动，为乡村旅游发展奠定基础；投资20亿元改造13个小城镇（其中7个成为全省样板）；推进"一城四镇"景区化建设；实施河道"认养制"，开创全国社会化治水先河；开展"厕所革命"，第三卫生间达到70%，抓好"百村建百厕"行动，打造3A级旅游厕所13座，实现A级景区村A级旅游厕所全覆盖。新昌被省委、省政府评为美丽浙江建设工作优秀县，"三江"水质均值保持Ⅱ类水标准，"五水共治"满意度测评全市第一，镜岭镇作为基层代表参与领取联合国最高环境荣誉"地球卫士奖"。

### （二）优化公共服务

为配合全域旅游发展，谋划大通道建设，"十三五"期间，新昌计划完成投资200亿元，加快推进金甬铁路、杭绍台高铁、杭绍台高速、527国道、通用机场等一批重大交通设施建设，改造提升通村通景公路，实现"村村通公交"；构建城乡绿道、沿江绿道、主题游线等内部交通的"快进慢游"综合交通网络体系，形成了县旅游集散中心、景区游客中心、乡村旅游咨询点多层级旅游集散网络。建设全域旅游大数据中心，实现大众旅游时代游客个性化服务和行业精准管理。

### （三）强化要素供给

结合全省"百县千碗"工程，新昌推出了千万元"新昌炒年糕"品牌，评选出锅拉头、春饼、芋饺等十大新昌特色小吃和大佛龙井、小京生等旅游创意农产品。以唐诗文化为主题，新昌县精心打造了天姥唐诗宴，使唐诗元素与新昌特色美食有机相融，给游客带来文化与美食的饕餮盛宴。围绕农特产品品购地打造，建设"天姥农味"品牌，评选出十大新昌好礼，打造"舌尖上的新昌"。开发剪纸、调腔等具有新昌特色的旅游纪念品和文化演绎产品，新昌调腔荣获金桂奖、"白玉兰"奖。目前，全县拥有10家星级酒店，50家旅行社（营业部），民宿（农家乐）160家，床位3970张，尚诗堂、生田社等一大批具有鲜明特色的民宿、乡创基地建成迎客，全域旅游正带动着各行各业的发展变化。

古天姥，新新昌，新昌全域旅游正以蓬勃力量向前推进，"青山"依旧，"金山"可期，乡村旅游使贫穷偏僻的乡村变成营收过亿的旅游热地，新昌的"绿水青山"正为老百姓带来更加美好的生活。新昌县将以国家全域旅游示范区创建为契机，树立以文促旅、以旅彰文的理念，推进"诗意新昌"建设，打响"天姥山"文旅品牌，形成机制健全、产业融合、特色明显、设施完善、共建共享的全域发展局面，打造文化研究新高地、文旅融合样板地、唐诗之路精华地，把李白心中的"梦游地"建设成为游客向往的"目的地"，让古老的天姥山焕发新的生机和活力，实现"百村成景、百业增效、百姓致富"的美好愿景。

# 附录
# 浙江省全域旅游示范县（市、区）评分细则

## 浙江省文化和旅游厅关于印发《浙江省全域旅游示范县（市、区）评分细则》的通知

各市、县（市、区）文化和旅游局：

为贯彻落实国务院办公厅《关于促进全域旅游发展的指导意见》（国办发〔2018〕15号）文件精神，全面打造"诗画浙江"中国最佳旅游目的地，全面助力全省"大花园"建设，根据文化和旅游部办公厅《关于印发〈国家全域旅游示范区验收、认定和管理实施办法（试行）〉和〈国家全域旅游示范区验收标准（试行）〉的通知》（办资源发〔2019〕30号），经厅党组审定，我厅修订了《浙江省全域旅游示范县（市、区）评分细则》，现印发给你们，请结合实际认真贯彻执行。

原浙江省旅游局《关于印发〈浙江省全域旅游示范县（市、区）创建工作指南〉的通知》（浙旅规划〔2017〕88号）中的《浙江省全域旅游示范

县（市、区）评分细则》即日起废止。

特此通知。

浙江省文化和旅游厅
2019年12月13日

## 浙江省全域旅游示范县（市、区）评分细则

一、《浙江省全域旅游示范县（市、区）评分细则》包含国家标准项目和高质量发展项目，总分共计1800分。其中，国家标准共1200分，该项目为必备达标项，达标分值为1000分；高质量发展项目共600分，该项目不设达标分值，与国家标准得分相加后按总得分高低排定名次。

二、国家标准项目参照《国家全域旅游示范区验收工作手册》基本项目分类。项目及分值安排为：体制机制（90分）、政策保障（140分）、公共服务（230分）、供给体系（240分）、秩序与安全（140分）、资源与环境（100分）、品牌影响（60分）、创新示范（200分）。

三、高质量发展项目分值安排为："百千万"工程（160分）、产业发展（90分）、项目投资（100分）、文旅融合（90分）、公共服务（60分）、数字化转型（40分）、改革引领（60分）。

四、扣分事项包括：对近三年发生重大安全事故、重大市场秩序问题、重大生态环境破坏、"厕所革命"不达标以及当年发生重大文物破坏事故的，予以一票否决；对近三年发生安全生产事故（35分）、市场秩序问题（30分）、生态环境破坏事件（35分）和摘牌通报项目（20分）的，将酌情扣分。

## 指标体系

| 序号 | 内容 | 评分标准 | 大项 | 分项 | 小项 | 验收方法与说明 |
|---|---|---|---|---|---|---|
| 1 | 体制机制 | | 90 | | | |
| 1.1 | 领导体制 | | | 20 | | |
| 1.1.1 | 建立党政统筹的全域旅游组织领导机制 | 成立党政统筹的全域旅游发展领导小组或类似机构，并成立创建办公室。领导小组对全域旅游发展进行战略部署，发挥了领导作用，有效解决重大问题或事项，效果良好的，最高得10分 | | | 10 | 文档检查 |
| 1.1.2 | 旅游考核机制 | 把旅游工作纳入政府年度考核体系，并成为主要考核指标的，最高得10分 | | | 10 | 文档检查 |
| 1.2 | 协调机制 | | | 25 | | |
| 1.2.1 | 建立健全旅游综合协调机制 | 能够及时解决跨部门间问题，统筹产业融合发展事宜，部门间协调顺畅、形成工作合力的，最高得10分 | | | 10 | 文档检查 |
| 1.2.2 | 旅游综合监管机制 | 强化涉旅部门联合执法，与相关监管部门协调配合，各司其职，形成既分工又合作的工作机制，依法治旅水平高，效果好的，最高得15分 | | | 15 | 文档检查 |
| 1.3 | 综合管理机制 | | | 20 | | |
| 1.3.1 | 旅游管理体制改革 | 文化和旅游行政部门综合管理能力强，承担起旅游资源整合与开发、旅游规划与产业促进、旅游监督管理与综合执法、旅游营销推广与形象提升、旅游公共服务与资金管理、旅游数据统计与综合考核等职能的，最高得15分 | | | 15 | 文档检查 |
| 1.3.2 | 社会综合治理体系 | 健全社会综合治理体系，最高得5分 | | | 5 | 文档检查 |

续表

| 序号 | 内容 | 评分标准 | 大项 | 分项 | 小项 | 验收方法与说明 |
|---|---|---|---|---|---|---|
| 1.4 | 统计制度 | 健全现代旅游统计制度与统计体系，渠道畅通，数据完整，报送及时，最高得15分 | | 15 | | 文档检查 |
| 1.5 | 行业自律机制 | | | 10 | | |
| 1.5.1 | 行业协会 | 主要旅游企业（个体经营单位）组建综合性或专业性行业协会，会员覆盖率高，运行效果良好的，最高得5分。现场检查发现运行状况不好则酌情扣分 | | | 5 | 文档、现场综合检查 |
| 1.5.2 | 协会自律机制 | 行业协会建立自律机制，自律规章制度健全，并执行良好的，最高得3分。行业协会建立行业诚信服务机制，并能够定期公布诚信信息的，最高得2分。两者最高得5分 | | | 5 | 文档检查 |
| 2 | 政策保障 | | 140 | | | |
| 2.1 | 产业定位 | | | 20 | | |
| 2.1.1 | 主导产业 | 本地经济社会发展规划中将旅游业定位为主导产业的，最高得4分 | | | 4 | 文档检查 |
| 2.1.2 | 地方支持政策文件 | 党政出台促进全域旅游发展的综合性高质量政策文件和实施方案，落实情况良好的，最高得8分。现场检查发现落实情况不好则酌情扣分 | | | 8 | 文档、现场综合检查 |
| 2.1.3 | 部门支持政策文件 | 发改、财政、城建、交通等部门出台（或通过人民政府出台）全域旅游发展专项政策文件，且配套实施方案，落实情况良好的，每出台1个得2分，最高得8分。现场检查发现落实情况不好则酌情扣分 | | | 8 | 文档、现场综合检查 |

续表

| 序号 | 内容 | 评分标准 | 大项 | 分项 | 小项 | 验收方法与说明 |
|---|---|---|---|---|---|---|
| 2.2 | 规划编制 | | | 20 | | |
| 2.2.1 | 编制全域旅游规划 | 以全域旅游理念编制定位准确、特色鲜明的全域旅游发展规划，涵盖《全域旅游示范区创建工作导则》的主要内容和要求，对全域旅游的发展具有引领性、指导性和操作性意义的，最高得5分 | | | 5 | 文档检查 |
| 2.2.2 | 全域旅游规划配套实施方案 | 制定国家全域旅游示范区创建工作实施方案，明确创建工作进度和部门任务分工，配套督办考核措施并由人民政府印发的，最高得4分 | | | 4 | 文档检查 |
| 2.2.3 | 完善专项规划体系 | 制定旅游产品开发、公共服务、营销推广、市场治理、乡村旅游等旅游专项规划、实施计划或行动方案。每有1个专项得2分，最高得6分 | | | 6 | 文档检查 |
| 2.2.4 | 旅游规划督导评估机制 | 建立规划督查、督办、考核、奖惩、评估机制的，最高得5分。现场检查发现督导实施效果不好则酌情扣分 | | | 5 | 文档、现场综合检查 |
| 2.3 | 多规融合 | | | 20 | | |
| 2.3.1 | 符合国土空间规划 | 国土空间规划（含原城乡规划、土地利用规划、生态环境保护规划等相关规划）充分满足旅游业发展需求的，每有1项得4分，最高得12分 | | | 12 | 文档检查 |
| 2.3.2 | 与相关规划融合 | 与文化、农业、水利、林业等规划深度融合。每有1个规划得2分，最高得8分 | | | 8 | 文档检查 |
| 2.4 | 财政金融支持政策 | | | 30 | | |
| 2.4.1 | 设立旅游发展专项资金 | 财政预算中单列旅游发展专项资金，达到一定规模或增速的最高得10分 | | | 10 | 文档检查 |

续表

| 序 号 | 内 容 | 评分标准 | 大项 | 分项 | 小项 | 验收方法与说明 |
|---|---|---|---|---|---|---|
| 2.4.2 | 统筹各部门资金支持全域旅游建设 | 统筹各部门资金用于发展旅游的，达到一定规模的，最高得5分 | | | 5 | 文档检查 |
| 2.4.3 | 政府贷款贴息或金融机构提供金融服务 | 对旅游项目，特别是乡村旅游以及旅游公共类项目，优先安排政府贷款贴息政策，并付诸实施；或金融部门主动对接全域旅游，为旅游项目提供金融服务，效果良好的，最高得5分 | | | 5 | 文档检查 |
| 2.4.4 | 旅游发展奖励或补助政策 | 列入国家、省市重点的项目和对重大项目年度完成率较高的制定奖励政策并付诸实施，最高得5分 | | | 5 | 文档检查 |
| 2.4.5 | 开放性金融融资政策 | 制定有利于综合运用现代金融手段及开发性金融融资方案或政策的，最高得5分 | | | 5 | 文档检查 |
| 2.5 | 土地保障政策 | | | 30 | | |
| 2.5.1 | 旅游用地保障 | 保障旅游发展用地新增建设用地指标，在年度用地计划中优先支持旅游项目用地的，最高得12分。现场检查发现落实情况不好则酌情扣分 | | | 12 | 文档、现场综合检查 |
| 2.5.2 | 旅游用地政策 | 有效运用城乡建设用地增减挂钩政策，促进土地要素有序流动和合理配置，构建旅游用地保障新渠道的，最高得18分。现场检查发现落实情况不好则酌情扣分 | | | 18 | 文档、现场综合检查 |
| 2.6 | 旅游人才 | | | 20 | | |
| 2.6.1 | 专家智库 | 建立旅游发展咨询委员会、顾问委员会或类似专家智库，效果良好的，最高得5分 | | | 5 | 文档检查 |

续表

| 序 号 | 内 容 | 评分标准 | 大项 | 分项 | 小项 | 验收方法与说明 |
|---|---|---|---|---|---|---|
| 2.6.2 | 人才引进 | 引进专业人才或专家短期工作，或开展人才交流、交换、挂职等交流活动的，最高得5分 | | | 5 | 文档检查 |
| 2.6.3 | 旅游培训 | 开展校企人才联合培养或建立旅游人才培训基地的，得2分；经常性开展旅游培训活动，轮训乡村旅游骨干的，每50人次得1分；外出参观培训、经验交流和研讨会的，每30人次得1分。最高得7分 | | | 7 | 文档检查 |
| 2.6.4 | 奖励机制 | 在旅游人才的奖励机制方面有具体举措，建立稳定长效的奖励机制，效果良好的，最高得3分 | | | 3 | 文档检查 |
| 3 | 公共服务 | | 230 | | | |
| 3.1 | 外部交通 | | | 20 | | |
| 3.1.1 | 外部可进入性 | | | | 14 | |
| 3.1.1.1 | 直达机场 | 直达机场距离中心城市（镇）在150千米以内的，得6分；150~200千米以内的，得3分；高于200千米以上的，得1分。最高得6分 | | | 6 | 文档检查 |
| 3.1.1.2 | 铁路、公路、港口等 | 有过境高速公路进出口、高铁停靠站、国际邮轮港口、旅游直升机场或开通旅游专列的得8分；有一般过境国道、客运火车站或客运码头的得4分；有其他省道得2分。最高得8分 | | | 8 | 文档检查 |
| 3.1.2 | 外部交通网络 | 外部交通方式快捷多样，外部综合交通网络体系完善的，最高得6分 | | 6 | | |

续表

| 序号 | 内容 | 评分标准 | 大项 | 分项 | 小项 | 验收方法与说明 |
|---|---|---|---|---|---|---|
| 3.2 | 公路服务区 | | | 15 | | |
| 3.2.1 | 功能、规模与服务 | 功能齐全，规模适中，服务规范。境内高速公路服务区改造成复合型服务区，每完成1个得4分；国（省）道沿线建成每1处旅游服务区得2分；每建成1处服务点得1分。最高得10分。现场检查发现服务质量不好则酌情扣分。中心城区无高速公路出入口的不扣分 | | | 10 | 文档、现场综合检查 |
| 3.2.2 | 风貌设计 | 每发现1处风貌不协调扣1分，最多扣5分 | | | 5 | 现场检查 |
| 3.3 | 旅游集散中心 | | | 20 | | |
| 3.3.1 | 位置合理 | 与铁路、机场或汽车总站等交通枢纽或交通驿站一并规划建设。在其他地方建设的扣3分，最多扣8分 | | | 8 | 现场检查 |
| 3.3.2 | 规模适中 | 规模适度，能够满足游客需求。规模面积偏小的扣2分，最多扣6分 | | | 6 | 现场检查 |
| 3.3.3 | 功能完善 | 与其他交通方式实现无缝衔接，具有旅游集散、旅游咨询、综合服务等功能，各项功能运营良好，形成多层级旅游集散网络。每少1项扣2分，最多扣6分 | | | 6 | 现场检查 |
| 3.4 | 内部交通 | | | 30 | | |
| 3.4.1 | 通景公路 | 中心城市（镇）抵达国家5A级旅游景区或国家旅游度假区的道路须达到1级或2级公路标准；抵达国家4A级旅游景区和省级旅游度假区的道路须达到2级或3级公路标准。每发现1条不达标扣2分，最多扣8分 | | | 8 | 现场检查 |

续表

| 序号 | 内容 | 评分标准 | 大项 | 分项 | 小项 | 验收方法与说明 |
|---|---|---|---|---|---|---|
| 3.4.2 | 乡村旅游公路 | 中心城市（镇）抵达乡村旅游点道路须达到等级公路标准。每发现1条不达标扣3分，最多扣12分 | | | 12 | 现场检查。备注：等级公路是指技术指标和设施符合现行公路工程技术标准的公路 |
| 3.4.3 | 旅游连接线 | 连接核心旅游景区道路达到3级公路以上标准。每建成1条得5分，最高得10分。现场检查发现旅游连接线质量不好则酌情扣分 | | | 10 | 文档、现场综合检查 |
| 3.5 | 停车场 | 游客集中场所停车场规划建设须与当地生态环境相协调，与游客量基本相符，配套设施完善。每发现1处不达标扣1分，最多扣15分 | | 15 | | 现场检查 |
| 3.6 | 旅游交通服务 | | | 20 | | |
| 3.6.1 | 城市观光交通 | 提供多种城市观光交通方式，有城市观光巴士得2分，其他方式每项得1分，最高得4分。现场检查发现观光交通服务质量不好则酌情扣分 | | | 4 | 文档、现场综合检查 |
| 3.6.2 | 旅游专线公交 | 中心城区（镇）、交通枢纽等游客集散地开通直达核心旅游吸引物的旅游专线公交，有串联核心旅游景区的旅游专线。每有1条得4分，最高得12分。现场检查发现旅游专线公交服务质量不好则酌情扣分 | | | 12 | 文档、现场综合检查。备注：核心旅游吸引物重点指核心旅游景区、旅游度假区、旅游风景道及城市和乡村旅游吸引点 |

续表

| 序号 | 内容 | 评分标准 | 大项 | 分项 | 小项 | 验收方法与说明 |
|---|---|---|---|---|---|---|
| 3.6.3 | 旅游客运班车 | 中心城区（镇）到重要乡村旅游点须开通城乡班车。每开通1条得1分，最高得4分。现场检查发现旅游客运班车服务质量不好则酌情扣分 | | | 4 | 文档、现场综合检查 |
| 3.7 | 旅游标识系统 | | | 25 | | |
| 3.7.1 | 全域引导标识 | | | | 17 | |
| 3.7.1.1 | 全域全景图设置 | 旅游集散中心位置显著处、重要通景旅游公路入口、核心旅游吸引物入口处配套设置全域全景图。每发现1处应设未设或不规范设置扣2分，最多扣6分 | | | 6 | 现场检查。备注：全域全景图内容要求：需要标识出主要旅游吸引物及旅游服务设施的位置，包括旅游集散中心、旅游主题线路、旅游风景道、旅游景点、乡村旅游点、重要城市游憩区（点）、旅游厕所、高速公路出入口、停车场等，并明示咨询、投诉、救援电话等。所有图形符号要遵循《公共信息标志用图形符号》（GB/T 10001）要求 |

续表

| 序号 | 内容 | 评分标准 | 大项 | 分项 | 小项 | 验收方法与说明 |
|---|---|---|---|---|---|---|
| 3.7.1.2 | 旅游吸引物全景导览图 | 旅游景区、旅游度假区或旅游风景道等核心旅游吸引物入口位置显著处须设置全景导览图。每发现1处应设未设或不规范设置扣2分，最多扣4分 | | | 4 | 现场检查 |
| 3.7.1.3 | 交通标识和介绍牌 | 在通往重要旅游景区的公路沿线适当设置旅游交通标识，重要景点景物须设置介绍牌。每发现1处应设未设或不规范设置扣1分，最多扣7分 | | | 7 | 现场检查 |
| 3.7.2 | 公共信息图形符号 | 游客集中场所须设置旅游公共信息图形符号，标识内容、位置与范围参照GB10001标准。每发现1处应设未设或不符合规范扣1分，最多扣8分 | | | 8 | 现场检查 |
| 3.8 | 游客服务中心 | | 25 | | | |
| 3.8.1 | 咨询服务中心 | 主要交通集散点，如机场、火车站、客运站、码头等位置显著处设置旅游咨询服务中心，并保持有效运营。每发现1处缺失扣2分，最多扣16分 | | | 16 | 现场检查 |
| 3.8.2 | 游客服务点 | 城市商业街区、主要旅游区（点）、乡村旅游点等游客集中场所位置显著处须设置咨询服务点，并保持有效运营。每发现1处缺失扣1分，最多扣9分 | | | 9 | 现场检查 |
| 3.9 | 旅游厕所 | | 30 | | | |
| 3.9.1 | 分布合理 | 主要游客集中场所步行10分钟，或旅游公路沿线车程30分钟内须设置旅游厕所或市政公厕。每发现1处不达标扣2分，最多扣10分 | | | 10 | 现场检查。备注：游客集中场所主要指旅游集散中心、旅游景区、主要乡村旅游区（点）、城市游憩街区、城市重点公共文化活动场所等 |

续表

| 序 号 | 内 容 | 评分标准 | 大项 | 分项 | 小项 | 验收方法与说明 |
|---|---|---|---|---|---|---|
| 3.9.2 | 管理规范 | 主要游客集中场所厕所设备须无损毁、无污垢、无堵塞；厕所无异味、无秽物。每发现1处不达标扣2分，最多扣10分 | | | 10 | 现场检查 |
| 3.9.3 | 比例适当 | 主要游客集中场所已建的A级、AA级旅游厕所男女厕位至少有8个以上，比例达到1:2或2:3。每少1个扣1分，最多扣3分 | | | 3 | 现场检查 |
| 3.9.4 | 文明宣传 | 主要游客集中场所厕所内须有爱护设施、文明如厕的宣传。每发现1处未达标扣1分，最多扣3分 | | | 3 | 现场检查 |
| 3.9.5 | 免费开放 | 主要游客集中场所对外服务临街单位厕所至少有3处免费向游客开放。每少1处或者标志标识不清晰不规范扣2分，最多扣4分 | | | 4 | 现场检查 |
| 3.10 | 智慧旅游 | | | 30 | | |
| 3.10.1 | 智慧设施 | 游客集中场所实现免费Wi-Fi、通信信号畅通、视频监控全覆盖。每发现1处不达标扣1分，最多扣10分 | | | 10 | 现场检查 |
| 3.10.2 | 智慧服务 | | | | 10 | 现场检查 |
| 3.10.2.1 | 导游、导览 | 国家4A级以上旅游景区须提供智能导游、电子讲解、实时信息推送、在线预订、网上支付等服务；主要乡村旅游点或民宿须提供在线预订、网上支付等服务。每发现1处不达标扣1分，最多扣4分 | | | 4 | 现场检查 |
| 3.10.2.2 | 个性化服务 | 有针对自助旅游者的咨询、导览、导游、导航、分享评价、实时信息推送等智能化旅游服务系统。每缺少1项扣1分，最多扣6分 | | | 6 | 现场检查 |

续表

| 序号 | 内容 | 评分标准 | 大项 | 分项 | 小项 | 验收方法与说明 |
|---|---|---|---|---|---|---|
| 3.10.3 | 运营监测中心 | | | 10 | | |
| 3.10.3.1 | 大数据中心 | 建立旅游大数据中心，具有交通、气象、治安、客流信息等全数据信息采集功能，有专人负责数据采集与运维工作。两者最多扣2分 | | | 2 | 现场检查 |
| 3.10.3.2 | 展示平台 | 建立全域旅游监测指挥平台和专门展示中心。每缺少一项扣1分，最多扣2分 | | | 2 | 现场检查 |
| 3.10.3.3 | 功能完善 | 具有行业监管、产业数据统计分析、应急指挥执法平台、舆情监测、视频监控、旅游项目管理和营销系统等功能。每缺少一项扣1分，最多扣2分 | | | 2 | 现场检查 |
| 3.10.3.4 | 上下联通 | 有与省、市连接的旅游服务线上"总入口"，并实现省、市、县互联互通。每发现1项不符合条件扣1分，最多扣2分 | | | 2 | 现场检查 |
| 3.10.3.5 | 数据应用 | 在景区集疏运监测预警或旅游交通精准信息服务等方面至少有2项突破。每缺少1项扣1分，最多扣2分 | | | 2 | 现场检查 |
| 4 | 供给体系 | | 240 | | | |
| 4.1 | 旅游吸引物 | | | 50 | | |
| 4.1.1 | 景区和度假区 | | | | 20 | |
| 4.1.1.1 | 竞争力明显 | 有1个国家5A级旅游景区或国家级旅游度假区得15分，每有1个国家4A级旅游景区或省级旅游度假区得5分，每有一个省级旅游风情小镇得5分，最高得15分 | | | 15 | 文档检查 |

续表

| 序号 | 内容 | 评分标准 | 大项 | 分项 | 小项 | 验收方法与说明 |
|---|---|---|---|---|---|---|
| 4.1.1.2 | 数量充足 | 国家3A级及以上旅游景区、省级及以上旅游度假区或国家生态旅游示范区、国家森林公园、国家水利风景区、全国重点文物保护单位、全国爱国主义教育基地、国家湿地公园、国家地质公园、国家矿山公园等吸引物总数不少于6个的，得5分；少于6个的，不得分 | | | 5 | 文档检查。同一单位不能重复计分 |
| 4.1.2 | 城市与特色村镇 | | | 30 | | |
| 4.1.2.1 | 城市旅游功能区 | 有功能完善、业态丰富的旅游主题功能区、休闲游憩区、特色文化街区等。每有1处得2分，最高得4分。现场检查发现功能不完善、业态不丰富则酌情扣分 | | | 4 | 文档、现场综合检查 |
| 4.1.2.2 | 城市旅游业态 | 城市公园、主题乐园、博物馆、图书馆、文化馆、科技馆、规划馆、展览馆、纪念馆、动物园、植物园等配套有主客共享的旅游设施。每有1处得1分，最高得6分。现场检查发现业态不丰富则酌情扣分 | | | 6 | 文档、现场综合检查 |
| 4.1.2.3 | 乡村旅游布局 | 有自然环境优美、接待设施配套、资源有机整合的乡村旅游集聚带（区），有吃、住、游、娱等要素集聚、设施完善的旅游接待村落或特色小镇。每有一处得2分，最高得6分。现场检查根据品质酌情扣分 | | | 6 | 文档、现场综合检查 |

续表

| 序号 | 内容 | 评分标准 | 大项 | 分项 | 小项 | 验收方法与说明 |
|---|---|---|---|---|---|---|
| 4.1.2.4 | 乡村旅游业态 | 有田园综合体、田园艺术景观、观光农业、休闲农业、创意农业、定制农业、会展农业、众筹农业、现代农业庄园、家庭农场等多种业态的乡村旅游产品。每有一处得1分，最高得6分。现场检查发现业态不丰富则酌情扣分 | | | 6 | 文档、现场综合检查 |
| 4.1.2.5 | 乡村旅游质量 | 有政府、企业、协会多元化推动机制，产业链条完整，在建设特色化、管理规范化、服务精细化上有成效，最高得4分。现场检查根据建设情况酌情扣分 | | | 4 | 文档、现场综合检查 |
| 4.1.2.6 | 品牌突出 | 每获得1个中国旅游休闲示范城市、国家级旅游业改革创新先行区、边境旅游试验区、国家公共文化服务体系示范区、全国旅游综合改革示范县等称号得1分；每获得1个中国特色小镇、中国民间文化艺术之乡、美丽乡村、中国历史文化名村、中国传统村落、特色景观旅游名镇名村、国家公共文化服务体系示范项目等称号得1分；每获得2个相应省级旅游称号得1分。最高得4分 | | | 4 | 文档检查 |
| 4.2 | 旅游餐饮 | | | 35 | | |
| 4.2.1 | 特色餐饮街区 | 在中心城区、旅游城镇（街道）有集中提供地方美食的特色餐饮街区、休闲夜市等。每有1处得3分，最高得12分。现场检查发现特色餐饮街区特色不足、服务不好则酌情扣分 | | | 12 | 文档、现场综合检查 |
| 4.2.2 | 地方餐饮（店）品牌 | 每获得1个国家级特色餐饮（店）品牌称号得3分，1个省级特色餐饮（店）品牌称号得1分，最高得8分 | | | 8 | 文档检查 |

续表

| 序号 | 内容 | 评分标准 | 大项 | 分项 | 小项 | 验收方法与说明 |
|---|---|---|---|---|---|---|
| 4.2.3 | 快餐和特色小吃 | 在游客主要集散区域能够为游客提供便捷、丰富的快餐和小吃。不能够提供的，最多扣8分 | | | 8 | 现场检查 |
| 4.2.4 | 餐饮管理 | 餐饮环境整洁卫生，菜品明码标价，服务热情周到。每发现1处不合格扣1分，最多扣7分 | | | 7 | 现场检查 |
| 4.3 | 旅游住宿 | | | 35 | | |
| 4.3.1 | 星级饭店 | 每有1家五星级饭店或2家四星级饭店得3分，最高得6分 | | | 6 | 文档检查 |
| 4.3.2 | 文化主题旅游饭店 | 每有1家金鼎级文化旅游饭店得3分，每有1家银鼎级文化旅游饭店或地方特色的精品酒店得1分，最高得6分。现场检查发现饭店文化主题或特色不足则酌情扣分 | | | 6 | 文档、现场综合检查 |
| 4.3.3 | 连锁酒店 | 每引进1家品牌成熟度高的连锁酒店得2分，最高得6分 | | | 6 | 文档检查 |
| 4.3.4 | 非标住宿 | 每有1家5星级旅游民宿得3分，每有1家4星级旅游民宿或非标住宿业态，如特色民宿、共享住宿、旅居车营地、帐篷酒店、森林木屋、沙漠旅馆、水上船坞等得2分，最高得10分 | | | 10 | 文档检查 |
| 4.3.5 | 管理服务 | 住宿设施整洁卫生、明码标价、服务精细、绿色环保。发现1处不合格扣1分，最多扣7分 | | | 7 | 现场检查 |
| 4.4 | 旅游娱乐 | | | 35 | | |
| 4.4.1 | 演艺活动 | 常规性举行具有浓郁地方文化特色、规模满足市场需求的旅游演艺活动，包括室内剧场、巡回演出、实景演出等。每有1项得5分，最高得15分。现场检查发现演艺活动品质不好则酌情扣分 | | | 15 | 文档、现场综合检查 |

续表

| 序号 | 内容 | 评分标准 | 大项 | 分项 | 小项 | 验收方法与说明 |
|---|---|---|---|---|---|---|
| 4.4.2 | 休闲娱乐 | 有休闲集聚区,提供康体疗养、夜游休闲、文化体验等多种常态化的休闲娱乐活动和场所。根据业态丰富度和体验效果酌情扣分,最多扣14分 | | | 14 | 现场检查 |
| 4.4.3 | 品牌节事 | 至少连续三年举办具有地方特色、形成品牌影响的节事节庆活动。每有1项得2分,最高得6分 | | | 6 | 文档检查 |
| 4.5 | 旅游购物 | | | 35 | | |
| 4.5.1 | 品牌影响 | 旅游商品每获得1个国家级旅游商品大赛一等奖得4分、二等奖得2分、三等奖得1分;每获得1个省级旅游商品大赛一等奖得2分,二等奖得1分。最高得10分 | | | 10 | 文档检查 |
| 4.5.2 | 特色与质量 | 形成系列农副土特产品、文创产品、实用产品等,设计精细,包装时尚,销售专业。每有一个系列得3分,最高得15分。现场检查发现商品特色不足、质量不好则酌情扣分 | | | 15 | 文档、现场综合检查 |
| 4.5.3 | 购物场所 | 在游客主要聚集场所,如游客服务中心、车站、景区、旅游街区等有经营规范的旅游商品精品店、特色店等。每发现1处不符合条件扣1分,最多扣10分 | | | 10 | 现场检查 |
| 4.6 | 融合产业 | | | 50 | | |
| 4.6.1 | 融合面广 | 形成以文化、工业、交通、环保、国土、气象、科技、教育、卫生、体育等为基础功能的旅游产业融合业态,每有1项得5分,最高得20分 | | | 20 | 文档检查 |

续表

| 序号 | 内容 | 评分标准 | 大项 | 分项 | 小项 | 验收方法与说明 |
|---|---|---|---|---|---|---|
| 4.6.2 | 成长性好 | 旅游融合业态具有较好的市场成长性和可持续性，近三年年均接待游客增速达20%以上得10分，15%以上得6分，10%以上得3分，10%以下不得分 | | | 10 | 文档检查 |
| 4.6.3 | 示范性强 | 旅游融合业态每得到1个国家级称号，如国家体育旅游示范基地、国家中医药旅游示范区(基地)、国家公共文化服务体系示范区等得10分；每得到1个省级称号得5分。最高得20分 | | | 20 | 文档检查 |
| 5 | 秩序与安全 | | 140 | | | |
| 5.1 | 服务质量 | | | 20 | | |
| 5.1.1 | 标准完善 | 制订符合本地实际的城市旅游和乡村旅游服务地方标准或规范。每制订1项得1分，最高得4分 | | | 4 | 文档检查 |
| 5.1.2 | 标准执行 | 游客集中场所须实现标准化服务。每发现1处服务不规范扣1分，最多扣4分 | | | 4 | 现场检查。备注：标准重点依据国家旅游区质量评定标准以及乡村旅游示范点管理服务标准 |
| 5.1.3 | 标准示范 | 获得"全国旅游标准化示范城市（区、县）""全国旅游标准化示范单位"等称号，每有1个称号得1分，最高得2分 | | | 2 | 文档检查 |
| 5.1.4 | 服务引领 | 每获得1个国家级旅游服务质量荣誉称号得3分；每获得1个省级旅游服务质量荣誉称号得2分；获得其他行业荣誉称号得1分。最高得6分 | | | 6 | 文档检查。备注：其他行业荣誉包括"全国优秀导游员""全国旅游志愿服务先锋榜单"以及"5A级旅行社"等 |

续表

| 序 号 | 内 容 | 评分标准 | 大项 | 分项 | 小项 | 验收方法与说明 |
|---|---|---|---|---|---|---|
| 5.1.5 | 优质服务商目录 | 有优质旅游服务商目录,且游客能够方便获取,最高得4分 | | | 4 | 文档检查 |
| 5.2 | 市场管理 | | | 25 | | |
| 5.2.1 | 执法队伍 | 整合组建文化市场综合执法队伍,承担旅游市场执法职责,最高得9分 | | | 9 | 文档检查 |
| 5.2.2 | 市场秩序 | 发现1处"黑导""黑社""黑店""黑车"等扣2分;发现1处"擅自变更行程""虚假宣传"等扣1分;发现1处"不合理低价游""强迫消费(购物)"扣7分。最多扣7分 | | | 7 | 现场检查 |
| 5.2.3 | 信用管理 | 建立旅游领域社会信用体系,制定有旅游市场主体"红黑榜"制度最高得6分,建立旅游企业信用联合惩戒制度最高得6分。两者最高得9分 | | | 9 | 文档检查 |
| 5.3 | 投诉处理 | | | 20 | | |
| 5.3.1 | 线上投诉 | 有12301智慧旅游服务平台、12345政府服务热线以及手机APP、微信公众号、热线电话等投诉举报手段。每发现1种不畅通扣1分,最多扣6分 | | | 6 | 现场检查 |
| 5.3.2 | 线下投诉 | 游客集中区均设有旅游投诉点,线下投诉渠道畅通。每发现1处不达标扣1分,最多扣4分 | | | 4 | 现场检查 |
| 5.3.3 | 处理规范公正 | 投诉处理制度健全得2分,按章处理规范公正得2分,最高得4分 | | | 4 | 文档检查 |
| 5.3.4 | 反馈及时有效 | 一般性投诉当日反馈结果得6分;3日内反馈结果得3分;超过3日不得分。最高得6分 | | | 6 | 文档检查 |

续表

| 序号 | 内容 | 评分标准 | 大项 | 分项 | 小项 | 验收方法与说明 |
|---|---|---|---|---|---|---|
| 5.4 | 文明旅游 | | | 20 | | |
| 5.4.1 | 文明公约和指南 | 开展旅游文明公约和出境旅游文明指南宣传教育活动，推行旅游文明公约。每开展1次得2分，最高得10分 | | | 10 | 文档检查 |
| 5.4.2 | 文明典型 | 妥善处置、及时上报旅游不文明行为事件，有文明旅游典型且有国家主流媒体宣传报道，引起社会广泛反响的，每有1个得4分，省级主流媒体宣传的每有1个得2分。两者最高得10分 | | | 10 | 文档检查 |
| 5.5 | 旅游志愿者服务 | | | 15 | | |
| 5.5.1 | 服务工作站点 | 游客集中场所设立至少3处志愿者服务工作站，并有人值守。每少1处扣3分，最多扣9分 | | | 9 | 现场检查 |
| 5.5.2 | 志愿公益行动 | 有常态化旅游志愿服务公益活动的最高得3分，形成服务品牌的最高得3分。两者最高得6分。现场检查发现公益活动效果不好则酌情扣分 | | | 6 | 现场、文档综合检查 |
| 5.6 | 安全制度 | | | 12 | | |
| 5.6.1 | 应急预案 | 有旅游安全风险提示制度得2分；有针对各种旅游突发公共事件应急预案，每有1个得1分。两者最高得4分 | | | 4 | 文档检查 |
| 5.6.2 | 定期演练 | 创建期内每年至少进行过1次演练。每有1次演练得2分，最高得4分 | | | 4 | 文档检查 |
| 5.6.3 | 监管机制 | 建立相关部门参加的旅游安全联合监管机制的，最高得4分 | | | 4 | 文档检查 |
| 5.7 | 风险管控 | | | 18 | | |
| 5.7.1 | 安全风险提示 | 有广播、新媒体、手机短信等多种信息预警发布渠道。每有1种渠道得2分，最高得6分 | | | 6 | 文档检查 |

续表

| 序号 | 内容 | 评分标准 | 大项 | 分项 | 小项 | 验收方法与说明 |
|---|---|---|---|---|---|---|
| 5.7.2 | 企业安全规范 | 旅游企业有健全的安全管理制度并有效执行。每发现1处不达标扣2分,最多扣6分 | | | 6 | 现场检查 |
| 5.7.3 | 重点领域行业监管 | 创建单位在旅游意识形态管理方面有具体举措,没有发生相关事故,有针对特种旅游设施设备、高风险旅游项目、旅游节庆活动等安全监管措施。每发现1处监管不到位扣3分,最多扣6分 | | | 6 | 现场检查 |
| 5.8 | 旅游救援 | | | 10 | | |
| 5.8.1 | 救援体系 | 与本地110、120、119等有合作救援机制的得2分;旅游企业有专门救援队伍或与其他专业救援队伍(或商业救援机构)合作的,每有1种合作方式得2分。最高得6分。现场检查发现合作救援服务水平不高则酌情扣分 | | | 6 | 文档、现场综合检查 |
| 5.8.2 | 旅游保险 | 旅游景区以及高风险旅游项目实现旅游保险全覆盖且有效理赔。发现1次不达标扣2分,最多扣4分 | | | 4 | 现场检查 |
| 6 | 资源与环境 | | 100 | | | |
| 6.1 | 资源环境质量 | | | 24 | | |
| 6.1.1 | 自然生态保护 | 对山水林田湖草生态保护和生态修复有针对性措施和方案的,得8分。发现1处生态资源明显破坏或盲目过度开发,或违反生态环境保护管理有关规定的扣8分 | | | 8 | 文档、现场综合检查 |
| 6.1.2 | 文化资源保护 | 对地方历史文化、民族文化等有针对性保护措施和方案的,得8分。发现1处文化资源明显被破坏或掠夺式开发的扣8分 | | | 8 | 文档、现场综合检查 |

续表

| 序号 | 内容 | 评分标准 | 大项 | 分项 | 小项 | 验收方法与说明 |
|---|---|---|---|---|---|---|
| 6.1.3 | 全域环境质量 | 近1年空气质量达优良级标准全年不少于300天得5分，不少于250天得3分，不少于220天得2分，不少于200天得1分，少于200天不得分；主要旅游区地表水水域环境质量符合GB3838 Ⅱ类标准得3分，符合GB3838 Ⅲ类标准得1分。最高得8分 | | | 8 | 文档检查 |
| 6.2 | 城乡建设水平 | | | 16 | | |
| 6.2.1 | 城市建设 | 城市建设风貌美观，辨识度高，富有地方文化特色。城市风貌特色一般，但没有明显不协调的，扣3分；城市风貌无特色、不协调的扣6分 | | | 6 | 现场检查 |
| 6.2.2 | 村镇建设 | 旅游村镇建筑富有地方特点和乡土特色。村镇风貌特色一般，但没有明显不协调，扣2分；村镇风貌无特色、不协调的扣5分 | | | 5 | 现场检查 |
| 6.2.3 | 村镇保护 | 对历史文化名镇名村、中国传统村落等传统村镇有针对性保护措施和方案。每发现1处破坏扣2分，最多扣5分 | | | 5 | 文档、现场综合检查 |
| 6.3 | 全域环境整治 | | | 20 | | |
| 6.3.1 | 环境美化 | 主要旅游区、旅游廊道、旅游村镇周边实现洁化绿化美化。每发现1处不合格扣2分，最多扣8分 | | | 8 | 现场检查 |
| 6.3.2 | "三改一整" | 旅游接待户全面实现"改厨、改厕、改客房、整理院落"。每发现1处不合格扣2分，最多扣4分 | | | 4 | 现场检查 |
| 6.3.3 | 污水处理 | 旅游景区、旅游村镇实现污水处理全覆盖。每发现1处不合格扣1分，最多扣4分 | | | 4 | 现场检查 |

续表

| 序号 | 内容 | 评分标准 | 大项 | 分项 | 小项 | 验收方法与说明 |
|---|---|---|---|---|---|---|
| 6.3.4 | 垃圾处理 | 旅游景区、旅游村镇实现垃圾分类回收、转运和无害化处理全覆盖。每发现1处不合格扣1分，最多扣4分 | | | 4 | 现场检查 |
| 6.4 | 社会环境优化 | | | 40 | | |
| 6.4.1 | 居民宣传教育 | 需向居民开展全域旅游的相关宣传教育，强化居民的旅游参与意识、旅游形象意识、旅游责任意识、旅游安全意识。每开展1次相关宣传教育或其他形式活动得1分，最高得5分 | | | 5 | 文档检查 |
| 6.4.2 | 公益场所开放 | 公共博物馆、文化馆、图书馆、科技馆、纪念馆、城市休闲公园、红色旅游景区、爱国主义教育基地等公益性场所免费开放。每发现1处不符合条件扣1分，最多扣6分 | | | 6 | 现场检查 |
| 6.4.3 | 对特定人群价格优惠 | 旅游接待场所对老人、军人、学生、残疾人等特定人群实施价格优惠。每发现1处不符合条件扣1分，最多扣4分 | | | 4 | 现场检查 |
| 6.4.4 | 旅游扶贫富民成效 | 贫困地区近2年建档立卡贫困人口通过旅游就业等形式脱贫占地方脱贫人口总数的比例不低于15%得20分，不低于10%得10分，不低于5%得5分；非贫困地区旅游富民成效显著，近2年主要旅游乡镇（街道）农民年人均可支配收入超过3万元或年增幅不低于15%得20分，不低于10%得10分，不低于5%得5分。最高得20分 | | | 20 | 文档检查 |

附录　浙江省全域旅游示范县（市、区）评分细则

续表

| 序号 | 内容 | 评分标准 | 大项 | 分项 | 小项 | 验收方法与说明 |
|---|---|---|---|---|---|---|
| 6.4.5 | 旅游扶贫富民方式多样 | 通过景区带村、能人带户、"企业＋农户""合作社＋农户"、直接就业、定点采购、帮扶销售农副土特产品、输送客源、培训指导、资产收益等各类灵活多样的方式，促进脱贫、就业和增收致富。每有1种旅游扶贫富民方式得1分，最高得5分。现场检查发现扶贫富民方式效果不好则酌情扣分 | | | 5 | 文档、现场综合检查 |
| 7 | 品牌影响 | | 60 | | | |
| 7.1 | 营销保障 | | | 15 | | |
| 7.1.1 | 资金保障 | 旅游营销专项资金总额在800万元以上得10分，500万元以上得8分，200万元以上得4分，200万元以下不得分 | | | 10 | 文档检查 |
| 7.1.2 | 奖励制度 | 制定旅游市场开发奖励办法，且办法切实可行，得到有效贯彻执行的，最高得5分 | | | 5 | 文档检查 |
| 7.2 | 品牌战略 | | | 15 | | |
| 7.2.1 | 品牌形象 | 目的地品牌形象清晰，知名度和美誉度高的，最高得5分。现场检查发现品牌形象不好则酌情扣分 | | | 5 | 文档、现场综合检查 |
| 7.2.2 | 品牌推广 | 在国家级媒体平台上进行品牌推广得4分；在省级媒体平台上进行品牌推广得2分。每开展1种常规性旅游品牌推广活动，具有国家级影响的得4分；具有省内影响的得2分。最高得10分 | | | 10 | 文档检查 |
| 7.3 | 营销机制 | | | 10 | | |
| 7.3.1 | 主体联动机制 | 建立政府、行业、媒体、公众等多主体共同参与的营销联动机制，最高得5分 | | | 5 | 文档检查 |

续表

| 序 号 | 内 容 | 评分标准 | 大项 | 分项 | 小项 | 验收方法与说明 |
|---|---|---|---|---|---|---|
| 7.3.2 | 部门联动机制 | 建立文化和旅游、宣传、体育等多部门共同参与的营销联动机制，最高得5分 | | | 5 | 文档检查 |
| 7.4 | 营销方式 | | | 10 | | |
| 7.4.1 | 多渠道营销 | 有效运用网络营销、公众营销、节庆营销等多种方式进行品牌营销，每有一种得2分，最高得6分。现场检查发现营销渠道效果不好，酌情扣分 | | | 6 | 文档、现场综合检查 |
| 7.4.2 | 创新营销 | 利用多种新媒体方式进行创新性的品牌营销，每有一种得2分，最高得4分。现场检查发现营销方式效果不好、创新性不足，酌情扣分 | | | 4 | 文档、现场综合检查 |
| 7.5 | 营销成效 | 市场规模持续扩大，游客数量稳定增长。近三年旅游市场平均增长率在20%及其以上，得10分；介于15%（包括）至20%之间，得8分；介于10%（包括）至15%之间，得4分；低于10%，不得分 | | | 10 | 文档检查 |
| 8 | 创新示范 | | 200 | | | |
| 8.1 | 体制机制创新 | | | 50 | | |
| 8.1.1 | 领导机制创新 | 有示范意义的领导机制创新，最多得6分 | | | 6 | 文档检查 |
| 8.1.2 | 协调机制创新 | 有示范意义的协调机制创新，最多得6分 | | | 6 | 文档检查 |
| 8.1.3 | 市场机制创新 | 有示范意义的市场机制创新，最多得6分 | | | 6 | 文档检查 |
| 8.1.4 | 旅游配套机制创新 | 有示范意义的旅游配套机制创新，最多得6分 | | | 6 | 文档检查 |
| 8.1.5 | 旅游综合管理体制改革创新 | 有示范意义的旅游综合管理体制改革创新，最多得6分 | | | 6 | 文档检查 |

附录 浙江省全域旅游示范县（市、区）评分细则

续表

| 序号 | 内容 | 评分标准 | 大项 | 分项 | 小项 | 验收方法与说明 |
|---|---|---|---|---|---|---|
| 8.1.6 | 旅游治理能力机制创新 | 有示范意义的旅游治理能力创新，最多得6分 | | | 6 | 文档检查 |
| 8.1.7 | 旅游引领多规融合创新 | 鼓励地方创新，有体现旅游引领多规融合的，最多加8分。现场检查发现创新示范程度不高则酌情扣分 | | | 8 | 文档、现场综合检查 |
| 8.1.8 | 规划实施管理创新 | 规划实施与管理有创新举措的，最多得6分。现场检查发现创新示范程度不高则酌情扣分 | | | 6 | 文档、现场综合检查 |
| 8.2 | 政策措施创新 | | | 30 | | |
| 8.2.1 | 全域旅游政策举措创新 | 本项鼓励创新全域旅游实施举措，最多得6分 | | | 6 | 文档检查 |
| 8.2.2 | 财政金融支持政策创新 | 本项奖励财政金融支持旅游业创新，最多得6分 | | | 6 | 文档检查 |
| 8.2.3 | 旅游投融资举措创新 | 本项鼓励地方采取招商引资政策发展旅游业，最多得6分 | | | 6 | 文档检查 |
| 8.2.4 | 旅游土地供给举措创新 | 本项鼓励地方创新土地供给方式发展旅游业，最多得6分 | | | 6 | 文档检查 |
| 8.2.5 | 人才政策举措创新 | 本项鼓励地方创新旅游人才引进、培训、奖励等举措发展旅游业，最多得6分 | | | 6 | 文档检查 |
| 8.3 | 业态融合创新 | | | 30 | | |
| 8.3.1 | 旅游发展模式创新 | "旅游+"城镇化形成创新发展模式的，最多得10分。现场检查发现示范意义和影响程度不高则酌情扣分 | | | 10 | 文档、现场综合检查 |

续表

| 序号 | 内容 | 评分标准 | 大项 | 分项 | 小项 | 验收方法与说明 |
|---|---|---|---|---|---|---|
| 8.3.2 | 融合业态创新 | 融合业态特色鲜明、科技感强、生态性好的，最多得10分，现场检查发现创新程度和影响程度不高则酌情扣分 | | | 10 | 文档、现场综合检查 |
| 8.3.3 | 旅游经营模式创新 | 有旅游经营模式创新的最多得10分，现场检查发现创新程度和示范意义不高则酌情扣分 | | | 10 | 文档、现场综合检查 |
| 8.4 | 公共服务创新 | | | 40 | | |
| 8.4.1 | 旅游交通建设创新 | 突破旅游业发展交通瓶颈举措，最多得8分。现场检查发现影响程度和示范意义不高则酌情扣分 | | | 8 | 文档、现场综合检查 |
| 8.4.2 | 旅游交通服务方式创新 | 提供自行车、汽车或其他专项交通租赁服务的，最多得8分。现场检查发现创新程度和服务品质不高则酌情扣分 | | | 8 | 文档、现场综合检查 |
| 8.4.3 | 旅游咨询服务创新 | 专门为远程旅游者提供旅游攻略服务最多得8分 | | | 8 | 文档检查 |
| 8.4.4 | "厕所革命"创新 | "厕所革命"推进力度大、效果好、管理优的最多得8分，现场检查发现实施效果和服务品质不高则酌情扣分 | | | 8 | 文档、现场综合检查 |
| 8.4.5 | 环境卫生整治创新 | 解决长期制约当地旅游环境的问题，如搬迁垃圾场、清理污水池塘、河流彻底整治、节能减排技术广泛应用等最多得3分。现场检查发现影响程度和示范意义不高酌情扣分。获得国家卫生城市、国家园林城市、国家级生态县、全国绿化模范县、国家文明城市等称号的最多得3分，获得省级类似称号得1分。两者最多得8分 | | | 8 | 文档、现场综合检查 |

续表

| 序号 | 内容 | 评分标准 | 大项 | 分项 | 小项 | 验收方法与说明 |
|---|---|---|---|---|---|---|
| 8.5 | 科技与服务创新 | | | 20 | | |
| 8.5.1 | 智慧服务创新 | 采用智慧化手段为游客和旅游企业提供个性化服务的,最多得10分。现场检查发现创新程度不高和服务品质不好则酌情扣分 | | | 10 | 文档、现场检查 |
| 8.5.2 | 非标准化旅游服务创新 | 有社区主导的旅游经营模式创新或其他非标准化特色旅游服务创新最多加10分。现场检查发现创新程度不高则酌情扣分 | | | 10 | 文档、现场综合检查 |
| 8.6 | 旅游环境保护创新 | 有旅游环境保护创新最多得8分。现场检查发现创新程度不高则酌情扣分 | | 8 | | 文档、现场综合检查 |
| 8.7 | 扶贫富民创新 | | | 12 | | |
| 8.7.1 | 旅游扶贫富民方式创新 | 旅游扶贫富民经验得到全国层面认可和推广的得8分,得到省级层面认可和推广的得6分。最多得8分 | | | 8 | 文档检查 |
| 8.7.2 | 旅游创业就业方式创新 | 有旅游创业就业方式创新的,最多得4分。现场检查发现创新程度不高则酌情扣分 | | | 4 | 文档、现场综合检查 |
| 8.8 | 营销方式创新 | 创新营销方式,取得突出效果,并具有示范意义的最多得10分。现场检查发现其创新不高则酌情扣分 | | 10 | | 文档、现场综合检查 |
| 9 | 高质量发展 | | 600 | | | |
| 9.1 | "百千万"工程 | | | 160 | | |
| 9.1.1 | 百城景区化 | 成功创建5A级景区城的,得40分;成功创建4A级景区城的,得30分;成功创建3A级景区城的,得20分 | | | 40 | 文档检查 |

续表

| 序号 | 内容 | 评分标准 | 大项 | 分项 | 小项 | 验收方法与说明 |
|---|---|---|---|---|---|---|
| 9.1.2 | 千镇景区化 | 全县范围所辖乡镇总数的80%成为A级景区镇（乡、街道）的，得40分；达到60%的，得30分；达到40%的，得20分；达到20%的，得10分。其他不得分 | | | 40 | 文档检查 |
| 9.1.3 | 万村景区化 | 全县范围所辖行政村总数的60%成为省级A级景区村庄，得40分；达到50%的，得30分；达到40%的，得20分；达到20%的，得10分。其他不得分 | | | 40 | 文档检查 |
| 9.1.4 | 景区全域化 | | | | 40 | |
| 9.1.4.1 | 道路景观 | 通往4A级以上旅游景区、省级旅游度假区、4A级景区镇、3A级景区村庄的道路两侧全面实现环境美化，美化效果较好的得10分，一般得5分，较差的不得分 | | | 10 | 现场检查 |
| 9.1.4.2 | 入城（镇）口景观 | A级景区城、景区镇（街道）设置、提升入城（镇）口景观，有地方特色，每设置或提升1处，得5分，最高得10分 | | | 10 | 文档、现场综合检查 |
| 9.1.4.3 | 立面协调 | A级景区村庄立面整洁美观，视线可及范围内的农房等建筑物，立面颜色、形式与村庄环境协调一致，墙面整洁，无污损严重的墙面，无"赤膊墙""蓝色屋面"和"广告墙面"，发现一处扣2分，扣完为止 | | | 10 | 现场检查 |
| 9.1.4.4 | 村镇环境 | A级景区镇（街道）、A级景区村庄庭院和田园美观整洁，村容村貌干净良好，无电线网线乱拉、倒塌房屋、垃圾杂物堆砌、污水直排横流等现象。发现一处不合格扣2分，扣完为止 | | | 10 | 现场检查 |

续表

| 序号 | 内容 | 评分标准 | 大项 | 分项 | 小项 | 验收方法与说明 |
|---|---|---|---|---|---|---|
| 9.2 | 产业发展 | | | 90 | | |
| 9.2.1 | 旅游产业增加值增速 | 旅游产业增加值年增长率达10%以上的,得25分;达8%以上的,得15分。其他不得分 | | | 25 | 文档检查 |
| 9.2.2 | 旅游产业增加值GDP占比 | 旅游产业增加值占GDP比重同比上年增长的,得25分 | | | 25 | 文档检查 |
| 9.2.3 | 产业发展基金 | 设立旅游产业发展基金,总资本规模2亿元以上的,得2分,每增加1元亿,得1分,最高得5分。运转良好的,得5分 | | | 10 | 文档检查 |
| 9.2.4 | 品牌企业 | 旅游企业获国家级企业品牌称号的,每家得10分,获省级企业品牌称号的,每家得5分。此项最高得10分。(不重复计分,取最高分) | | | 10 | 文档检查 |
| 9.2.5 | 千万亿级核心景区 | 成功培育1家千万亿级核心景区,得15分 | | | 15 | 文档检查 |
| 9.2.6 | 饭店业可持续发展 | 每有1家金桂级品质饭店或2家银桂级品质饭店得3分;每有1家金树叶级绿色旅游饭店或2家银树叶级绿色旅游饭店得2分。该项目最高得5分 | | | 5 | 文档检查 |
| 9.3 | 项目投资 | | | 100 | | |
| 9.3.1 | 保障体制 | 建立重大旅游项目目标责任制和主要领导领办、联系制度,得5分;制度完善、实施有力的,得5分 | | | 10 | 文档检查 |
| 9.3.2 | 招商引资 | 近3年,每引进1个投资超15亿元的旅游项目(加快发展地区10亿元),落地开工的得20分;每引进1个投资超5亿元的旅游项目,落地开工的得10分;每引进1个投资超5000万元的旅游项目,落地开工的得5分。最高得30分 | | | 30 | 文档检查 |

续表

| 序号 | 内容 | 评分标准 | 大项 | 分项 | 小项 | 验收方法与说明 |
|---|---|---|---|---|---|---|
| 9.3.3 | 项目总投资 | 在建文化和旅游项目总投资额达到50亿元（加快发展地区30亿元），得20分。每少5亿元扣5分，扣完为止。（以项目系统为准） | | | 20 | 文档检查 |
| 9.3.4 | 实际完成投资 | 在建文化和旅游项目完成年度实际投资额10亿元以上的（加快发展地区8亿元），得20分，每少2亿元扣5分，扣完为止。（以项目系统为准） | | | 20 | 文档检查 |
| 9.3.5 | 重点项目 | 有文化和旅游项目列入浙江省"4＋1"重大项目建设计划或年度实施计划的，得10分，推进有力的，得5分。该项目最高得15分 | | | 15 | 文档检查 |
| 9.3.6 | 与相关部门联动 | 城乡基础设施、公共服务设施和产业发展中的重大建设项目，在立项、规划设计和竣工验收等环节，就其旅游影响及相应旅游配套征求文化和旅游部门意见 | | | 5 | 文档检查 |
| 9.4 | 文旅融合 | | | 90 | | |
| 9.4.1 | 综合改革 | 入选全省文旅融合改革试点县（市、区）创建名单的，得10分；创建成全省文旅融合改革试点县（市、区）的，得20分 | | | 20 | 文档检查 |
| 9.4.2 | 文化基因解码 | 启动文化基因解码工程的，得5分；总结提炼出文化基因的，得5分；将文化基因植入旅游产品，并对旅游产品提升效果明显、市场反响好的，得10分 | | | 20 | 文档检查 |
| 9.4.3 | 文旅融合IP | 开展文旅融合IP培育工程，每入选1个省级文旅融合IP项目库，得5分，最高得10分 | | | 10 | 文档检查 |

续表

| 序号 | 内容 | 评分标准 | 大项 | 分项 | 小项 | 验收方法与说明 |
|---|---|---|---|---|---|---|
| 9.4.4 | 文化设施景区化 | 指导博物馆、文化馆、图书馆、美术馆等文化设施创建A级景区，每创建成1家4A级景区，得10分，每创建成1家3A级景区，得5分，最高得15分 | | | 15 | 文档检查 |
| 9.4.5 | 百县千碗 | 培育一批"百县千碗"放心消费场所并予以认证授牌，得10分；积极开展"百县千碗"进景区、旅游企业（饭店）、学校、政府机关食堂和高速服务区活动，效果显著的，得10分，每缺1项扣2分 | | | 20 | 文档、现场综合检查 |
| 9.4.6 | 非遗主题景区 | 培育成功1家省级非遗旅游主题景区（含非遗主题小镇、民俗文化村）的，得3分；每有1处市级以上非遗体验基地（点）得1分，最高得5分 | | | 5 | 文档检查 |
| 9.5 | **公共服务** | | | 60 | | |
| 9.5.1 | 公共文化礼堂 | 全省80%的农村文化礼堂兼具旅游咨询等综合服务功能的，得20分；比例达60%的，得15分；比例达40%的，得10分。其他不得分。现场检查发现1个不合格的，扣2分，扣完为止 | | | 20 | 文档、现场综合检查 |
| 9.5.2 | 绿道慢行系统 | | | 15 | | |
| 9.5.2.1 | 全域覆盖 | 绿道慢行系统（步道系统、自行车路网）全域覆盖，贯穿城镇、乡村和景区，绿道累计长度50千米以上，得10分。每减少5千米减2分，扣完为止 | | | 10 | 文档检查 |
| 9.5.2.2 | 布局与设置合理 | 绿道慢行系统线路合理、顺畅，沿途安全、舒适、整洁，标识清晰完善，设有不同等级服务驿站。该项酌情打分，最高得5分 | | | 5 | 现场综合检查 |

续表

| 序号 | 内容 | 评分标准 | 大项 | 分项 | 小项 | 验收方法与说明 |
|---|---|---|---|---|---|---|
| 9.5.3 | 厕所标准化 | 高速公路服务区、客运交通枢纽的厕所达到国家A级旅游厕所标准，每达标1处得2分，最高得6分。高速公路服务区、客运交通枢纽等的旅游厕所设有第三卫生间，每个得3分，最高得9分 | | | 15 | 文档、现场综合检查 |
| 9.5.4 | 汽车租赁服务 | 汽车租赁点分布机场、汽车站、码头、火车站、旅游集散中心、4A级以上旅游景区、A级景区镇（街道）等，每个租赁网点得2分，最高得8分。汽车租赁联网运营，实现一地租车、异地还车，得2分 | | | 10 | 文档、现场综合检查 |
| 9.6 | 文旅数字化转型 | | | 40 | | |
| 9.6.1 | 数据仓建设 | 建有旅游数据仓，得5分；建有文旅数据仓，得10分。该项目最高得10分 | | | 10 | 现场检查 |
| 9.6.2 | 覆盖广泛 | 4A以上景区、博物馆、文化馆、美术馆等重点文化设施实现客流量、视频接入数据中心，每一项接入得2分，最高得10分 | | | 10 | 现场检查 |
| 9.6.3 | 数据分析 | 具有文旅大数据关联分析等功能，得5分；年度发布文旅大数据报告的，得5分 | | | 10 | 文档、现场综合检查 |
| 9.6.4 | 移动端应用 | 具有移动端决策分析系统等功能，得5分。移动端决策分析系统具有文旅动态数据监测、文旅基础资源、产业发展等功能，功能齐全的，得5分 | | | 10 | 文档、现场综合检查 |
| 9.7 | 改革引领 | | | 60 | | |
| 9.7.1 | 改革试点 | 近三年，被列为省级以上（含省级）文化、旅游领域专项改革试点的，得10分 | | | 10 | 文档检查 |

续表

| 序号 | 内容 | 评分标准 | 大项 | 分项 | 小项 | 验收方法与说明 |
|---|---|---|---|---|---|---|
| 9.7.2 | 标准化工程 | 全面实施"标准化"工程,"标准化"管理和服务执行良好,落实有效,酌情打分,最高得10分 | | | 10 | 文档检查 |
| 9.7.3 | "最多跑一次" | 文化和旅游领域办事事项全部实现"最多跑一次",每有1处得2分,最高得10分。现场检查发现功能不完善、流程不顺利、办理不及时的,则酌情扣分,扣完为止 | | | 10 | 文档、现场综合检查 |
| 9.7.4 | "最多跑一地" | 设立旅游巡回法庭、旅游警察、旅游工商等的,每有一项得4分,最高得12分。现场检查发现受理率低、办结率低、回应率低的,则酌情扣分,扣完为止 | | | 12 | 文档、现场综合检查 |
| 9.7.5 | 服务创新 | 坚持"以游客为中心",在缩短排队时间、提升等候舒适度、旅游纠纷调解机制、提供人性化服务等方面有创新举措的,每有一处得2分,最高得8分。现场检查发现服务机制不到位的,则酌情扣分,扣完为止 | | | 8 | 文档、现场综合检查 |
| 9.7.6 | 示范引领 | 落实"十大名山公园""十大海岛公园""四条诗路""文旅千亿投资"等省委、省政府重大旅游发展战略行动有力、有创新举措、市场反响良好的,得10分 | | | 10 | 文档检查、现场综合检查 |
| 10 | 扣分事项 | | 120 | | | |
| 10.1 | 一票否决项 | | | | | |
| 10.1.1 | 重大安全事故 | 近三年发生重大旅游安全生产责任事故的 | | | | 文档、现场综合检查 |
| 10.1.2 | 重大市场秩序问题 | 近三年发生重大旅游投诉、旅游负面舆情、旅游市场失信等市场秩序问题的 | | | | 文档、现场综合检查 |

续表

| 序号 | 内容 | 评分标准 | 大项 | 分项 | 小项 | 验收方法与说明 |
|---|---|---|---|---|---|---|
| 10.1.3 | 重大生态环境破坏 | 近三年发生重大生态环境破坏事件的 | | | | 文档、现场综合检查 |
| 10.1.4 | 旅游厕所 | "厕所革命"不达标 | | | | 文档、现场综合检查 |
| 10.1.5 | 重大文物破坏事故 | 当年,国家级、省级文物保护单位发生重大安全责任事故,致使文物损毁严重或者灭失的 | | | | 文档、现场综合检查 |
| 10.2 | 扣分项 | | | 120 | | |
| 10.2.1 | 安全生产事故 | 近三年发生旅游安全生产责任事故,处理不及时,造成不良影响的,扣35分 | | | 35 | 现场检查 |
| 10.2.2 | 市场秩序问题 | 近三年发生旅游投诉、旅游负面舆情、旅游市场失信等市场秩序问题,处理不及时,造成不良影响的,扣30分 | | | 30 | 现场检查 |
| 10.2.3 | 生态环境破坏 | 近三年发生生态环境破坏事件,处理不及时,造成不良影响的,扣35分 | | | 35 | 现场检查 |
| 10.2.4 | 摘牌通报 | 近三年景区、度假区、星级饭店等被国家摘牌的,每个扣10分;被国家通报、省级摘牌的,每个扣8分;被省级整改的,每个扣5分;被省级通报的,每个扣3分。最多扣20分 | | | 20 | 文档检查 |